PROJET

D'UNE

ORGANISATION POLITIQUE

POUR L'EUROPE,

AYANT POUR OBJET DE PROCURER

AUX SOUVERAINS ET AUX PEUPLES

UNE

PAIX GÉNÉRALE ET PERPÉTUELLE

ET UN BONHEUR INALTÉRABLE.

PAR M. LE COMTE DE PAOLI-CHAGNY.

Subintravit ignorantia rerum agenda-
rum, et concupiscentia noxiarum, quibus
comites subinferuntur error et dolor.

St. AUGUST.

Noûs naissons avec l'ignorance de ce
que nous devons faire et le désir de
ce qui nous est nuisible, et à leur
suite viennent l'erreur et la douleur.

A HAMBOURG,

M. DCCC. XVIII.

AVANT-PROPOS.

Le projet que je soumets aujourd'hui au jugement du public, était déjà rédigé au mois de Mars 1813. Plusieurs personnes respectables à qui je le communiquai dans ce tems, furent si frappées des avantages qui résulteraient de son exécution, qu'elles me sollicitèrent, qu'elles me pressèrent même de le publier. Mais je résistai à leurs voeux, parce que je crus plus convenable d'en faire hommage aux ministres des puissances opposées à Bonaparte, que de les mettre dans une position à devoir combattre à-la-fois et l'ennemi du genre humain et l'opinion du public.

J'ai en effet adressé des extraits de ce projet à plusieurs Ministres. J'ai annoncé à d'autres que j'avais le désir de le leur communiquer. Tous, sans exception, ont dédaigné de me répondre. J'en conclus que mon projet ne s'accordait pas avec leurs vues, et que leurs vues ne tendaient pas vers l'intérêt général. Cependant des peuples qui avaient souffert pendant tant d'années des effets d'une guerre terrible et d'une politique mal combinée, avaient mérité qu'on leur procurât une situation heureuse, et tous les bons esprits, tous les hommes sensibles devaient s'occuper des moyens de réaliser une telle situation. J'ai fait ce que j'ai pu pour la faire naître, et quoi que le silence des ministres à qui j'ai communiqué mon projet, soit une preuve qu'il ne leur convenait pas, et que les intérêts personnels de leurs maîtres, leurs propres intérêts peut-être, s'opposaient à son exécution, je ne dois pas négliger de le faire connaître, sa publication ne dut-elle servir qu'à instruire le public qu'il était rédigé avant tous les événemens qui ont eu lieu en Europe depuis le mois de Mars 1813, et qu'à montrer que j'avais prévu ces événemens.

Ces événemens ne pouvaient point échapper à un homme un peu instruit de la situation de l'Europe, à cette époque, et je m'attendais journellement à voir prendre par les puissances les mesures convenables pour les empêcher de naître.

Ces mesures ne pouvaient se trouver que dans leur union sincère, que dans la réunion de leurs forces et de leurs ressources en tous genres; mais elles étaient encore loin de penser

à établir entr'elles cette harmonie si désirable.
Je n'apercevais chez les unes qu'inquiétude et
défiance; chez d'autres, qu'incertitude sur le
parti qu'elles avaient à prendre; que terreur
chez le plus grand nombre; et dans ce trouble
général il était difficile de penser qu'elles par-
vinssent à s'entendre pour pouvoir s'opposer
toutes ensemble à l'ennemi commun. Il fallait
imaginer une combinaison politique qui en
formant de tous les intérêts un seul intérêt,
pût réunir toutes les volontés, et qui pût aussi
contraindre le dominateur de l'Europe à s'en
arranger.

J'avais songé longtems au projet d'organisation que je publie aujourd'hui; mes voeux
pour le bonheur public m'ont inspiré l'idée de
le rédiger. Peut-être serait-il déjà mis à exécution, si, comme les ministres des puissances
qui ont établi le système de balance, je n'avais eu
à consulter que ma propre opinion, sans m'embarrasser de ses conséquences. Il est sans doute
fort aisé de procéder en politique, lors qu'on
s'est approprié le droit de dire: nous avons
pensé, et on doit s'accommoder de ce que nous
avons pensé: nous avons jugé convenable, et
on doit se soumettre à nos jugemens. C'est
mettre les hommes dans la situation d'Anaxa-

gore qui, interrogé pour quoi il était né, répondit : pour contempler le soleil et la lune.

Cette façon de procéder peut contraindre
les volontés ; mais elle n'a pas de pouvoir sur
les opinions, et c'est à l'opinion du public que
tout faiseur de projets, que tout bâtisseur de
systêmes doit s'en rapporter, surtout lorsqu'un
systême politique doit faire le bonheur ou le
malheur du monde.

Si des hommes sont de deux opinions ; si la
passion, l'ambition, la jalousie et l'égoisme
dirigent l'une de ces opinions ; si la justice, le
désintéressement, la libéralité et le désir de
faire jouir toutes les nations du bonheur qui
leur est dû, dirigent l'autre ; il importe que le
public soit instruit des motifs de ces deux opinions et que les voeux se réunissent en faveur
de celle dont les vues tendent vers la félicité
commune ; il importe, dis-je, que le public soit
instruit, car il doit souhaiter sa tranquillité et
son bonheur ; il doit savoir ce qu'on peut faire
pour les lui procurer.

Des opinions sont une marchandise que tout
homme a le droit d'étaler. Mais par la raison
que cette marchandise est offerte au public,
tout homme qui y apperçoit des défauts, a le
droit de les faire remarquer. Il a aussi le droit

d'émettre ses opinions, d'étaler sa marchandise et de donner ses raisons pour engager le public à lui accorder la préférence.

C'est ce que j'ai fait. J'ai cherché à démontrer que les systèmes de monarchie universelle et de balance politique sont défectueux, et même contraires à l'établissement d'une paix générale et durable; j'ai tâché de démontrer l'efficacité de mon projet d'organisation politique, et dans ce travail je me suis appuyé des sentimens des anciens et des modernes, dont les livres sont remplis de maximes et de principes propres à faire distinguer la sagesse, la justice et la vertu, fanaux que ne devraient jamais perdre de vue les hommes que le ciel a destinés à gouverner les peuples.

En rédigeant ce projet, j'ai eu, je l'avoue, l'ambition de contribuer au repos et au bonheur des souverains et des peuples; mai je n'ai pas eu la prétention d'avoir fait mieux qu'un autre ne peut faire. Je déclare qu'en me chargeant de cette intéressante fonction, je n'ai voulu que tracer un chemin qui puisse conduire à la félicité publique; que je m'inclinerai avec beaucoup de joie devant toute personne qui trouvera une route plus courte et plus sûre pour y arriver, et que je me serais abstenu de publier ce projet, si le moyen qu'on a adopté pour fonder une paix générale et durable, m'eut paru préférable.

J'ai comparé ce moyen à mon projet, et je soumets l'un et l'autre au jugement du public, seul bon juge, seul juge compétent dans ces sortes de matières.

Si le public juge que le système de balance, adopté par les puissances, d'après les conseils de leurs ministres, est convenable pour fonder une paix générale et durable, je devrai me reprocher de lui avoir soumis mon projet; mais si après avoir pesé les raisons que je donne pour faire rejeter cet système, il se range de mon avis, j'aurai à me féliciter d'avoir entrepris un travail qui peut devenir utile, cet avantage étant le seul que je souhaite d'obtenir.

La plupart des hommes emploient leurs lumières et leurs talens à rechercher les effets des influences. Les académies, les sociétés savantes proposent annuellement des prix à ceux qui réussiront le mieux à expliquer les influences des astres sur les élémens; celles des sciences et des connaissances humaines sur les mœurs des nations; mais ne serait-il pas plus utile de diriger les esprits vers les moyens de procurer aux souverains des jouissances paisibles, et aux peuples un bonheur sans mélange?

ne pourrait-on pas dire à ces savans et à ces académiciens ce que dit le bon Chrisal à sa femme, dans la comédie des Femmes savantes?

„ Et dans ce vain savoir qn'on va chercher si loin,
„ On ne sait comme va mon pot dont j'ai besoin. "

Quelques ministres me trouveront peut-être bien téméraire d'avoir pris la liberté de publier des opinions contraires aux leurs; mais indépendamment de ce que les ministres des souverains ne sont pas infaillibles, ils n'ont pas le pouvoir d'empêcher un homme de publier ses pensées, surtout lors qu'elles tendent au bonheur de la généralité. Ainsi un homme non constitué pour faire le bien, peut rêver le bien à faire, et s'il a une obligation à remplir, c'est de faire connaître ce qu'il a rêvé. Nous craignons, dit St. Augustin, d'offenser par nos paroles ceux qui ne sont pas en état d'entendre la vérité, et nous ne craignons pas que ceux qui sont en état de l'entendre, soient trompés par notre silence. *Timemus ne loquentibus nobis offendatur qui veritatem non potest capere, et non timemus, ne tacentibus nobis, qui veritatem potest capere, falsitate capiatur.*

Il ne faut pas être courageux, il ne faut qu'être juste, pour combattre les opinions d'hommes en place, quand on a la conviction qu'ils se sont trompés, quand on a le sentiment d'un bonne conscience, quand on travaille pour le bonheur de tous.

Les souverains lisent l'histoire pour acquérir l'expérience du passé. Ils doivent lire aussi les écrits qui leur sont adressés, ou qui sont publiés de leur tems, pour acquérir l'expérience du présent et se préserver des atteintes de l'avenir.

C'est une erreur commune à presque tous les souverains, comme à presque tous les ministres, que d'attacher une sorte de grandeur à dédaigner les avis de ceux qui n'ont pas l'honneur d'être admis dans leurs conseils. Il semble que les hommes qui n'ont pas le privilège d'approcher des rois, soient indignes de leur communiquer leurs pensées, même sous la forme humble et respectueuse d'un écrit. Cependant un ancien poëte Grec, un certain Euripide, a dit avec beaucoup de raison, qu'un bon conseil vaut mieux que mille bras.

C'est à un conseil que j'ai donné à l'Angleterre et que son gouvernement a apprécié, (1) qu'ont été dûs les arrêts du conseil de 1807.

______

(1) Voyez le second cahier du mois de Juin 1806, des Annales Politiques du XIXème Siècle, page 569.

Sans ces arrêts, qui étaient des déclarations de guerre à toutes les puissances du Continent, et dont l'exécution devait rendre insupportable le joug de Bonaparte, en l'excitant à employer les plus extrêmes violences pour opposer des obstacles au commerce anglais; sans ces arrêts, qui devaient changer les dispositions de tous les souverains, porter les peuples aux transports du désespoir et les soulever contre une tyrannie jusqu'alors sans exemple, l'Europe entière était subjuguée, et Louis XVIII serait encore aujourd'hui à Hartwell. Ces arrêts étaient tracés dans l'acte de navigation britannique; ils étaient positivement dans l'esprit de cet acte, et cependant depuis quatorze ans que durait la guerre entre la France et l'Angleterre, les administrations anglaises qui se succédèrent, n'employèrent jamais cette mesure de laquelle dépendait le salut de l'Europe, le succès du commerce général, le renversement de Bonaparte, le rétablissement des Bourbons, et la gloire la plus éclatante pour le nom anglais,

J'ignore si cet usage qu'ont les rois de se rendre inaccessibles aux personnes, même aux écrits, tient à des règles d'étiquette, ou à l'intérêt de ceux qui les conseillent; mais j'ai eu

bien des fois la preuve que de grands monarques ont persisté dans une conduite préjudiciable à la prospérité de leurs états, destructive
de leur propre gloire, de leur propre bonheur,
de leur sûreté même, pour s'être abandonnés
à l'impéritie ou à la passion de leurs ministres,
pour avoir empêché les lumières d'arriver
jusqu'à eux. Quoi donc! les rois ne peuvent-
ils être instruits des souffrances de leurs sujets
que par des soulévemens, que par des révolutions!

On dira peut-être que les rois ont des occu-
pations trop multipliées et trop peu de momens
à perdre, pour pouvoir s'occuper des rêveries
des faiseurs de projets, pour s'embarrasser
l'esprit d'une foule de mémoires produits par
des ignorans présomptueux. Il est incontestable que tout n'est pas à distinguer dans une
multitude d'écrits; mais il suffit de croire que
dans le nombre on puisse en rencontrer de fort
intéressans, pour qu'on doive prendre la peine
de s'en occuper.

Jamais prince n'a eu une vie aussi labo-
rieuse, aussi active que Fréderic-le-Grand.
Grand dans la guerre, grand dans la politique,
admirable dans toute sa conduite comme souverain, il trouvait encore beaucoup de tems

poui s'instruire dans le commerce des savans et des gens de lettres ; pour produire des ouvrages historiques, politiques, philosophiques et critiques ; pour s'exercer dans tous les genres de poësies. Ce héros immortel n'a jamais renvoyé des lettres à ses secrétaires pour s'en faire rendre compte, et personne n'aurait osé se permettre de supprimer des écrits qui lui étaient adressés. Il décachetait tout, lisait tout lui-même, et le bonheur qui a accompagné toutes les opérations de son règne, a peut-être été le résultat des avis et des lumières répandus dans la foule de mémoires et d'écrits qu'il a pris la peine de lire.

Si son auguste et digne petit neveu avait imité sa conduite, il n'aurait point été abusé par des ministres qui lui ont présenté de faux principes et conseillé de fausses démarches comme des chefs-d'oeuvres de politique, et qui l'ont conduit, de précipice en précipice, à l'affaiblissement de sa monarchie, à la destruction de sa puissance, à la situation la plus humiliante et la plus déplorable. (1)

S'il est difficile de bien agir en politique, il ne l'est pas moins de bien raisonner sur cette

---

(1) Voyez l'Histoire de la Politique des Puissances de l'Europe.

science, et si des ministres habiles ont des
droits à la considération de leurs souverains et
des sujets de leurs souverains, par les résultats
heureux et bienfaisans de leurs conceptions et
de leur conduite; des écrivains doivent, à plus
forte raison, avoir des droits à la considération
des gouvernemens et du public, lors que, sans
autre but que celui d'être utiles, ils emploïent leur
tems, leurs recherches et leurs talens, à éclairer
les souverains et les nations sur leurs avantages positifs, sur leurs intérêts réciproques,
et surtout lorsque ce travail peut avoir pour
résultat d'empêcher des méprises, de prévenir
des erreurs, de donner des chaînes à l'ambition,
de faire disparaître tous motifs de jalousie, de
rivalité, même de prévention, et d'offrir à la
méditation des chefs des états les moyens de se
garantir des intrigues de leurs ennemis et de
leurs rivaux, les moyens d'assurer leur indépendance, la tranquillité et la prospérité de
leurs sujets. C'est-là le seul but que je désire
d'atteindre, et mon ambition sera satisfaite,
si j'ai le bonheur d'entendre dire à mes contemporains: Il est armé pour sauver l'univers.
Armatus ut Orbem restituat.

Les rois se font à eux-mêmes un grand tort,
en adoptant la funeste idée qu'ils dérogeront

en écoutant un homme qui ne sera pas admis
à leur cour ou initié dans les secrets de leurs
conseils, ou en lisant des écrits qui n'auront
pas été rédigés par leurs flatteurs ou leurs confidens. Mais les souverains ont acquis la
preuve que l'homme de génie devient roi;
qu'il devient empereur, qu'il fait des rois, qu'il
soumet tout, dispose de tout, gouverne le
monde, et que l'homme de génie n'est point à
dédaigner. Que les rois se rappèlent sans cesse
ce proverbe arabe qui s'exprime ainsi: „Celui
„qui pourra voir ses yeux sans miroir, pourra
„ébranler les cornes du taureau." Ce qui signifie qu'un prophète, un homme spirituel, qui
a des entretiens continuels avec soi-même, aura
le pouvoir d'ébranler les fondemens de la terre.
Pourquoi repousseraient-ils les écrits d'un homme dont les pensées pourraient leur être utiles?

Un souverain qui ne verra que par les yeux
de ses ministres et de ses courtisans, ne verra
qu'à la lueur pâle d'une lampe; il ne connaîtra
jamais bien la véritable situation de ses affaires.
Les cabinets des rois ressemblent à ces salons
qui reçoivent la lumière d'en haut, et les rois
sont constamment placés dans un faux jour.
C'est de tous côtés qu'ils doivent recevoir la
lumière; elle doit leur venir d'en-bas comme

d'en-haut; alors ils sont éclairés par le grand jour; ils voïent clair dans leurs affaires, et ils ne sont pas exposés à être trompés. Toutes les sources ne jaillissent pas du sommet des montagnes; il s'en trouve dans les vallées.

Un souverain ne saurait trop se rendre accessible, si non aux personnes, du moins aux écrits, pour que la lumière pénétre jusqu'à lui et dissipe cette perpétuelle obscurité formée par l'ambition et l'intérêt de ceux qui les entourent et les conseillent.

Mais ce n'est pas seulement sous le rapport des lumières qui lui sont nécessaires pour bien gouverner, qu'un souverain doit lire lui-même les écrits qui lui sont adressés; c'est aussi sous le rapport du bien-être de ses sujets et de la justice qu'il doit à chacun. Or comment sera t-il instruit des injustices que commettent ses mandataires et des abus qu'ils font de son autorité, s'ils ont le pouvoir de lui en dérober la connaissance, en empêchant d'arriver jusqu'à lui les écrits qui les lui dénoncent?

Les souverains ont-ils trop d'affaires et trop peu de momens à perdre pour lire des écrits destinés à les éclairer? qu'ils chargent de cette fonction leurs épouses, leurs enfans, s'ils sont devenus des hommes, leurs parens, ceux enfin qui sont particulièrement intéressés à ce que tout prospère, et cette surveillance, en les garantissant des effets des passions ou de l'impéritie de leurs ministres, garantira leur tranquillité, leurs jouissances, et le bonheur de leurs sujets.

Un ministre ambitieux peut favoriser les troubles et les conspirations. Un ministre faible et incapable peut en faire autant sans être criminel. Un ministre mécontant des procédés de son maître à son égard, peut fermer les yeux sur les machinations de ses ennemis, et son maître ne sera instruit des malheurs qu'on lui prépare, qu'à l'instant qu'il en deviendra victime, si un honnête homme, si un sujet vertueux, fidèle et zélé, n'a pas la possibilité de lui en faire parvenir l'avis.

Ces événemens ont eu lieu dans presque tous les états, parceque dans presque tous les gouvernemens il se trouve des hommes ambitieux, ou mécontens, ou faibles. Mais il s'y trouve bien plus souvent des hommes ignorans et entêtés, incapables et téméraires, et de tels hommes, en faisant des sottises de bonne foi, par présomption, par amour-propre, par excès de confiance dans leurs lumières, font plus de tort à leur souverain et à ses sujets qu'un

homme méchant par ambition et par caractère,
par ce qu'on s'abandonne aux bonnes intentions des uns, et on est constamment en défiance contre les intentions de l'autre.

Je conviens que personne ne voudrait servir un souverain, si les dépositaires de son
autorité étaient sans cesse en butte aux tracasseries de la jalousie des uns, de la haine des
autres, du mécontentement du plus grand
nombre; mais il est un moyen d'obtenir la
vérité, et s'il peut y avoir du vrai dans une
dénonciation, il ne faut rien négliger pour le
connaître, car l'injustice d'un ministre rejaillit
sur le souverain; elle compromet son autorité,
et l'autorité souvent compromise, met son
trône et sa personne en danger. Si l'infortuné
Louis XVI eut établi une commission inquisi-
toriale contre les agens de son autorité, ce
monarque serait encore assis sur le trône.

Lorsque je conseille aux souverains d'accueillir les écrits qui leur sont adressés; j'entends des écrits signés par des personnes do-
miciliées, connues, ou en état de se faire
connaître et de répondre des faits par elles
allégués, car un dénonciateur doit être connu,
et il est honoré de l'être; si sa dénonciation a
pour objet le redressement d'un abus, la

réparation d'un tort fait injustement à quelqu'un au mépris de la loi et de l'ordre établi; si elle a pour objet de faire connaître une conduite contraire aux intérêts comme à la volonté connue ou présumée du souverain,

Cette censure de tous les actes des agens de l'autorité s'exerce publiquement en Angleterre. Les agens de l'autorité y sont dénoncés par les membres du Parlement, et cette surveillance est une des qualités essentielles de la constitution anglaise, parcequ'elle a le double avantage de soulager le souverain de cette même surveillance, et de forcer les agens de son autorité à se renfermer dans le cercle de leurs obligations.

Il est facile à tous les souverains d'instituer des commissions spéciales, composées des membres de leur famille, pour recevoir et examiner les mémoires qui leur seraient adressés pour le bien de l'état; pour recevoir ceux qui leur seraient envoyés pour les instruire des abus qu'on ferait de leur autorité, et ils auraient en miniature, cette admirable institution anglaise, qui leur procurerait les mêmes avantages et le même soulagement.

Il fut un tems où cette censure n'était pas nécessaire; c'est celui où le peuple prenait part aux affaires dans les assemblées générales, comme cela eut lieu lors de l'établissement des gouvernemens féodaux. Là le souverain proposait de nouvelles lois, ou des changemens à faire à celles existantes ; le peuple les acceptait ou les rejetait. Là il recevait les plaintes des gouvernés, et les agens de l'autorité redoutaient en tout tems les assemblées de Mars ou de Mai. Mais lors que les armées sont devenues sédentaires, lors que la force s'est trouvée concentrée dans la main du souverain et indépendante des Seigneurs, l'autorité n'a plus eu de limites, parce qu'elle n'a plus trouvé d'opposition dans le peuple, et il n'est plus resté au peuple que la voie de la représentation. C'était dumoins une ressource qu'avait le peuple pour faire parvenir ses plaintes et ses réclamations au pied du trône ; mais du moment que l'autorité se trouva concentrée dans les mains du souverain, ses agens élevèrent un mur de séparation entre le monarque et les sujets ; il ne fut plus possible à ceux-ci de franchir cette barrière. Ils n'eurent ni plaintes à faire, ni conseils à donner, ni améliorations à proposer ; ils durent se soumettre à l'autorité du souverain, comme à celle de ses agens, se réjouir ou souffrir.

Au reste, que des ministres se servent de l'autorité de leurs souverains d'une façon abusive, c'est un malheur pour celui ou ceux qui éprouvent ces effets de leurs erreurs, de leurs passions et de leurs caprices; mais qu'ils se permettent de fonder des systêmes politiques qui tendent évidemment à faire évanouir toute espérance de tranquillité et de bonheur pour l'Europe; c'est un droit qui ne leur appartient aucunement et que tout homme doit avoir la liberté de leur contester.

Cette prétention des ministres, et ce droit qu'a tout homme de combattre leurs opinions, découlent naturellement de deux sources différentes. Les premiers sont obligés de s'occuper exclusivement de l'avantage personnel de leur souverain et de tout sacrifier à cet avantage particulier. Le second n'a à s'occuper que de l'intérêt général. Les premiers appartiennent à des souverains; ils cherchent à acquérir la faveur. Le second n'appartient à personne; il cherche à obtenir la considération. Les premiers doivent s'attacher au systême de balance, qui est la mine où se trouvent les matériaux propres à la construction d'un édifice d'orgueil et d'ambition. Le second doit s'attacher au systême de fédération, qui est la mine où se trouvent les matériaux propres à la construction d'un édifice de tranquillité et de bonheur.

Aucun homme, sans doute, n'a le droit de se mêler des affaires d'autrui, et quelque justes que

pûssent être les raisons qu'il pourrait alléguei
pour démontrer l'inconvenance ou l'injustice
des lois et des divers arrangemens du gouvernement intérieur d'un souverain, il serait repro-
chable; il serait même coupable envers ce souverain, puisque n'étant pas son sujet, il n'aurait aucune raison légitime de censurer ses actes,
même sous la forme d'observations, de tels actes
n'étant exécutables que contre les sujets et dans
les états de ce souverain. Ce serait manifester l'intention d'exciter le mécontentement parmi les
sujets de ce souverain et d'exposer son païs à
des troubles.

Mais, par la raison qu'un homme n'a pas le
droit de se mêler de ce qu'un souverain fait
dans son païs; de même un souverain ne doit
pas avoir non plus le droit de régler les affaires
de tous les peuples de l'Europe et de faire des
arrangemens qui puissent lui procurer les
moyens d'attenter à leur indépendance.

Vainement plusieurs souverains se réuni-
raient-ils pour donner plus d'autorité à leurs décisions; ils donneraient, par cette réunion, une
idée de leurs forces; mais ils ne donneraient pas
l'idée d'un droit légitime. Mais eussent-ils ce
droit, ils ne devraient pas, pour-cela, négliger
la justice, car c'est la justice qu'on exige dans
des souverains qui délibèrent pour opérer le
bonheur de tous. La force doit avoir pour base

la justice, puisque sa fonction est de protéger. Sans cette base, elle n'est appuyée sur rien, et quelque considérable qu'elle puisse être, elle doit crouler et s'anéantir. Elle n'est redoutable qu'autant de tems qu'elle en impôse et qu'on n'a pas trouvé les moyens de la combattre, de l'affaiblir, de l'anéantir. Elle dépend presque toujours du génie, et le génie se trouve chez les hommes qui méditent.

Bonaparte avait entrepris de soumettre tous les peuples de l'Europe à un systéme de bien qu'il avait imaginé. Il avait eu la force; mais il n'avait point appuyé sa force sur la justice, et le génie de la politique en a triomphé; ce qui prouve que la force doit céder aux hommes qui méditent, qui méditent en faveur de la justice. Bonaparte avait été l'homme le plus puissant; il est aujourd'hui le plus nul. Quel exemple pour les rêveurs de systêmes! C'est avec beaucoup de raison que Pline nous dit: *Quid infelicius homine cui sua figmenta dominantur!* Quel homme plus malheureux que celui qui se laisse dominer par ses rêveries!

Un bien qui appartient à tous, auquel tout être qui respire a un droit acquis qu'aucune autorité ne peut lui contester, donne à tout. individu, ayant part à ce bien, humainement et légitimement, le droit de contredire toute opération systématique qui pourrait tourner à son détriment, encore que tel individu fût sujet d'un de ces souverains; mais à plus forte raison, lors qu'il n'est sujet d'aucun d'eux, et lors qu'il tâche de diriger les opinions vers ce bien général, dont l'effet naturel est celui d'assurer à chacun sa tranquillité et l'inviolabilité de ce qu'il possède.

Je suis cet individu, animé du désir de concourir au bien général, et qui pense avoir le droit de combattre des opinions et des systèmes qui s'en éloignent.

Le public connait déjà les raisons qui ont été alléguées par les partisans du système de balance. Je vais lui soumettre celles que je crois pouvoir l'engager à préférer le système de Fédération générale.

Sénéque disait que de son tems on n'était que dans le vestibule de la nature. A la manière dont vont à présent les choses, ne pourrait-on pas dire de la plupart des hommes d'aujourd'hui, qu'ils ne sont que dans le vestibule de la justice et de la raison?

INTRODUCTION.

L'Europe a été troublée et malheureuse pendant des siècles, et elle a dû l'être, parceque son organisation politique a toujours été vicieuse.

Ce sont les vices de son organisation qui ont donné naissance à tous ces troubles religieux et civils, à ces passions, à ces ambitions qui ont tenu constamment tous les états en guerre, qui ont produit ces révolutions et ces bouleversemens terribles, résultats déplorables de l'effervescence de ces mêmes passions. Ce sont les mêmes vices qui ont donné naissance à cette science malheureuse appelée politique, autre fléau qui a servi à pervertir la morale et à dénaturer tous les principes de la sociabilité.

Ce qui m'a engagé à rédiger ce projet de paix perpétuelle, et ce qui me paraît en rendre l'exécution nécessaire, c'est que sans un tel établissement, les puissances restent toutes subordonnées aux caprices, aux fluctuations, à l'influence de la politique, c'est-à-dire qu'elles restent toujours isolées, séparées les unes des autres; toujours tourmentées par des intérêts personnels, par des défiances, par des craintes, et sont par conséquent dans l'impossibilité de se défendre, de s'opposer toutes ensemble à l'ennemi commun.

Dans cet état d'isolement, d'intérêt particulier et de détermination éventuelle ou de libre arbitre, on ne peut compter sur la durée des alliances qu'ont fait contracter les circonstances du moment. Une victoire les a formées, une nouvelle guerre peut les détruire. Il faut de nouvelles victoires pour les rengager dans leurs anciennes alliances, et alors c'est toujours à recommencer, et il n'y a ni bonheur ni tranquillité à espérer pour l'Europe.

C'est un tel état de choses qu'il importe de faire cesser, et je crois qu'il n'y a d'autre moyen à employer que celui que je propose. Par ce moyen les puissances sont unies indissolublement, et elles combattent avec confiance, par ce qu'elles n'ont point la crainte d'être trompées, trahies, abandonnées, d'être livrées les unes par les autres, et d'avoir à redouter la vengeance de l'ennemi commun, ce qu'on a imminemment à craindre quand les intérêts peuvent changer et quand les puissances sont libres de disposer d'elles-mêmes, de se laisser aller aux mouvemens de leurs propres passions et de se conduire d'après les idées que leur inspirent les circonstances bonnes ou mauvaises dans lesquelles elles se trouvent.

Par l'effet de mon projet, la plus faible puissance devient un colosse, et un colosse d'autant plus redoutable pour l'ennemi commun, que sa force, qui n'est rien dans l'état d'isolement, acquiert une force égale à celle de toutes les puissances réunies, par l'effet de la fédération, et est exercée par elle dans toutes les parties de l'Europe, par l'effet de la fédération. Elle est formidable et menaçante sur les frontières comme sur les côtes de l'ennemi commun, encore que ses propres moyens ne soient pas suffisans pour la défendre des entreprises de son plus petit voisin. Mais ce qui donne encore à la petite puissance une apparence bien importante, c'est ce pouvoir qu'elle a de venger aux Alpes et aux Pyrénées, même sur toutes les côtes de la France, les insultes que celle-ci lui ferait sur son petit territoire, et cela sans posséder un régiment ni un seul vaisseau de guerre.

Qu'on réfléchisse sur toutes les parties de ce projet, et sur les raisons que j'ai données pour en faire sentir la nécessité, et l'on ne tardera pas à se convaincre que c'est le seul moyen qu'aient les puissances de faire avorter les desseins de l'homme qui a résolu de les assujettir toutes, en les conquérant successivement, ou en les réunissant aussi successivement aux multitudes innombrables qu'il tyrannise, pour les lancer toutes ensemble sur la Russie, la seule de toutes les puissances du continent qui lui reste encore à vaincre et à enchaîner, pour être enfin le maître absolu de l'Europe.

L'exécution de ce projet change entièrement la situation de l'Europe; elle donne à son organisation politique une forme toute nouvelle, en transformant les intérêts personnels en intérêts généraux, et elle donne à la guerre un caractère tout différent de celui qu'elle a eu jusqu'à présent, en enlevant à la France la ressource de diviser pour affaiblir, et en procurant aux puissances une force d'union invariable et de beaucoup supérieure à celle de l'ennemi.

Quel est le but que doivent se proposer aujourd'hui les puissances? c'est de fonder une paix générale et durable, une paix qui ne puisse être troublée par aucun intérêt particulier, par aucune passion personnelle, une paix enfin qui soit défendue par l'intérêt général.

C'est ce besoin de défendre l'intérêt général, racine principale de l'intérêt individuel ou isolé, qui m'a engagé à rédiger ce projet, et j'ai lieu d'espérer que ceux qui ont une patrie, une famille, des propriétés et des habitudes à conserver, se sentiront disposés à accueillir les idées d'un écrivain qui a consacré son tems à la recherche des moyens de procurer à toutes les nations paix, sûreté et prospérité, et à tous les souverains autorité et indépendance.

Il est aisé de voir que ce projet, quoi qu'un peu détaillé, n'est pas encore dans l'état où il doit être, et où il serait, si j'en rédigeais tous les réglemens qui conviendraient à son ensemble et à son organisation générale. Mais dans l'état où je le présente à la considération du public, on trouvera que, d'après son esprit, il ne serait plus question de s'occuper de la grandeur, de la force et des moyens de puissance de chaque état en particulier, attendu que le plus petit état de l'Europe acquérerait, par l'effet de cette combinaison politique, la force et l'importance de la plus grande puissance; qu'ainsi toute nouvelle composition d'états serait agréée sans difficulté par toutes les puissances, puisque l'accroissement de forces et de moyens qui pourrait en résulter en faveur d'un ou de plusieurs états, n'ajouterait rien à leur puissance, qui serait entièrement neutralisée par l'effet du projet d'organisation proposé.

Je dois dire que ce projet d'organisation politique, tel que je l'ai conçu et rédigé, donnait une grande latitude pour la composition des états, d'après les dèsirs, les intérêts et les besoins des puissances, attendu qu'on avait d'immenses moyens pour faire ces combinaisons et régler toutes les espéces d'arrangemens dans les païs qui auraient été reconquis sur l'ennemi, et attendu aussi qu'à la suite de ces arrangemens, tous les états auraient été soumis aux obligations imposées par l'établissement et gouvernés par les lois qu'il leur aurait prescrites.

Les amis de l'Empereur d'Autriche, et le nombre en est grand, parceque ce monarque gouverne ses sujets comme un père gouvernerait ses enfans, seront peut-être surpris que j'aïe disposé des états que ce prince a possédés autrefois en Italie; mais j'ai donné la raison de cette disposition qui convenait essentiellement à la combinaison de mon projet d'organisation politique. D'ailleurs cette disposition n'avait rien de contraire aux intérêts de l'Autriche dans le tems où je rédigeai mon projet, puisqu'à cette époque l'Autriche ne possédait plus ces états et les avait formellement abandonnés; puis qu'elle avait même abandonné tous ses états d'Allemagne et une partie de ses états héréditaires; puisqu'enfin elle paraîssait être dans l'impossibilité de se relever par ses propres forces, et que, par mon projet d'organisation, je lui procurais les moyens d'entrer dans une ligue formidable, qui la mettait en pouvoir de recupérer tous ses états, d'ajouter à sa monarchie des païs qui ne lui avaient point appartenus et de la replacer sur sa base ancienne, puissante et respectable.

On s'appercevra, en lisant ce projet, que Bonaparte était encore très puissant à l'époque où je le rédigeai, puis qu'il avait réorganisé ses armées et réparé les malheurs qu'il avait éprouvés en Russie; puis qu'il disposait encore des forces de tous les princes de l'Empire, qui étaient indécis sur le parti qu'ils avaient à prendre; puis qu'il avait triomphé à Lutzen, à Bautzen, à Würtzchen; puis qu'il avait été maître de conclure une paix glorieuse à Prague; puisque l'Autriche ne s'était pas encore déclarée pour les alliés; puis qu'enfin il avait encore triomphé à Wachau, après la réunion des forces de l'Autriche à celles de ses ennemis et il n'avait pas repassé le Rhin, et on concevra facilement que ce projet avait pour objet de détruire ce terrible conquérant ou de l'obliger à s'y soumettre, si les puissances se voyaient forcées de faire la paix avec lui.

Le premier cas est arrivé. Bonaparte a été renversé; mais les puissances alliées ont disposé des païs sur lui repris, d'une façon très-opposée aux vues que j'avais soumises à leurs principaux ministres, et aujourd'ui ce projet ne pourrait être exécuté qu'en partie, puisqu'il ne pourrait être établi que sur la base des possessions personnelles, ne pouvant plus être question de le fonder sur des domaines destinés à supporter les charges de l'établissement.

On verra encore, en lisant ce projet, que les domaines repris sur Bonaparte, et aujourd'hui partagés entre les puissances alliées, étaient spécialement destinés à l'établissement ainsi qu'au maintien de la paix générale, et que la réserve que j'en avais faite, avait pour objet de consoler les armées françaises de la perte de leurs conquétes et de flatter leur orgueil, en les rendant en quelque façon fondatrices d'un établissement qui éternisait la paix, qui rendait impossible le retour de la guerre.

Le rétour de la guerre était en effet impossible, puis que les païs qui avaient rendu l'Autriche voisine de la France et qui avaient entretenu si longtems leur inimitié, en entrant dans les réserves, les tenaient écartées à une grande distance l'une de l'autre, puis que ces païs qui avaient fourni si souvent des occasions de guerre, étaient destinés à pourvoir aux besoins d'une fédération établie pour entretenir la paix et l'union.

Ça été un malheur pour l'établissement projeté que le partage entre les puissances alliées des domaines repris sur les Français, par ce qu'il faudrait une contribution commune pour pourvoir aux dépenses qu'aurait supporté le revenu de ces domaines. Mais par le moyen d'une contribution équitable, ce projet est encore exécutable, et c'est cette raison qui m'engage à le publier.

Aureste, que ce projet soit adopté ou non, il importe au public de l'Europe, de savoir qu'il pouvait être tranquille et heureux sans qu'il lui en coutât rien, et qu'il pourrait encore le devenir à peu de frais; et si mon projet n'est pas exécuté, j'aurai dumoins la satisfaction de montrer que j'ai travaillé pour le bonheur de tous, et que j'ai fait les plus grands efforts pour l'opérer, et cela sans autre but que celui d'être utile et de faire jouir les peuples d'un repos qu'ils ont assez chèrement acheté par plusieurs siècles de guerres et de calamités.

Pour justifier la nécessité d'une nouvelle organisation politique en Europe, et pour démontrer la convenance du projet d'établissement que je propose; je présenterai des observations sur la politique, sur la guerre et sur la paix. Je traduirai devant le tribunal du public les divers systémes que les puissances ont, à différentes époques, cherché à introduire en Europe, pour y fonder la tranquillité et le bonheur des peuples qui l'habitent. Je démon-

trerai les vices de ces systémes, et l'on verra naître
de ces discussions un ensemble de faits et de raisons
qui entraineront tous les bons esprits, tous les
hommes bien pensans et impartiaux. C'est dumoins
ce que j'espère et ce que doit me faire espérer un
travail que je ne me suis déterminé à entreprendre
qu'après en avoir longtems et profondément
médité toutes les parties; qu'après m'être bien
convaincu par les exemples des tems anciens et par
ceux des tems modernes, qu'il n'y a ni bonheur ni
tranquillité à espérer en Europe, tant qu'on n'éta-
blira pas une autorité capable d'opposer des obstacles
aux passions des hommes et à la politique des
cours.

Le passé m'interdit, et le présent m'accable.

Je lis dans l'avenir un sort épouvantable.

VOLTAIRE.

FIN DE L'INTRODUCTION.

PROJET
D'UNE ORGANISATION POLITIQUE POUR L'EUROPE.

PREMIÈRE PARTIE.

CHAPITRE I.

De la Politique et de ses effets.

JE ne donnerai ici qu'une esquisse de la politique, parceque j'en ai tracé le portrait en grand dans l'Histoire de la Politique des Puissances de l'Europe que je viens de publier. (1)

La Politique est l'égoisme dans sa perfection. C'est l'art de se détacher de tous sentimens de justice et d'humanité, pour rapporter tout à soi. C'est la science qui apprend à rêver le mal, à le faire aux autres et à n'aimer le bien que pour soi. La Politique est conséquemment le contraire de la justice qui veut que chacun soit maintenu en possession de ce qui lui appartient.

____

(1) Cet ouvrage se trouve à Paris chez Deterville, libraire, rue Hautefeuille.

La Politique est la véritable boite de Pandore. Elle renferme tous les maux capables d'effrayer, de tourmenter, d'affliger, de désoler l'humanité. Il ne se trouve en elle aucune vertu, aucun sentiment libéral, qui puisse rendre supportables ses actes. Tout est excès en elle pour obtenir, et elle n'est calme que quand elle n'a plus de désirs. Elle est même plus funeste aux humains que ne le fut cette fatale boite, car celle-ci renfermait aussi l'espérance, et la Politique ne laisse pas même cette dernière ressource aux malheureux qu'elle a faits.

Que de troubles, que de guerres, que de calamités a occasionnés cette détestable politique, et que les souverains ont intérêt à prendre des mesures pour opposer des obstacles à ses jeux perfides, pour se garantir des effets de son funeste génie !

La Politique enfante la guerre, et par cette raison seule, elle devrait être proscrite; mais elle ne procure que des trèves, et c'est encore une raison de la proscrire, car les souverains doivent éviter tout ce qui s'oppose à leur sûreté et au bonheur des peuples qui leur sont soumis, et ils ne doivent s'occuper que des moyens de se procurer à eux-mêmes et de faire jouir leurs sujets d'une situation tranquille et fortunée.

J'ai représenté la Politique comme un fléau, et je crois qu'on peut la considérer en effet comme le fléau le plus redoutable, si elle produit la guerre et si elle ne procure la paix que pour la convertir bientôt en trève, que pour tromper les souverains et les peuples, et leur dérober par surprise ce qu'elle n'a pas pu leur arracher par la violence et par la victoire.

La Politique a toujours le sourire sur les lèvres et la haine dans le coeur. Son charme extérieur est l'instrument avec lequel elle aiguise ses poignards. Souverains, défiez-vous de la politique; défiez-vous des hommes qui vous conseillent d'adopter ses maximes. En cherchant à faire le malheur d'autrui, on travaille souvent à son propre malheur, et toute l'habileté d'un faiseur d'intrigues l'emporte rarement sur la droiture d'un homme de probité. Les succès, en fait de fourberie, sont un opprobre; mais les revers produits par la droiture, décèlent encore une belle âme. Les premiers suscitent des envieux et des ennemis; les seconds procurent des amis, des auxiliaires et des vengeurs. Henri IV, roi de France, se procura beaucoup d'amis, par sa droiture, par sa fidélité à tenir ses engagemens; Philippe II, avec sa politique et ses intrigues, s'alienna toutes les puissances; s'attira de grandes infortunes.

CHAPITRE. II.

De la Guerre et de ses effets.

Dans les premiers siècles du monde, les hommes étaient malheureux, parcequ'ils ne jouissaient d'aucune tranquillité, parcequ'ils n'étaient pas assurés de conserver leurs propriétés.

C'est à ce besoin de la tranquillité, à cet attachément pour la propriété individuelle, qu'a été due cette institution appelée royauté, laquelle a eu visiblement pour but, de la part des peuples, de se soumettre à un chef et de lui attribuer les pouvoirs. et la force nécessaires pour procurer l'une et garantir l'autre.

Si tel a été le but des hommes lorsqu'ils se sont établis en société; les chefs des nations se sont extrêmement éloignés de ce but, par la manière dont ils ont usé de leur pouvoir. Ce pouvoir était destiné à conserver et à faire jouir, et il a été employé presque toujours à troubler et à détruire. Les individus qui s'y étaient soumis n'avaient rien à redouter des entreprises de ceux que l'autorité des chefs pouvait atteindre; mais ils devinrent plus malheureux et plus à plaindre, lorsque les chefs abusèrent de l'autorité qui leur avait été confiée, et s'en servirent pour tout détruire, les hommes et les propriétés. L'ambition et la vaine gloire entrèrent à-la-fois dans leurs coeurs; ils firent la guerre à leurs voisins pour accroître leurs territoires, pour

commander à un plus grand nombre; et pour acquérir cette prétendue gloire, pour satisfaire cette
ambition, ils levèrent des impôts sur ceux dont ils
tenaient leurs pouvoirs et qu'ils appelèrent leurs
sujets, et ils les firent égorger en masse.

Alors, ces hommes qui s'étaient donné des chefs
pour se faire protéger, pour faire cesser l'anarchie
sociale, se virent forcés de seconder les projets
ambitieux d'un maître et de périr par milliers sur
des champs de bataille. Ainsi la guerre que se faisaient les hommes entr'eux pour se ravir les uns
aux autres leurs propriétés, lorsqu'ils vivaient encore dans l'état de nature, est devenue, grace à la
civilisation, une guerre de peuple à peuple, une
destruction plus violente, plus générale, plus terrible des hommes et des propriétés.

Je vais exposer un tableau des malheurs qu'enfante la guerre et des désastres qu'elle produit, afin
d'inspirer une juste horreur de ce fléau aux rois,
aux princes, qui se qualifient pères des hommes que
la Providence les a destinés à gouverner, et pour les
engager à mettre un terme à ce jeu inhumain qu'on
est convenu d'appeler guerre; mais qu'il faudrait
bien plûtôt appeler le supplice des nations.

Pour donner une juste idée de la guerre, il ne
faut que retracer celle de la révolution française.
Elle a appris suffisamment à toutes les puissances et
à toutes les nations de l'Europe, qu'aucune tranquillité, aucune propriété même, n'a été assurée
dans les païs où elle est parvenue. Partout et en

tout tems escortée du pillage, de l'incendie et de la mort, elle a été un objet d'effroi, de misère et de désespoir. Toutes les puissances, toutes les nations sont suffisamment instruites du tort que cette guerre a fait à la morale publique, à la religion, aux bonnes moeurs, et combien de familles ont été troublées, désolées, deshonorées même, par les combats qu'ont livrés sans cesse à la pudeur et à la vertu, des hommes qui se sont fait un criminel mérite de séduire, d'outrager ou d'abuser d'un sexe faible, innocent et crédule.

Quelque légitimes, quelque nécessaires, quelqu'indispensables que soient quelquefois les guerres, même celles qui sont accompagnées des plus heureux succès ; les malheureuses suites qu'elles entraînent toujours après elles, et dont la moindre est l'épuisement et la misère des vainqueurs et des vaincus, méritent bien que les souverains fassent les plus sévères réflexions avant de les entreprendre.

Quel aveuglement chez les souverains de nos jours, et que le monde est à plaindre, lorsque les passions particulières sont sourdes à la voix de la sagesse !

Dans les siècles de barbarie on préférait la gloire des conquérans et ces actions d'éclat qui frappent et imposent un certain respect par leur grandeur, à la douceur, à l'équité, à la clémence et à toutes les vertus. On était émerveillé des actions d'un Thésée ; on se passionnait pour les succès d'un Philippe, pour les victoires d'un Alexandre. On tremblait ;

mais on admirait un Attila. Heureusement on préfère aujourd'hui l'humanité à toutes les qualités brillantes d'un conquérant, et l'on n'a plus guère la démence d'encourager par des éloges, des passions cruelles qui causent le bouleversement du monde.

Je demande ce qui peut porter un homme à s'agrandir? en vertu de quoi il peut former le dessein d'élever sa puissance sur la misère et sur la destruction 'd'autres hommes, et comment il peut croire qu'il se rendra illustre en ne faisant que des malheureux? Les nouvelles conquêtes d'un souverain ne rendent pas plus opulens les états qu'il possédait déjà; ses peuples n'en profitent point, et il s'abuse s'il imagine qu'il deviendra plus heureux. Ce n'est point la grandeur du païs que le prince gouverne qui lui donne de la gloire: Ce ne seront pas quelques lieues de terrein de plus qui le rendront illustre.

Heureux sont les peuples qui vivent sous un prince qui ne posséde qu'un petit païs, qui n'a qu'un petit nombre de sujets. Un tel prince ne fait pas consister sa gloire à devenir plus puissant qu'un autre; sa seule ambition est de rendre ses sujets tranquilles et satisfaits. Occupé du besoin de se faire aimer, il ne passe pas ses jours dans les intrigues, les combats et les fétes; il trouve ses jouissances dans le sentiment d'une bonne conscience, dans l'opinion qu'il a d'avoir rempli ses devoirs. Il existe un tel prince; je le connais. Ce prince avec toutes les qualités nécessaires pour briller dans le monde, pour y tenir par ses lumières et ses talens une place aussi distinguée que celle qu'il y tient par sa naissance et par son rang, s'occupe exclusivement des affaires de ses païs, des intéréts et du bonheur de ses sujets. La société n'est pour lui qu'une distraction, une sorte de délassement, et quelque charme qu'il y trouve, il s'en approche sans s'engager; il s'en éloigne sans détachement. On est content de lui, on le regrète; mais on se console, par ce qu'on sait que les momens qu'il sacrifie à un repos aimable, sont une diminution de ses jouissances, qui consistent uniquement dans les soins qu'il donne aux affaires de son gouvernement. C'est de ce prince qu'on peut dire avec vérité:

Il fait tout par lui-même et voit tout par ses yeux.

,,Pourquoi ces guerres? s'écrie l'illustre Fénélon, n'y a t-il pas assez de terres dans l'univers pour en donner aux hommes plus qu'ils n'en peuvent cultiver? combien y a t-il de terres désertes? le genre humain ne saurait les remplir. Quoi donc! une fausse gloire, un vain titre de conquérant qu'un prince veut acquérir, allume la guerre dans des païs immenses! ainsi un seul homme, donné au monde par un destin contraire, en sacrifie brutalement tant d'autres à sa vanité. Il faut que toute périsse, que tout nage dans le sang, que tout soit dévoré par les flammes, que tout ce qui échappe au fer et au feu, ne puisse échapper à la faim encore plus cruelle, afin que cet homme qui se joue de la nature humaine entière, trouve dans cette destruction générale son plaisir et sa gloire. Quelle gloire monstrueuse! peut-on trop abhorrer et mépriser des hommes qui ont tellement oublié l'humanité? oh! que les rois doivent bien prendre garde aux guerres qu'ils entreprennent! elles doivent être justes; ce n'est pas assez; il faut qu'elles soient nécessaires pour le bien public. Le sang du peuple ne doit être versé que pour sauver ce même peuple dans les cas extrêmes. Mais les conseils flatteurs, les fausses idées de gloire, les vaines jalousies, l'injuste avidité, qui se couvre de beaux prétextes; enfin les engagemens insensibles entraînent presque toujours les rois dans des guerres qui les rendent malheureux, où ils hasardent tout sans nécessité, et où ils font autant de mal à leurs sujets qu'à leurs ennemis."

De tous les sentimens qui tyrannisent notre âme, il n'en est aucun de plus funeste pour ceux qui en sentent l'impulsion, de plus contraire à l'humanité, et de plus fatal au repos du monde, qu'une ambition déréglée, qu'un désir excessif de fausse gloire. Un prince ambitieux est plus malheureux qu'un particulier, car sa folie étant proportionnée à sa grandeur, n'en est que plus vague, plus indocile, plus insatiable. Si les honneurs, si la richesse, servent d'aliment à la passion des particuliers, des provinces et des royaumes nourrissent l'ambition des monarques.

Les souverains que le Ciel a établis pour gouverner et protéger les peuples, ne sont pas destinés à les faire égorger et à les ruiner, encore moins à entraîner leurs voisins et leurs alliés dans les mêmes infortunes, qui sont inséparables de ce fléau. Aussi ne doivent-ils jamais entreprendre des guerres sans en avoir des motifs indispensables, et cela encore après avoir épuisé toutes les voies imaginables de conciliation.

N'est-ce pas en effet une honte pour l'humanité de voir que souvent pour des riens, et presque toujours pour des causes assez frivoles, on en vienne de prime abbord, à s'épuiser de sang et d'argent, le tout pour avoir la prétendue gloire de saccager et de ruiner des villes, de ravager des provinces, qu'on est obligé ensuite de rendre à ceux à qui elles appartiennent, et à la conquête et possession desquelles on a sacrifié des centaines de milliers d'hommes dont on ne peut réparer la perte qu'après plusieurs siècles.

On a fait la guerre, c'est-à-dire qu'on a fait tuer, estropier, mutiler des hommes pour satisfaire sa vanité ou son ambition. On la continue, ou plutôt on fait encore tuer, estropier, mutiler des hommes, pour réparer des erreurs, pour rectifier des fautes, pour se remettre en bonne position, pour obtenir une bonne paix.

Un parti a tué dix mille hommes à son ennemi, il n'en a perdu que neuf mille, et il s'attribue la victoire. Quelle victoire que celle qui résulte de la destruction de ses semblables, qui repose sur un calcul arithmétique!

. Un parti a enlevé une batterie à son ennemi; il

y a perdu six mille hommes; mais l'ennemi lui a
abandonné dix piéces de canons. Il fait sonner bien
haut la prise des dix canons; mais les six mille
hommes perdus sont réprésentés comme une baga-
telle, comme un sacrifice qu'il fallait faire pour
s'emparer de ces morceaux de fer montés sur des
morceaux de bois. Il n'est personne qui ne se
rappéle la joie que firent éclater à Vienne la cour et
le peuple à la nouvelle qu'on reçut dans cette capitale
de la prise d'une palanque turque; c'est-à-dire d'un
bastion composé de pieux et garni d'artillerie, qui
couvrait un des faubourgs de Temeswar. Cependant cette conquéte avait couté aux impériaux plus
de deux mille hommes.

Il en est de méme pour la conquéte de quelques
drapeaux. On fait sonner aussi bien haut une telle
conquéte qui a souvent été le prix de vingt mille
hommes laissés sur le champ de bataille, et les
vivans peuvent se réjouir de la mort de tant d'hommes, parceque cette perte a procuré à leur souverain quelques aulnes de toile, attachées au bout
d'un baton, et quelque fois pas un pouce de terre.
N'est-ce pas le cas de s'écrier avec Sénéque: *Homo,
sacra res homo, jam per lusum et jocum occiditur.*
L'homme, cette créature sacrée, on se fait un jeu
et un plaisir de l'égorger.

Ce que je viens de dire au sujet de ces drapeaux
dont on fait sonner si haut la conquéte, repose sur
des vérités de fait. A la bataille célébre de Hersan
en Hongrie en 1687, bataille où la victoire fut

longtems disputée et qui fut très sanglante, le jeune
prince de Commerci enleva aux Turcs un étendart
de taffetas rouge, ayant un croissant en broderie
d'or au milieu. Cet étendart fut porté à Vienne et
présenté en grande pompe à l'empereur Léopold.
Il devint l'objet d'une curiosité et d'une joie excessives dans toutes les classes du peuple, et le monarque le fit exposer dans une église où tous ses sujets
eurent la liberté d'aller le contempler.

La guerre n'est pas seulement funeste aux états
par les dépenses qu'elle occasionne, par les ravages
qu'elle produit, par la multitude d'hommes qu'elle
détruit; mais elle l'est encore par le tort qu'elle fait
à la culture. Les soldats ruinent les champs qu'ils
ne cultivent pas, parceque chacun d'eux prive l'état
d'un laboureur et le surcharge d'un consommateur
oisif et stérile. Il n'est défenseur de la patrie, en
tems de paix, que par un systéme déplorable qui,
sous prétexte de défense, rend tous les peuples
agresseurs. Si tous les princes voulaient, et ils le
pourraient, laisser à la culture et aux manufactures
les bras qu'ils leur dérobent par la conscription et la
milice, la population, en peu de tems, augmen-
terait considérablement dans toute l'Europe de la-
boureurs et d'artisans; toutes les forces de l'industrie humaine s'emploïeraient à seconder les
bienfaits de la nature, à vaincre ses difficultés; tout
concourrait à la création et non à la destruction.

Il n'a pas fallu attendre le siècle où nous vivons,
trop fertile en désastres, pour connaître les malheu-

reux effets de la guerre ; les anciens avaient pris soin de nous en tracer un tableau qui aurait dû nous en donner une sainte horreur. Je citerai à cette occasion les opinions des hommes les plus éclairés et les plus célèbres de l'antiquité, pour montrer que les leçons de la sagesse n'ont pas plus d'empire que celles de l'expérience sur les hommes de tous les païs et de tous les siècles.

Sénéque s'exprime en ces termes lib. II. de clementià, cap. 7. *Possum dicere non esse hanc crudelitatem, sed ferocitatem, cui voluptati saevitio est. Possumus insaniam vocare, nam varia sunt genera ejus, et nullum certius, -nec perniciosum majis, quam quod in caedes hominum et strages pervenit.* Je puis dire que ce n'est pas seulement une cruauté, mais un plaisir de bête féroce, de n'avoir du plaisir que pour le carnage. Nous pouvons appeler cela un renversement d'esprit, car il y en a de plusieurs sortes dont la plus visible et la plus pernicieuse est celle qui porte au meurtre et à la boucherie des hommes.

Aristote parle de cette manière : *Omnino crudelis, qui ex amicis hostes facit pugnandi et fundendi sanguinis cupiditate.* Celui-là doit tout-à-fait passer pour cruel qui se fait des ennemis de ses amis, par le seul désir de faire la guerre et de verser le sang humain.

Ecoutons à présent St. Augustin : *Inferre bellum finitimis,* dit-il, *et inde in exteros procedere, ac populos sibi non molestos sola cupiditate regni conferre; quid aliud, quam grande latrocinium nominandum est?* De civitate Dei. Lib. 6. cap. 6. Porter la guerre chez ses voisins, et de-là la pousser chez les autres, opprimant des peuples qui ne nous font aucun mal, et cela par le seul désir de régner, qu'est-ce autre chose qu'un glorieux brigandage?

Je pourrais porter beaucoup plus loin ces citations, si j'invoquais le témoignage des écrivains de tous les siècles, tant anciens que modernes. Mais à quoi cela servirait-il? les passions humaines ont besoin de chaînes, et non de conseils et d'exemples.

C'est le sujet de la guerre qui la rend juste ou injuste. Les passions et l'ambition des princes leur offusquent souvent les yeux et leur peignent avec des couleurs avantageuses les actions les plus violentes.

La guerre est une ressource dans l'extrémité; il ne faut s'en servir que dans des cas désespérés, et bien examiner si on y est porté par une illusion d'orgueil ou par une raison solide.

Il y a des guerres défensives, et ce sont les plus justes sans contredit.

Il y a des guerres d'intérêt que les rois sont obligés de faire pour maintenir les droits qu'on leur conteste. Ils plaident les armes à la main, et les combats décident de la validité de leurs raisons.

Il y a des guerres de précaution que les princes font sagement d'entreprendre. Elles sont offensives à la vérité; mais elles n'en sont pas moins justes. Lorsque la grandeur d'une puissance semble

prête à se déborder et menace d'engloutir l'univers;
il est de la prudence de lui opposer des digues et
d'arrêter le cours du torrent, lors qu'on en est
encore maître. On voit des nuages qui s'assemblent,
un orage qui se forme, les éclairs qui l'annoncent,
et le souverain que ce danger menace, ne pouvant
tout seul conjurer la tempête, se réunira, s'il est
sage, avec tous ceux que le même péril met dans
les mêmes intérêts. Si les rois d'Egypte, de Syrie,
de Macédoine, se fussent ligués contre la puissance
romaine, jamais elle n'aurait pu bouleverser ces
empires. Une alliance sagement concertée et une
guerre vivement entreprise auraient fait avorter ces
desseins ambitieux dont l'accomplissement enchaîna
l'univers.

Il est de la prudence de préférer les moindres
maux aux plus grands, ainsi que de choisir le parti
le plus sûr à l'exclusion de celui qui est incertain.
Il vaut donc mieux qu'un prince s'engage dans une
guerre offensive, lors qu'il est le maître d'opter
entre la branche d'olivier et la branche de laurier,
que s'il attendait à des tems désespérés, où une déclaration de guerre ne pourrait retarder que de
quelques momens son esclavage et sa ruine.

Il y a des guerres de commerce. Des guerres
de commerce! quel mot contre la nature! on frémit
en y pensant! Le commerce est le lien par lequel
toutes les nations de l'univers sont unies et ne font
qu'un même peuple. Toutes les nations, quoi
qu'étrangères les unes aux autres, quoique séparées

par la vaste étendue des mers , par de longues chaînes de montagnes, quoique dissemblables par la religion, les moeurs, les habitudes, le langage et la couleur même, deviennent, par le commerce, indigènes, réunies, capables de se voir, de s'entendre, de traiter et de sympatiser entr'elles. Par l'attrait du commerce et des avantages qu'il procure aux nations, toutes s'agitent, toutes marchent les unes vers les autres, toutes se rencontrent et font des échanges mutuels et toutes s'enrichissent. Quand on voit ces nations, dit l'éloquent et profond Abbé Raynal, établir entre les deux hémisphères, par les progrès heureux de l'art de naviguer, comme des ponts-volans de communication qui rejoignent un continent à l'autre; suivre toutes les routes du soleil, franchir les barrières annuelles et passer des tropiques aux pôles sous les ailes des vents; ouvrir en un mot toutes les sources de la population et de la volupté, pour les verser par mille canaux sur la face du monde; c'est alors peut-être que la divinité contemple avec plaisir son ouvrage et ne se repent pas d'avoir fait l'homme.

Comment des princes peuvent-ils se plaire à diviser les peuples, lorsque le voeu de la nature est qu'ils s'unissent, lorsque les besoins mutuels les portent à entretenir entr'eux l'harmonie!

La jalousie du commerce entre les états n'est qu'une conspiration secrète de se ruiner tous, sans qu'aucun s'enrichisse. Ceux qui gouvernent les peuples mettent la même adresse à se dé-

fendre de l'industrie des nations qu'à se garantir des artifices de la politique. Un seul homme
ignorant ou méchant suffit pour introduire cent contraintes en Europe. Les chaines s'y multiplient
comme les armes destructives. On ne s'en tient
pas à défendre l'introduction, on court sur les marchandises, on les saisit en mer et sur terre; on les
confisque, on les brûle, et tout cela a lieu parcequ'une puissance est jalouse de la prospérité d'une
autre. Mais une nation a t-elle droit d'empêcher le
travail qu'elle ne peut faire elle-même, et de forcer
une autre à l'oisiveté, parcequ'elle s'y dévoue? a
t-elle droit d'empêcher qu'une autre vende les objets que produit son païs et qu'elle ne trouve pas
dans le sien?

Les guerres de commerce sont d'autant plus
funestes, que par l'influence actuelle de la mer sur
la terre, et de l'Europe sur les trois autres parties du
monde, l'embrâsement devient général, et que les
dissentions de deux peuples maritimes répandent la
discorde chez tous leurs alliés, et l'inertie dans le
parti même de la neutralité.

La nature permet la guerre, dit Puffendorff,
mais ce n'est qu'à condition que celui qui l'entre-
prend se propose, par ce moyen, de parvenir à la
paix. Droit de la Nature et des Gens. Liv. 8.
Chap. 8. § 2.

Cicéron est du même sentiment, de offic. lib. 1.
Cap. 23. *Bellum autem ita suscipiatur*, dit-il, *ut
nihil aliud nisi pax quaesita videatur.*

. Les princes font la guerre, parceque c'est le moyen de récréer leur orgueil, de satisfaire leur ambition. La guerre, si elle est heureuse, leur procure une joie vive, et presque toujours ceux qui les entourent et qui les servent, leur peignent avec de belles couleurs ces faveurs de la fortune. Mais si la chance vient à changer; si la fortune s'avise de leur tourner le dos, quels sont ceux que le malheur atteint? ce ne sont pas les princes? Tout luit, tout est beau autour d'eux; ils se consolent d'un revers par l'espérance d'un succès, et toujours mollement couchés sur des lits de roses, ils croyent à peine que l'humanité soit exposée à des infortunes. La misère du peuple est une idée que leur fait repousser l'heureuse situation dont ils jouissent, parcequ'on a grand soin que leur table soit somptueusement servie, que leurs équipages soient brillans, leurs chevaux agiles et bien luisans, leurs spectacles bien montés, leurs réserves bien peuplées, leurs chemins bien entretenus; parceque la sérénité règne sur les visages des courtisans; parceque les intéréts de quelques gens s'opposent à ce qu'un prince soit instruit de ce qu'il doit savoir. Tout a lieu comme à l'ordinaire; tout dans le palais fait croire aux succès, à la gloire, à la prospérité. Les princes ne s'apperçoivent de leurs infortunes que lors que la guerre arrive jusqu'à eux, que quand ils sont forcés de fuir et d'abandonner et leurs jouissances et leurs sujets.

Mais tandis que les princes vivent tranquilles et

satisfaits dans leurs palais, au milieu de leurs
flatteurs, au milieu des plus intrépides donneurs
d'espérances; tandis qu'ils someillent dans la mo-
lesse, qu'ils s'enivrent des charmes de toutes les
voluptés; l'ennemi pénétre dans les provinces; il
impose des contributïons; il fait vivre et habiller
ses soldats aux dépens des habitans; il vide les magasins, les arsenaux; il dégrade les chemins; il
écrase les biens de la terre; il s'empare du cours des
rivières; il coupe toutes les communications, il
prend tout, détruit tout, porte partout le fer et la
flamme. Il arrive enfin à la capitale, à la résidence
du prince. C'est alors seulement que le prince
connait la vérité. Le prince part, ses ministres,
ses courtisans, ceux qui l'ont trompé, le suivent,
non pour se fortifier dans quelqu'endroit, pour
s'opposer aux succès de l'ennemi; mais pour men-
dier des secours ou solliciter une paix honteuse.
Quand Moïse et Elie contemplaient J. C. sur le
Thabor; quoi qu'ils le vissent brillant comme le
soleil, ils s'entretenaient avec lui de sa mort et de
ses souffrances. Pourquoi les princes n'ont-ils pas
auprès d'eux d'aussi bons, d'aussi hardis prophètes?

Mais si la guerre est un fléau pour les peuples,
elle en devient souvent un plus cruel pour les princes, car elle est le germe de toutes les révolutions.
La guerre produit des soulévemens par la misère et
le désespoir des peuples; elle produit des révolutions par la corruption des moeurs. A peine des
garçons ont atteint l'âge de puberté, que l'ambition

d'un prince les arrache à leurs parens pour en peupler ses armées. C'est dans la compagnie d'hommes grossiers et ignorans, exercés à tous les genres de vices, qu'ils vont chercher des leçons et des exemples, et ces jeunes garçons qui étaient destinés à recevoir une éducation digne de leur famille et de leur fortune, qu'on devait élever pour devenir d'honnêtes citoyens, pour occuper des emplois, pour rendre des services à l'état, pour se distinguer dans une carrière honorable, rentrent dans leurs foyers avec les inclinations les plus viles, avec le gout de l'oisiveté, avec une sorte de mépris de la vie qui les porte à tout entreprendre. Ils se mêlent dans les intrigues, dans les factions, dans les conspirations, et le prince, qui aurait dû trouver en eux des sujets vertueux, dociles, fidèles et attachés, les retrouve agités par les passions, incapables de fléchir devant les lois, d'être intimidés par la crainte des supplices; il en a fait des ennemis de son trône et de sa personne.

Il me semble incontestable que les révolutions qui ont eu lieu dans tant d'états, ont été le résultat des guerres trop fréquentes entre les princes; et si cela est prouvé, les princes doivent s'entendre pour empécher la guerre, puisque c'est le seul moyen d'empécher les révolutions.

C'est la guerre, ce sont les succès obtenus dans la guerre, qui ont bouleversé la France, qui ont autorisé les horreurs commises sous le règne sanguinaire de la Convention nationale; qui ont

encouragé les membres de cette assemblée féroce à
faire égorger Louis XVI. sur un échafaud. C'est la
guerre, ce sont les succès obtenus dans la guerre,
qui ont fait de Bonaparte un consul d'abord, puis un
empereur, puis un roi, puis un maître absolu des trois
quarts de l'Europe. C'est la guerre, ce sont les succès
obtenus dans la guerre, qui ont enhardi Bonaparte à
renverser tous les trônes, à briser toutes les couronnes, à dépouiller tous les souverains, à violer
toutes les propriétés, à déchirer tous les traités, à
soumettre toutes les nations à ses lois tyranniques.
C'est la guerre, ce sont les succès obtenus dans la
guerre qui ont commandé, exigé même des alliances
politique et d'intérét, des alliances de familles, des
unions révoltantes. Enfin, c'est la guerre, ce sont
les succès obtenus dans la guerre, qui ont donné au
monde le spectacle hideux de la dépravation des
moeurs, du scandale et de la licence, des sacrilèges,
des profanations, du mépris de la religion, du
martyre du vénérable Pontife Pie VI, de la dégra-
dation et de la captivité de l'illustre Pontife Pie VII.

Si la guerre a causé tant de malheurs; si elle a
exposé les souverains et les peuples à des tourmens
si déplorables; quel est l'homme raisonnable, humain et sensible qui ne fera pas des voeux pour
qu'on trouve un moyen d'empêcher le retour de ce
terrible fléau?

Cependant combien de généraux et d'officiers
font des voeux pour la guerre! combien de ces
messieurs la désirent! Ils ont pour cela de bonnes

raisons sans doute; mais leurs raisons sont toutes renfermées dans leur intérêt personnel. C'est le moi humain qui les pousse; c'est pour le moi humain qu'ils demandent qu'on sacrifie la tranquillité et le bonheur de leurs concitoyens. La guerre est leur métier; elle leur offre l'occasion de se mettre en évidence, de se faire distinguer, d'obtenir des graces, de l'avancement, des décorations, et pour satisfaire cet appetit de gloire, d'honneurs et de récompenses de quelques chefs, il faut enrôler, il faut arracher des bras de leurs parens, il faut faire conduire aux armées, pour les faire immoler, plusieurs milliers d'innocens, pour lesquels la guerre n'est bonne à rien et qui ignorent même pourquoi on la fait.

Les soldats pourraient peut-être aussi la désirer et se réjouir d'aller au combat, si comme leurs généraux et leurs officiers, chacun d'eux pouvait espérer de prendre part à la gloire; s'il avait l'occasion de se montrer, de se faire distinguer; mais l'art de la guerre a été combiné de manière à en faire un spectacle sanglant devant l'ennemi, et un spectacle divertissant pour les curieux qu'il attire dans les camps d'exercices, spectacle dont on pourrait aisément se passer.

La guerre n'est plus que l'exécution d'une théorie, qu'on appèle tactique, ce qui signifie l'art de placer des hommes habillés, coëffés, guètrés de la même manière, sur des plaines, sur des tertres, dans des ravins, dans des défilés, et de les faire

mouvoir en masse et simultanément, pour les former en ordre de bataille, pour les diviser en pelo-
tons, pour les remettre en ligne, pour leur faire
figurer des angles, des équerres, des carrés, des
ailes de moulin &c. ce qui signifie l'art d'asseoir un
camp, de le fortifier par des fossés, des retranche-
mens, des batteries de canons, pour le rendre inexpugnable.

Depuis la malheureuse découverte de la poudre
inflammable, la discipline est devenue l'âme d'une
armée, et par l'effet de cette discipline, le soldat
n'est plus qu'une machine, il n'a ni le pouvoir ni la
possibilité de se montrer brave; il ne peut être que
ce que son général ou son officier veut qu'il soit;
il faut qu'il soit soumis et résigné.

Les guerres actuelles n'offrent plus l'image de
ces guerres des Perses, des Grecs et des Romains,
même de celles de nos preux chevaliers; elles ne
ressemblent en rien à ces combats gymniques, où
les hommes se lançaient les uns contre les autres,
s'atteignaient, se combattaient corps-à-corps, où
les actions de bravoure et de dévoûment se faisaient
remarquer en mille endroits et étaient recueillies pour
servir de titres aux récompenses; où l'on admirait la
force, l'adresse et le courage des combattans; ce
sont des guerres où des hommes réunis en masse,
sont opposés à d'autres hommes réunis aussi en
masse, où il est interdit au soldat de combattre un
soldat ennemi, de le vaincre par force ou par
adresse, où l'on est tué sans savoir par qui ni

comment. Obligé de rester fixé dans une ligne qu'il ne peut pas dépasser de l'épaisseur d'un cheveu, sans un ordre exprès de son officier, le soldat voit son adversaire, ou plutôt celui qui lui est opposé, diriger vers lui l'arme qui va lui donner la mort, et il n'ôse le prévenir, pour ne pas encourir les peines prononcées par les lois de la discipline. La tactique exige qu'il ne tire qu'en même tems que ses camarades; qu'après qu'ils en ont tous reçu l'ordre de l'officier qui les commande. Ce soldat aurait pû priver d'un homme l'ennemi de son souverain; mais son souverain doit perdre en lui un homme s'il reste dans les liens de la discipline, et il perd encore en lui un homme, s'il s'est permis d'en enfreindre les lois. Dans les deux cas c'est un homme mort, c'est un homme perdu pour la patrie.

Qui pourrait distinguer la bravoure du soldat dans une telle façon de faire la guerre? l'homme le plus lâche, le plus pusillanime, ne peut-il pas se trouver auprès de l'homme le plus brave, le plus intrépide? un bataillon de Samoyèdes ou de Lapons ne peut-il pas détruire un bataillon de grenadiers Hongrois?

Les anciens enseignaient aux jeunes gens dans les gymnases les exercices qu'il fallait pratiquer à la guerre, parceque chaque soldat ou légionnaire avait le droit d'aller chercher son ennemi, de l'attaquer, de le combattre; mais les modernes ont fait de l'art de la guerre une sorte d'automatie, où l'on fait agir les hommes avec des mots de la même manière qu'on ferait agir de véritables automates avec des ressorts. Les anciens apprenaient au soldat à défendre sa vie, les modernes apprennent au soldat à sacrifier la sienne.

D'après le systéme de guerre établi de nos jours, la tactique, ou la science des évolutions, est une science que des généraux, que des officiers doivent bien connaître pour faire mouvoir des masses, pour faire agir des hommes en tous sens à la vue de l'ennemi; mais avec une telle façon de faire la guerre, les succès ne dépendent plus de la force, de l'adresse et du courage des soldats.

Hélas! quand les princes voudront-ils mettre un terme à la guerre? ne sont-ils pas rassasiésde ce jeu cruel qui n'a duré que trop longtems! *Heu nimis longa satietate ludo?* Horace.

Bien souvent les princes, sans en être rassasiés, sont forcés d'en suspendre les calamités, et ils contractent un genre de convention qui leur devient toujours plus funeste que la guerre, s'ils se trouvent dans le cas de la solliciter. Je veux parler de l'armistice, acte à-la-fois politique et militaire; mais plus politique que militaire en raison des effets qui en résultent. Il convient de dire un mot de ce genre de convention.

CHAPITRE III.

De l'Armistice et de ses effets.

L'armistice est le repos de la victoire; c'est le refuge de l'infortune. Pour le vainqueur, c'est le moyen d'assurer son triomphe. Pour le vaincu, ce n'est qu'une ressource, un moyen de conservation.

Cet acte exige dans ceux qui sont chargés de le ·régler, des connaissances militaires et politiques au plus haut dégré, parcequ'il s'agit pour le vainqueur de se mettre en position pour marcher à de nouvelles conquêtes et pour forcer son ennemi à souscrire les conditions qu'il conviendra à son intérêt ou à son ambition de lui imposer.

L'armistice est une précieuse ressource pour le vaincu, parcequ'il arréte la victoire dans sa course, parcequ'il prévient des revers plus fàcheux, des désastres plus terribles; parcequ'il donne des espérances de salut. Il est aussi une ressource précieuse pour l'humanité, parcequ'il a pour but principal et pressant d'empécher une plus grande effusion de sang; parcequ'il procure la conquéte sans combats; parcequ'il met au pouvoir du vainqueur, des villes, des forteresses, des fleuves, des païs abondans en ressources, des positions militaires, dont la conquéte aurait prolongé la guerre de la part du vainqueur; dont la défense aurait exigé de grandes dépenses, de longs travaux de la part du vaincu, parcequ'il épargne à tous deux de nouveaux combats, d'immenses sacrifices d'hommes et d'argent.

Mais cet acte exige de grandes connaissances, et l'homme chargé de le négocier de la part du vainqueur, doit être à-la-fois excellent général et excellent ministre, puisque, sous le rapport des localités, il doit exiger tout ce qui peut servir à placer les armées de son souverain assez commodément pour recommencer les hostilités avec plus d'avantage et pour procurer aux troupes les agrèmens dûs à des vainqueurs, et que sous le rapport politique, il doit prévenir les résistances de l'intérét et de l'orgueil.

Malheureusement, presque toujours l'armistice est une grace du vainqueur, et sa recherche est un aveu de l'impuissance, du découragement et des alarmes du vaincu, et c'est pour cette raison que le vainqueur met un si haut prix à cette faveur, et que, pour l'ordinaire, il exige, de si énormes sacrifices.

La paix de Lunéville n'eut jamais été souscrite par l'Autriche, sans l'armistice qui avait suivi immédiatement la victoire de Marengo; et de même l'Autriche n'eut jamais signé le traité de Vienne de 1809, sans l'armistice qui avait suivi la victoire de Wagram.

A la suite de ces armistices, l'Autriche se trouva plus faible, plus gênée dans ses mouvemens, dans ses ressources; plus embarrassée pour recommencer les hostilités, et elle fut contrainte non à traiter de la paix; mais à en écrire les conditions sous la dictée de son vainqueur.

Ce ne sont point les victoires de Marengo et de Wagram qui ont mis l'Autriche dans les situations déplorables où elle s'est trouvée; car la fortune pouvait la favoriser, et on sait que dans la guerre le hasard peut réparer bien des revers; mais ce sont les armistices qui l'ont perdue, parcequ'ils l'ont mise à la discrétion du vainqueur; parceque, par ces armistices, aulieu de diminuer ses infortunes, on a ajouté à ses malheurs.

Jamais la France n'eut souscrit de telles conventions d'armistice; elle eut eu plus de confiance dans les faveurs de la Fortune. Les Français ont pour devise sur leurs drapeaux: *Audaces Fortuna juvat.*

CHAPITRE IV.

De la Paix et de ses effets.

La paix, d'après l'idée qu'on y attache, devrait être un bienfait du Ciel; elle devrait être l'idole de tous les souverains, puisqu'elle est le moyen de mettre un terme aux calamités de la guerre. Mais de la manière dont l'Europe est organisée, la politique domine trop dans les cabinets des princes, pour qu'on puisse compter sur une paix véritable et durable. Cette déplorable politique trouve les moyens d'en abréger la durée, de n'en faire qu'une simple trève, et alors la paix, qui devait être une source de bonheur, devient un fléau plus cruel que la guerre.

Il convient d'expliquer cette allégation et de l'appuyer de preuves, pour qu'on ne puisse pas la révoquer en doute.

On fait la paix; pourquoi? pour faire cesser la guerre. Au profit de qui se fait la paix? est-ce au profit du peuple? pour diminuer ses souffrances? est-ce lui qu'on consulte? est-ce lui qui la fait? non, c'est seulement le prince qui la fait, et il la fait, parcequ'il voit son païs envahi; parcequ'il voit son vainqueur lui arracher ses ressources; parcequ'il le voit commander en souverain dans ses états, et parcequ'il craint qu'une plus longue résistance ne compromette son autorité, son indépendance, sa propre sûreté.

On fait donc la paix; mais pour l'obtenir, il faut céder une partie de ses états, payer des contributions, et après avoir fait souffrir ses sujets pendant la guerre, il faut que le prince les fasse souffrir encore pour leur procurer la paix.

Enfin la paix est faite. Elle est honteuse; mais n'importe; c'est encore un bienfait du Ciel, puisqu'elle empêche les malheurs de s'accroître, puisque c'est le seul moyen qu'on ait pour se sauver. On en rend des graces à Dieu, et des *Te Deum* sont chantés, comme si elle était le prix de la victoire. Mais de telles actions de graces ne sont-elles pas une dérision, une insulte à la majesté de Dieu, lorsqu'une telle paix dissimule le dessein de se venger et de récupérer ses pertes par une nouvelle guerre.

La paix est faite; le peuple en est chagrin, en est humilié; mais le prince a décidé qu'il doit s'en réjouir; il ordonne des illuminations, des feux d'artifices, des bals, des banquets. Lui, sa cour, les grands, les riches et ses principaux sujets y prennent part, en jouissent, et le peuple, qui contribue aux dépenses qu'occasionnent ces simulacres de gaité, en est exclu, on ne lui offre, pour le divertir, que le branle des cloches, des salves d'artillerie et des parades de soldats, qui lui indiquent qu'il doit payer, tout regarder, tout supporter sans oser se plaindre.

Hélas! le peuple ne se plaindrait pas, si les sacrifices qu'on exige de lui tournaient à son avantage, s'il était assuré du bonheur qu'on lui promet; mais ces apparences de tranquillité et de bonheur ont pour objet de dissimuler des projets qui produiront des malheurs encore plus grands.

La confiance du peuple s'est établie sur l'idée que son souverain n'est occupé que de son repos et de sa prospérité; elle s'est accrue à la vue des fêtes qu'il a ordonnées pour prouver la joie qu'il en ressent, et le peuple a repris avec ardeur ses travaux; il a labouré et ensemencé les terres que la guerre avait ravagées; il a relevé ses maisons, ses atteliers abattus par le canon de l'ennemi; il a remonté ses métiers, redonné l'activité à ses manufactures dont la guerre avait enlevé les ouvriers; il a rempli ses magasins des marchandises de l'étranger; l'argent qui avait disparu, est remis en circulation; une émulation générale s'est emparée de tous les coeurs, parceque chacun croit agir pour soi, pour le profit de sa famille. Mais, après quelques années employées à réparer les pertes occasionnées par la guerre, à refaire des capitaux pour doter des filles, pour établir des garçons; le prince juge convenable à ses intérêts et à sa gloire de faire de nouveau la guerre; il faut que les garçons qui ont grandi pendant la paix et que leurs pères destinaient au commerce, à la fabrication, à la culture, quittent leurs outils et s'arment; il faut que les fonds économisés pendant la paix, deviennent de rechef la ressource pour la guerre, parceque le prince a cru appercevoir une occasion favorable de se venger de son vainqueur, de réparer ses premiers revers, et d'adresser à la gloire les remercîmens qu'il avait dû prostîtuer à la honte, pour séduire son peuple et lui faire croire à la sainteté de ses engagemens.

Je demande si de telles paix ne sont pas un fléau plus cruel que la guerre ?

Rien n'est plus futile, n'est plus inconséquent que les sermens en politique. Ce sont des grimaces de conscience, des simulacres de sincérité, imaginés pour séduire, pour tromper, pour abuser la bonne-foi de ses adversaires. Aussi le grec Lysandre a t-il eu raison de dire: *qu'on trompe les enfans avec des joujous, et les hommes avec des sermens.*

Des sermens devraient être inviolables, et si les sermens étaient fidèlement observés, on ne verrait pas toutes ces guerres qui ravagent l'univers, qui appauvrissent et désespèrent les nations.

Les traités, les conventions entre souverains, contiennent des sermens réciproques de la part de ces souverains, de remplir fidèlement les obligations qu'ils ont contractées; mais ces sermens ne servent qu'à masquer des désirs, des intentions contraires; ce sont des moyens qu'ils emploïent pour avancer leurs affaires.

Il n'y a qu'un moyen de rendre les sermens inviolables, c'est de créer un pouvoir capable de les faire exécuter, capable d'inspirer la terreur à ceux qui pourraient avoir l'intention de les rompre.

D'après cette vérité déplorable, que personne ne pourra contester, tous les sermens sont inutiles, et c'est perdre le tems en de vaines solennités, que de faire promettre des choses qu'un concours d'événemens fortuits font souvent une loi impérieuse d'annuler.

Si ce n'est que la force qui puisse avoir raison des hommes, il faut leur opposer la force; elle a plus de pouvoir que la conscience.

Il faut en convenir; c'est un bien grand malheur pour l'Europe, que des princes ou des ministres puissent la troubler à chaque instant; en suivant les mouvemens de leurs passions, de leurs erreurs, de leurs caprices, et souvent même de leur humeur et de leur imagination, et qu'il n'existe aucune autorité qui ait le pouvoir de leur contester ces effets de leur libre arbitre. Il faut convenir aussi que c'est un très grand malheur que les paix ne puissent être que des trèves.

Au fait, les paix qui ont été jurées par les princes de l'Europe depuis trois siècles, ont-elles été autre chose que des trèves, que des preuves publiques et authentiques d'artifices et de mauvaise-foi? Pourrait-on citer une seule paix qui n'ait point été violée et qui ait empêché le renouvellement de la guerre? Je défie qu'on en cite une: Si donc un acte solennel, fait à la face de l'Europe, qui embrasse à-la-fois les intérêts des souverains et des peuples, a toujours été subordonné aux caprices des souverains et de leurs ministres; si un tel acte n'a toujours été qu'un moyen de salut pour les souverains, et non de bonheur pour leurs sujets; c'est un moyen dont il importe de détruire l'usage, et l'on doit s'empresser d'organiser l'Europe de manière que les souverains ne puissent plus sacrifier la fortune et la vie de leurs peuples à un peu de vaine gloire, et puissent les faire jouir d'un bonheur et d'une tranquillité durables.

Les paix ont toujours été accompagnées de sacrifices de la part des vaincus en faveur des vainqueurs, et par cette raison qu'elles ont été le prix de sacrifices, leur durée a dû être bornée; car il n'a fallu qu'une alliance, ou des subsides, ou les conseils encourageans de ministres passionnés ou téméraires, pour les faire rompre et rengager la guerre.

Je demande si des nations qui confient leurs destinées à des princes, pour jouir d'un peu de tranquillité, et de bonheur, peuvent être satisfaites d'un tel état de choses, et s'il n'est pas instant d'organiser l'Europe de façon que tous ces malheurs ne puissent jamais se reproduire?

La paix devient encore plus funeste et plus cruelle pour les peuples, lorsqu'elle est produite par l'ambition d'une grande puissance et quand elle a pour objet de faciliter à une puissance ambitieuse les moyens d'envahir et de s'agrandir sans opposition. C'est ce qu'on a vu avec autant d'étonnement que d'indignation, après la paix de Lunéville, après celle de Presbourg.

Si donc les paix doivent produire l'effet de rendre les peuples autant et plus malheureux qu'ils ne peuvent l'être par la guerre; si elles n'ont aucune garantie contre les artifices de l'ambition, contre les transports de l'orgueil, il faut regarder les paix comme des espèces de volcans où fermentent des matières propres à s'enflammer et à occasionner de nouvelles guerres.

Une paix faite à regret et par force, n'est point une paix, elle n'est qu'une trève. Elle ne dure qu'autant que ceux qui s'y trouvent lésés sont dans l'impuissance de la rompre, et plus elle dure, plus elle aigrit et provoque le ressentiment de ceux qui se repentent d'avoir acquiescé à des conditions honteuses. Il faut se persuader qu'il en est de toutes les nations braves comme de cet ambassadeur des Privernates qui, traitant de la paix de sa patrie avec les romains, leur dit en plein sénat: ,,Si vous nous ,,en donnez une bonne, elle sera éternelle; mais ,,si elle nous est onéreuse, elle ne durera guère.‘‘ Ainsi Scipion l'Africain fit une action digne de sa modération et de sa prudence, lors qu'après avoir vaincu Antiochus, il lui accorda les mêmes conditions de paix qu'il lui avait offertes avant la victoire. *Quas pares paribus ferebamus conditiones,* lui dit-il, *easdem nunc victores victis ferimus:*

Après avoir longtems et profondément réfléchi sur les dangers de la politique, de la guerre, et même de la paix, telle qu'elle a existé et dû exister jusqu'à ce jour, j'ai trouvé que la tranquillité, la sûreté et l'indépendance des puissances ne peuvent

se réaliser qu'à la faveur d'une dépendance conven-
tionelle et relative.

Pour arriver à cette solution, j'ai examiné attentivement les effets qu'ont produits, depuis plusieurs
siècles, les divers systêmes imaginés pour opérer
une organisation politique convenable aux intérêts
de tous. J'ai considéré ce systême de balance ou
d'équilibre politique, qu'on s'est plu à regarder
comme extrêmement efficace. J'ai considéré ensuite le systême de domination générale ou de
monarchie universelle, adopté et suivi par plusieurs ambitieux, et les vices inhérens à ces deux
systêmes, m'ont pénétré de l'idée que le systême le
plus simple, le plus naturel, le plus convenable,
le plus éminemment salutaire, est le systême de
Fédération générale, tel que je l'ai conçu, et dont
le plan sera expliqué cy-après.

Ce systême, comme on le verra, forme un lien
commun et indissoluble, et ce lien est la garantie
des droits, de la possession, de l'indépendance, du
rang, de la préséance de chaque souverain, du
bonheur et de la tranquillité de chaque peuple.

Mais avant d'entrer dans les détails de ce plan
et d'en démontrer les avantages, il convient de faire
remarquer les inconvéniens attachés aux deux
systêmes de balance et de domination générale.

CHAPITRE V.

Du système de Balance et de ses inconvéniens.

La Balance politique a produit en Europe des événemens si malheureux pour tous les peuples, qu'elle m'a toujours paru une invention très opposée au but pour lequel elle a été imaginée.

Elle avait eu visiblement pour objet de maintenir les souverains dans l'état de force et d'indépendance où ils se trouvaient lors de l'établissement qu'on en fit; mais une expérience de plusieurs siècles a appris que cette balance n'était pas sans inconvénient; que souvent elle était un prétexte de guerre et qu'elle avait quelquefois allumé de vastes incendies aux quatre coins de l'Europe, à l'occasion d'un différent survenu entre deux états, ou d'une prétention manifestée de la part d'un voisin ambitieux.

Il est résulté de la nature même de ce système, qu'il ne pouvait avoir aucun caractère de stabilité, et que la Balance devait être combinée et ajustée par de nouveaux traités, par de nouvelles conventions, autant de fois que les événemens des guerres occasionnaient des changemens dans les situations respectives des puissances. Or qu'est-ce qu'un système qui doit changer par les conquêtes, par des cessions, par des legs, des donnations, des successions, par toutes sortes de combinaisons, de spéculations politiques? N'est-ce pas avoir une balance et -

n'en avoir pas? l'Europe pouvait-elle espérer d'être tranquille à la faveur d'un tel systême?

Il ne faut point perdre de vue que les relations politiques, établies sur la position relative des différens états, sont subordonnées à des circonstances morales et éventuelles, telles que le caractère des souverains et des ministres dirigeans. Qu'un roi soit faible et changeant, son gouvernement variera comme ses ministres, et sa politique comme son gouvernement. Il aura tour à tour des ministres aveugles ou éclairés, fermes ou légers, fourbes ou sincères, durs ou humains, enclins à la guerre ou à la paix, tels, en un mot, que la vicissitude des intrigues les lui donnera.

Un tel gouvernement n'aura ni systême, ni suite dans sa politique. Avec un tel gouvernement, les autres ne pourront adopter des vues ou des mesures constantes. La politique, alors, ne peut aller que selon le vent du jour et du moment, c'est-à-dire selon l'humeur du prince. On ne doit avoir que des intérêts subordonnés à l'instabilité du ministère, sous un règne faible et changeant. L'Espagne peut avoir un Charles-Quint, un Philippe II. La Russie peut être gouvernée par un monarque conquérant aussi habile, aussi ambitieux que Catherine II. La France peut avoir pour roi un Louis XIV, un Louis XV, ou pour ministre dirigeant un Richelieu, un Mazarin, un Louvois, un Belleisle. La Prusse, un Frédéric II, &c. Alors il est évident que le système de l'Europe doit changer, et qu'on doit chercher d'autres poids pour rétablir l'équilibre.

Les affaires sont conduites par des hommes, et les hommes sont plus souvent égarés qu'éclairés. La politique ne peut être fixe, puisque sa direction varie selon le caractère des hommes placés par le sort à la tête des gouvernemens. Il faut donc établir le système d'équilibre sur des bases morales et non sur des bases géographiques.

C'est de la Balance politique que découle cet autre système politique, si connu sous le titre d'influence; système qui a si souvent agité les ambitions des diverses puissances, et qui a occasionné tant de guerres, tant de sacrifices d'hommes et d'argent.

C'est à ce système d'influence, plutôt qu'à la conservation de l'équilibre politique, qu'il faut attribuer cette multitude de traités d'alliance qu'on a vu éclore et se détruire depuis cinquante ans, suivant le plus ou moins d'intérêt qu'ont eu les puissances à les observer ou à les rompre, et l'on peut dire que les puissances secondaires ont été pour la plupart, presque toujours les malheureuses victimes de ce genre d'ambition.

Alors, on se laissa aller à l'idée que le système de domination générale ou de monarchie universelle, serait plus naturel, plus rassurant, plus efficace. Le premier, le plus puissant intérêt d'un prince étant de veiller à sa conservation, rien ne parut lui être plus favorable qu'un système d'unité et de simplification qui mettait dans la main d'un seul les intérêts de tous, en lui attribuant une puissance capable d'en imposer à tous, d'appaiser toutes les querelles, de faire taire toutes les ambitions. De cette manière les puissances imitaient la conduite des peuples, lorsqu'ils se formèrent en société; elles se donnaient un chef.

Il est incontestable que le systême de Balance et les guerres qui en ont été le résultat, n'ont pas cessé d'ensanglanter l'Europe depuis son établissement, et il semblerait, au premier coup-d'oeil, que par le systême d'unité et de supériorité, chaque prince pourrait être assuré de sa possession et n'avoir rien à redouter de l'ambition et des prétentions de ses voisins, puisqu'il ne s'agirait que d'une simple injonction ou admonition de la part du grand régulateur, pour contenir et remettre chacun dans le devoir. Mais le systême de domination générale présente à l'idée de très graves inconvéniens.

Le systême de Domination générale avait paru si naturel à tous les conquérans, que tous firent des tentatives pour l'établir. Il fut adopté par Cyrus, par Alexandre-le-Grand, par la république romaine, par les empereurs qui lui succédèrent.

Après la destruction de l'empire romain, il fut adopté par les barbares qui en firent la conquête, ensuite par Charlemagne, ensuite par les Mahométans et les Ottmans, et enfin par tous les souverains qui crurent pouvoir y atteindre. Tamerlan et Schah-Nadir, ou Thamas Koulikan, dans des tems plus modernes, firent tous leurs efforts pour fonder en

Asie ce système; mais aussi sans succès, et tant de preuves de l'inutilité de ces entreprises firent chercher les moyens d'obtenir la paix et la tranquillité d'une manière plus douce et surtout plus durable. On reporta de nouveau les yeux sur le système de balance.

Ce système de balance avait été connu dans l'ancienne Grèce, et ce fut le moyen dont se servirent les Grecs pour s'opposer aux Perses d'abord, ensuite aux Romains, et enfin aux Macédoniens. Mais le système de balance des Grecs était une combinaison de forces composées de contingens, et non de territoires plus étendus; la balance était une véritable fédération.

Après la destruction de l'empire romain, les barbares qui en firent la conquête durent chercher un moyen qui convînt à leur situation, puisqu'il s'agissait de se maintenir en possession de droits qu'on s'était arrogés, de propriétés qu'on avait envahies. Ils fondèrent le système féodal qui était aussi une balance de l'espéce de celle des Grecs, c'est-à-dire une fédération des oppresseurs, pour assujettir les opprimés. Mais les barbares, comme les Grecs, durent être malheureux et disparaître, parceque leurs systêmes renfermaient également le germe de leur destruction, l'intérêt personnel, qui fait passer les amis dans les camps de l'ennemi, l'intérêt personnel, qui s'oppose et s'opposera toujours à l'établissement d'une balance.

Ce système qui, plus tard, fut établi en Italie,

pour mettre un frein à la turbulence des petits états
de ce païs, fut adopté par l'Allemagne et par les
diverses puissances qui figurèrent à la paix de Westphalie, et il parut convenable alors, parcequ'il
sembla propre à contenir l'ambition des deux maisons de Bourbon et d'Autriche, parcequ'il sembla
propre à combiner les forces des deux partis qui
s'étaient combattus trente ans pour des opinions religieuses, et qui avaient établi un schisme en Allemagne, comme ils en avaient établi un dans l'église,
et aussi parcequ'il avait quelque chose, en apparence,
de plus doux, de plus attrayant, de plus favorable
au bonheur et à la tranquillité des nations, ces nations étant gouvernées par des souverains qui n'é-
taient pas obligés d'imprimer la terreur pour se
faire craindre, et parceque tous ces souverains, par
l'effet de ce système de balance, se fédéraient et
présentaient, quand il en était tems, une réunion
de forces capables de repousser les entreprises de
l'ambition ou les agressions de la mauvaise foi et de
l'injustice.

Mais ce système de balance était défectueux et
ses dangers étaient grands, parcequ'ils résultaient
des vices même de sa combinaison, et en effet, les
coalitions étaient produites par les passions plus que
par les besoins; un événement particulier, ou un
sentiment personnel de jalousie, d'inimitié ou d'orgueil, pouvait les produire ou les rompre, et de
telles façons de s'engager n'étaient point favorables
à la tranquillité, au bonheur de l'Europe, même à

la sûreté et à l'indépendance des puissances, parcequ'elles n'étaient propres qu'à engendrer des défec-
tions, des trahisons, et à jeter les membres de la
coalition dans des dangers beaucoup plus grands
dans des situations plus terribles.

Ce système n'était pas seulement défectueux; il
était destiné à devenir funeste, parcequ'il ne con-
cordait pas avec le génie de la politique des cours;
parcequ'il n'était point en harmonie avec les intérêts
et les passions qui les agitent; et c'est peut-être la
raison qui a inspiré à Bonaparte l'idée de renouveller le système des plus célèbres conquérans.

Le traité de Westphalie eut peut-être fondé pour
une longue suite de siècles le droit public de l'univers, si deux événemens qui datent à-peu-près de la
même époque, n'étaient venu compliquer le système
général, de combinaisons inattendues, qui d'abord
imperceptibles et lentes, attaquèrent graduellement
tous les rapports consacrés ou préparés par ce célèbre
traité, et ont enfin, de nos jours, brisé avec scandale, tous les liens qui unissaient ces rapports, et
détruit les bases d'intérêt, de concorde et de contre-
poids sur lesquels ils étaient établis.

Ces deux événemens sont 1°. la formation d'un
nouvel empire au nord de l'Europe. 2°. l'élévation
de la Prusse au rang des premières puissances.

Je vais indiquer rapidement les principaux effets
de l'influence et du concours de ces deux mémo-
rables événemens.

La Russie au commencement du dernier siècle,

était à-peu-près inconnue à l'Europe. -Le grand homme qui conçut l'idée hardie d'établir un empire puissant sur cette contrée à moitié déserte et habitée par des peuplades dispersées et à demi-sauvages, se laissa trop entraîner peut-être par l'ascendant de son génie. Pressé tout-à-la-fois de créer et de jouir, peut-être se méprit-il sur le choix des moyens qu'il devait mettre en usage pour faire arriver plus sûrement à une civilisation générale et complette les nations nombreuses qu'il gouvernait. Mais puisqu'il entrait essentiellement dans ses vues d'introduire dans ses états les arts, le commerce et la politique de l'Europe, quelles qu'aient été ses méprises sur l'art de policer un empire, on ne peut nier qu'il n'ait parfaitement réussi par l'ensemble de ses mesures, par ses succès, par ses revers même, par des tentatives et des opérations tantôt bisarres, tantôt hardies, et toujours ingénieuses, à enseigner la guerre à ses soldats, à faire supporter les arts et les communications de l'Europe à ses sujets, à diriger leur industrie vers l'intérêt des importations et des exportations, au paravant inconnues, et c'est par ces résultats que l'examen des projets de ce grand homme appartient au sujet que je traite.

La conséquence naturelle de ces résultats devait être que les progrès de la puissance relative à la Russie, considérée comme état, seraient indépendans des progrès de la civilisation de la Russie, considérée comme nation ; que l'empire russe, sans cesser d'être en arrière de la civilisation de l'Europe, développerait les mêmes moyens d'attaque et de résistance que les autres peuples ; qu'il se présenterait à eux comme puissance européenne ; qu'il se ferait admettre dans les combinaisons de leur système politique, et que s'incorporant à ce système dans un tems où toutes les parties en étaient liées par des correspondances établies, il déplacerait, ou tout aumoins modifierait tous les rapports qui existaient entr'elles avant l'époque de cette intrusion politique ; qu'il relâcherait le lien ou dénaturerait le principe de toutes les alliances, et ajouterait un ferment nouveau à toutes les jalousies, à toutes les rivalités qui tendaient sans cesse à les diviser.

De-là tous les liens de patronage, de fédération, de confiance, ont été successivement relâchés et dissous. Les principes du droit ancien ; l'équilibre des intérêts généraux, ont fait place à des calculs fortuits, à des combinaisons accidentelles, à l'appréciation des forces d'une coalition projettée. Le signal a été donné à toutes les ambitions ; les alliances entre les forts sont dévenues des transactions casuelles ; les alliances du fort au faible sont dévenues pour l'un un titre d'oppression ou de manque de foi ; pour l'autre une loi de dépendance tout-à-la-fois humiliante et ruineuse.

Tels ont été les effets de la première cause de désorganisation que j'avais à développer. Je passe à la deuxième.

La paix de Westphalie avait pour objet d'accorder deux intérêts qui, bien qu'ils soient connus sous

les dénominations religieuses d'intérêt protestant et
d'intérêt catholique, n'en furent pas moins essentiellement combinés sur des vues d'indépendance et
de pouvoir et sur des mesures dont le but était
d'assurer l'une et de limiter l'autre.

Sous ce rapport, la France ne craignit pas de se
déclarer protectrice et garante des droits du parti
protestant, et les obligations qu'elle contracta par
cette garantie, eurent l'effet de lui assurer en Allemagne une importance que la plus grande partie des
états germaniques étaient intéressés à lui conserver.
Mais la formation d'une puissance nouvelle au sein
d'un empire dont les membres comptaient sur le
patronage de la France, en rendant ce patronage
moins nécessaire, altéra bientôt les rapports de
fédération, de bienveillance et de secours qui atta-
chaient le corps entier de l'empire germanique à la
tutelle indispensable de la France.

L'établissement de cette puissance nouvelle au
sein de l'Allemagne, fut favorisé par toutes les
circonstances et secondé par les voeux de tous les
membres indépendans de la confédération germanique; mais il était facile de prévoir que cette puissance une fois formée, aurait des intérêts qui lui
seraient propres, qui différeraient souvent, et souvent
seraient ennemis des intéréts de la confédération.
De-là deux sources d'altération dans la combinaison
des intéréts généraux de l'empire. L'intervention
de la France fut moins recherchée dans les démélés
survenus entre le chef de l'empire et ses membres:

Les membres indépendans de l'empire furent conduits par les causes qui avaient éloigné cette intervention, à compter davantage, pour la conservation
de leur indépendance, sur l'amélioration et sur
l'emploi des moyens locaux et des forces effectives;
et de ces changemens de dispositions, est résulté,
dans la progression du tems, une suite de conséquences également importantes. 1°. Les démêlés
entre l'empire et ses membres ont donné lieu à de
plus fréquentes guerres. 2°. La France est devenue
presqu'étrangère aux intéréts de l'empire germanique, et l'empire germanique est devenu presqu'é-
tranger aux intéréts de la France. 3°. Les débats
sur la constitution de l'empire n'étant plus inter-
prétés par un tiers, ont été résolus par la violence,
ou par l'accord et la volonté des plus fort. 4°. La
confédération protestante a perdu jusqu'au nom qui
indiquait une communauté d'intéréts et de droits,
en s'individualisant sous le nom de la puissance
dont le patronage avait remplacé celui de la France,
elle n'a plus été connue que sous le nom de parti
de la Prusse.

Voila comme tout change, et comme tout doit
changer quand les hommés ont la liberté de disposer
de leur libre arbitre.

Une coalition qui n'a pas pour objet l'intérét
général, n'est retenue par aucun lien; un intérêt a
lié ses membres, un autre intérèt les délie. Ils
agissent sans plan, sans harmonie, même sans but,
et toujours prêts à se donner à celui qui leur paraît

lé plus fort et le plus en état de leur procurer des avantages, il suffit de leur simple volonté pour tout détruire. Or de telles fédérations sont de véritables encans, où les princes trafiquent de leur honneur, de leur bonne-foi, de leur conscience, de la vie et de la fortune de leurs sujets, et où l'on peut tout acquérir à force de paroles, de promesses, de présens, d'espérances, de sermens, disons tout en un mot, à force de corruption.

> *Quand l'homme n'est qu'à lui, tout l'homme*
> *est à l'orgueil.*

Une fédération doit avoir un but d'intérêt général; aucun de ses membres ne peut avoir le droit ni le pouvoir de s'en détacher, et toute agrégation qui n'a pas un tel but à atteindre, de telles obligations à remplir, n'est qu'une amorce pour faire des dupes ou des victimes.

CHAPITRE VI.

De la Monarchie universelle.

L'idée d'une monarchie universelle en Europe est et sera toujours une pure chimère, tant que cette entreprise sera tentée par des souverains possessionnés et légitimes, et de tels souverains pourront tout au plus atteindre à une domination morale ou relative, c'est-à-dire à une domination d'influence et de patronage.

On pourrait peut-être dire que la monarchie universelle eut lieu du tems des Romains, sous ce rapport d'influence et de patronage, et cependant il y manqua encore bien des parties pour la rendre complette. Les premiers empereurs romains, malgré l'orgueilleux enthousiasme des poëtes et des orateurs latins, ne la reçurent pas telle des mains du sénat. César, Auguste, Tibère, ne la possédèrent point, bien loin d'avoir pu la transmettre à leurs successeurs, qui n'assujétirent jamais la Batavie ni l'Allemagne entière, pas même la Grande Bretagne, non plus que les états septentrionaux de l'Europe, dont les maîtres, pour la plupart, conservèrent une pleine indépendance, et forcèrent même les prétendus dominateurs du monde entier de renoncer à l'espérance de la leur ravir.

On avait attribué ce projet à Charlemagne, et peut-être ce monarque qui, visiblement, l'avait entrepris, eut-il réussi à le réaliser dans le siècle de barbarie où il vécut, puisqu'il possédait le génie, la bravoure et l'audace, convenables pour de telles entreprises. Mais Charlemagne avait soulevé tous les peuples par sa cruauté envers les saxons, et il n'a pu pénétrer, au nord, au de-là de l'Oder; au midi, au de-là de l'Ebre, et à l'orient, au de-là de la Hongrie. Il n'a possédé aucune des îles qui, dans le voisinage du continent d'Europe, font la fortune des Danois et des Suèdois dans la Baltique; des Anglais, des Portugais, et des Espagnols dans l'océan et dans l'atlantique; des Sardes, des Corses, des Génois, des Maltois, des Vénitens et des Turcs, dans la méditerranée, la mer Ionienne et la mer Egée.

On avait accusé Charle-quint d'aspirer à cette monarchie universelle. On accusa Louis XIV. de la même ambition. Mais ni l'un ni l'autre de ces monarques ne conçut un projet si gigantesque et si téméraire. Tous deux eurent passionnément à coeur d'étendre leur empire, pour élever leur famille. C'est une ambition également naturelle aux princes ordinaires, nés sans aucun talent, et aux monarques d'un esprit supérieur, qui n'ont point de vertu ou de morale. Mais ni Charle-quint, ni Louis XIV, n'avaient ce caractère entreprenant, audacieux et féroce, qui sait tout braver, et qui n'est arrêté par aucune considération humaine; ce caractère des héros conquérans. Cependant les succès de ces deux monarques jetèrent l'alarme dans toute l'Europe, et les puissances sentirent

le besoin de s'unir, pour s'opposer à leurs entreprises.

Ces précautions furent aussi prudentes qu'utiles;
mais les alarmes étaient peu fondées, car à la suite
de ses succès, Louis XIV dut être lui-même étonné
de se trouver plus puissant qu'il ne le croyait. Sa
grandeur venait en partie du peu de concert qui
régnait entre les forces et les mesures de ses ennemis. L'Europe avait bien senti le besoin d'un lien
commun: mais elle n'en avait pas trouvé le moyen.
En traitant avec ce monarque, fier des succès et
vain des éloges, on croyait gagner beaucoup en ne
perdant pas tout. Enfin les insultes de la France
multipliées avec ses victoires; l'adresse de ses intrigues à diviser tout pour dominer seule; le mépris de la foi des traités; son ton de hauteur et
d'autorité, achevèrent de changer l'envie en haîne,
de répandre l'inquiétude. Les princes même qui
avaient vu sans ombrage, ou favorisé l'accroissement de sa puissance, sentirent la nécessité de
réparer cette erreur de politique, et comprirent
qu'il fallait combiner et réunir entr'eux une masse
de forces supérieures à la sienne, pour l'empêcher
de tyranniser les nations.

Entre les princes possessionnés, Philippe II. est
celui qui a fait le plus d'efforts pour établir la monarchie universelle en Europe, avant l'époque où
Bonaparte a tenté cette entreprise. Sans l'inquisition et l'intolérance, qui furent les passions favo-
rites de ce monarque, ce prince eut peut-être réussi

à réaliser cette monarchie universelle, car aucun souverain n'en a été si près, avant l'arrivée de Bonaparte au trône, à considérer cette monarchie comme le patrimoïne d'une famille ; mais l'inquisition, par l'horreur qu'elle inspira et l'occupation qu'elle donna, contribua à sauver l'Europe.

Lors que Philippe II. conçut le projet de fonder une monarchie universelle en Europe, l'occasion dut lui paraître favorable pour réaliser une telle prétention. La France, l'Angleterre, l'Allemagne, étaient occupées et affaiblies par leurs troubles religieux. La langue espagnole se parlait à Paris, à Vienne, à Turin, à Milan, à Naples. On y imitait les modes, la manière de penser et d'écrire de l'Espagne ; enfin, rien ne balançait l'influence de cette nation.

En 1557, son armée, commandée par Philibert Emmanuel de Savoie, gagna la bataille de St. Quentin, l'une des plus désastreuses qu'eut perdu la France. L'année suivante, le comte d'Egmont lui gagna pareillement celle de Gravelines, qui amena le traité de Cateau-Cambresis, et lui procura les places de Thionville, Montmédy, Hesdin, Marienbourg, &c. Il ne permit pas à son armée de marcher sur Paris, où rien ne l'aurait empéché d'arriver. C'en était fait probablement du royaume dans l'état où il se trouvait ; Philippe en eut disposé ; mais Philippe préféra de retourner en Espagne, pour y jouir du spectacle d'un Auto-da-fé, et pour montrer à l'Europe à quel point le fanatisme avait rendu son coeur cruel et sanguinaire.

Trois fois il avait failli être le protecteur de la France, c'est-à-dire souverain sous ce titre. En parlant au Président Jeannin, ministre de Henri IV, il disait: ma bonne ville de Paris, de Rouen, d'Orléans. Il s'était déclaré le chef de la ligue contre Henri-le-Grand et les protestans. Ses intrigues et son or entretenaient la discorde. L'on peut juger combien il eut été redoutable, si les provinces révoltées des Pays-Bas ne l'eussent point occupé, puisqu'Henri IV, vainqueur de la ligue et possesseur du trône, crut devoir abjurer le calvinisme pour couper le fil des intrigues et des espérances de Philippe.

Comme il s'était cru un droit acquis au trône d'Angleterre, à cause de son mariage avec Marie, fille de Henri VIII, il voulut écraser Elisabeth par l'armement le plus rédoutable qu'on eut encore fait, et qu'il nomma d'avance l'invincible. Sa flotte fut le jouet des vents, et des flots, et en partie détruite.

Philippe II. n'a pu réussir à établir une monarchie universelle en Europe; mais cela ne prouve pas que cet établissement soit impossible. Il faut avouer que Philippe n'avait aucune des vertus qui font les héros, et ce sont ces vertus qui seules peuvent faciliter l'exécution d'un si vaste projet. Philippe n'avait jamais paru à la tête de ses armées; il s'était consacré uniquement à la politique, dans laquelle il s'était rendu habile; mais on n'avance pas dans de telles opérations, quand on les dirige du fond de son cabinet. Ce n'est pas assez d'avoir des généraux habiles; il faut être général soi-même, marcher avec ses armées, combattre avec elles, triompher avec elles. C'est-là le seul moyen d'atteindre un tel but.

L'intolérance dont Philippe a fait profession pendant tout son règne, n'a pas été un des moindres obstacles à ses succès, parcequ'il a déchaîné contre lui non seulement les protestans; mais même les catholiques, qui ne purent supporter la barbarie de ses ordres frénétiques.

Il faut convenir qu'un tel prince, même avec les vertus d'un héros conquérant, aurait éprouvé de grandes difficultés pour s'assujétir tous les peuples de l'Europe.

Il faut convenir aussi que Bonaparte posséde à un haut dégré les vertus qu'il faut avoir pour de telles entreprises, et qu'il a soigneusement évité l'écueil de l'intolérance, puisqu'il faudrait peut-être lui reprocher d'avoir outré l'indifférence pour toutes les religions. Aussi Bonaparte a t-il le plus approché de cette monarchie universelle, et peut-être y serait-il parvenu, si sa vanité ne fut venu au secours de l'Autriche; mais surtout si les besoins de son ambition ne l'eussent forcé de chercher des ressources chez les autres nations et ne l'eussent pas mis trop souvent dans le cas de les soulever par des actes violens et multipliés de despotisme.

Chaque prince qui a tenté cette grande entreprise

a rencontré des obstacles différens , à cause des moyens différens qu'il a employés pour y parvenir. Mais tous ont échoué par la même raison, et cette raison est le besoin qu'ont éprouvé les puissances de s'unir et de s'opposer à un établissement qui tendait à leur destruction.

Mais il y a un sens auquel l'idée et l'établissement d'une monarchie universelle en Europe ne sont rien moins que chimériques, puisqu'on en a vu des exemples. On sent que cette espéce de monarchie universelle est toute morale ; qu'elle résulte de la puissance des papes, et qu'elle n'exerce qu'une autorité d'opinion. Mais quelle influence a eu cette autorité, principalement depuis le huitième siècle, jusquà celui de la réformation ! Point de roi, de prince, d'état qui ne reconnût la souveraine puissance de Rome. Non seulement la spirituelle ; mais aussi la tempo- relle résidait concentriquement en la main du souverain pontife romain. Aussi disposait-il à son gré des couronnes, et réduisait-il ceux qui voulaient les porter contre sa volonté, à vérifier douloureusement en leurs personnes le sens du fameux oracle : *Super lapidem et basilicum ambulabis et conculcabis leonem et draconem.*

Un monarque légitime ne parviendra jamais à établir une monarchie universelle en Europe, parceque tous ses desseins sont épiés, toutes ses entreprises sont traversées ; parcequ'il ne peut faire un mouvement qui ne soit envisagé comme un motif d'ambition. Mais un usurpateur conquérant peut facilement arriver à la monarchie universelle, parceque ce qui paraît ambition chez le souverain légitime, ne paraît chez lui qu'inquiétude et besoin de se maintenir, et ce besoin lui donne souvent pour auxiliaires les rivaux et les envieux des souverains qui s'arment contre ses projets.

Il s'agit de montrer à présent qu'il n'est pas impossible d'établir, de nos jours, en Europe, une sorte de monarchie universelle, par forme d'influence et de vasselage.

Un prince reconnu pour plus puissant qu'un autre de ses contemporains, s'il est en même tems mieux servi et plus heureux dans ses entreprises; s'il a plus de ressources, soit pour les soutenir et les pousser, soit pour réparer ses pertes; s'il peut résister seul à une ligue générale formée contre lui, en battre les armées, prendre les villes, conquérir les provinces, ravager les païs, et dicter à ses ennemis les conditions de la paix; s'il a d'ailleurs continuellement dans leurs états, dans leurs conseils, dans leurs armées, des partisans, des créatures; s'il peut, s'il sait, par ses intrigues, ses alliances, ses subsides, ou autrement, mettre en mouvement, ou empêcher d'agir, par exemple, dans le nord, ce qui pourrait faire quelque diversion à ce qu'il machine dans le midi; si la langue de sa nation est répandue chez tous les peuples; si ses modes et son industrie y dominent; si ses manières, ses gouts, ses habitudes, ses opinions et tout ce qui compose ses mœurs, y sont introduits; si avec tout cela il fait profession d'une exacte tolérance pour toutes les religions ; je dis qu'un tel prince doit parvenir à la monarchie universelle dans le sens que je crois le seul auquel elle puisse avoir lieu, et auquel l'entendent ceux qui travaillent à s'élever jusques-là, de même que ceux qui y mettent des obstacles, c'est-à-dire une monarchie par forme d'influence et de vasselage. ·

Il est évident qu'un tel prince a beaucoup approché du but, et c'est ce qu'a vu l'Europe en la personne de Bonaparte. Bonaparte a été très près du but, il a été au moment de l'atteindre, et qui lui a procuré cet avantage ? c'est seulement sa qualité d'usurpateur conquérant, et les moyens que cette situation l'a autorisé à mettre en oeuvre.

Pour démontrer cette vérité, je vais tracer le caractère de l'usurpateur conquérant, et l'on verra que c'est son caractère qui produit les situations qui favorisent ses entreprises.

CHAPITRE VII.

Du caractère de l'Usurpateur conquérant.

La justice et la bonne-foi n'entrent ni dans les principes, ni dans la conduite d'un usurpateur. Tant qu'il travaille à s'affermir sur le trône, ou à se maintenir en possession des païs qu'il a envahis; ces deux sentimens de vertu publique sont toujours étrangers à son coeur et à ses projets; ils ne peuvent entrer dans son systéme de conduite que quand il se croit assez puissant pour n'avoir plus rien à redouter de ses ennemis, de ses rivaux et de ses envieux. Un usurpateur qui penserait et agirait différemment, ne serait point à la hauteur de son personnage, et il serait bientôt arrêté dans sa carrière.

Mais des souverains qui prétendraient l'enchaîner par les liens de la justice, de la bonne-foi, de la probité, de l'honneur, par des alliances d'intérét, méme de parenté, n'entendraient rien à leur affaire, et s'exposeraient infailliblement à devenir ses dupes d'abord, et bientôt après ses victimes. Non seulement les sermens d'un usurpateur sont à craindre, ses promesses sont à redouter; mais ses présens méme sont dangereux.

Un usurpateur sacrifie toujours ses sujets à son inquiétude, et ses engagemens à son ambition. On doit considérer un usurpateur comme un ravisseur qui occupe un trône qui ne lui appartient pas et à l'ambition duquel tout fait ombrage. Cette passion ne connaît ni ce qui est juste, ni ce qui ne l'est pas. Il faut que tout lui céde, coute qui coute. Il n'y a pas de châtiment, quelque sévère et barbare qu'on puisse l'imaginer, auquel un ambitieux n'ait recours pour effrayer ceux qui seraient capables de penser seulement à lui enlever ce qu'il ne posséde qu'injustement.

Il n'est pas de situation plus inquiétante, plus embarrassante, et bien souvent plus terrible, que celle d'un usurpateur, et cependant il ne se passe pas un siècle, qui n'offre le spectacle effrayant de ce délire de l'ambition. Il est impossible de conçevoir que des hommes avertis par tant d'exemples des tems anciens, se laissent aller à des transports qui leur préparent une fin funeste. Que ces hommes ouvrent donc l'histoire, et ils y verront quel sort ont eu les conquérans et les usurpateurs. Le quinzième siècle en offre des exemples célèbres. On voit le pape Alexandre VI. près d'être déposé pour ses crimes. César Borgia, son abominable bâtard, dépouillé de tout ce qu'il avait envahi, et mourant misérablement. Galéas Sforce, assassiné au milieu de l'église de Milan. Louis Sforce, usurpateur, mort en France dans une cage de fer. Les princes d'Yorck et de Lancastre se détruisant tour à tour. Les empereurs de Grèce assassinés les uns par les autres, jusqu'à ce qu'enfin les Turcs, profitant de leurs crimes, exterminèrent leur faible puissance.

Les romains, dans l'heureux tems de la république, étaient les plus sages brigands qui eussent jamais désolé la terre. Ils conservèrent avec prudence ce qu'ils avaient acquis par l'injustice; mais enfin il arriva à ce peuple ce qui arrive à tout usurpateur, il fut opprimé à son tour.

Pour excuser l'ambition des hommes et encourager les usurpateurs, on parle souvent de la fortune de Moïse, de Cyrus, de Romulus, de Thésée, d'Hieron, &c. On pourrait grossir le catalogue des conquérans heureux de quelques auteurs de sectes, comme de Mahomet, en Asie, de Mancocapac en Amérique; d'Odin, dans le nord, et de tant de sectaires dans l'univers. Mais pourquoi, en parlant du législateur des juifs, du premier monarque d'Athènes, du conquérant des Mèdes, du fondateur de Rome, de qui les succès répondirent à leurs desseins, n'ajoute t-on pas l'exemple de quelques chefs du parti malheureux, pour montrer que si l'ambition fait parvenir quelques hommes, elle perd le plus grand nombre? En effet, n'y a t-il pas un Jean de Leyde, chef des anabaptistes, tenaillé, brulé et pendu dans une cage de fer à Munster? Si Cromwel a été heureux, son fils n'a t-il pas été détrôné? n'a t-il pas vu porter au gibet le corps exhumé de son père? Trois ou quatre juifs, qui se sont dit Messies, depuis la destruction de Jérusalem, n'ont-ils pas péri dans les supplices? et le dernier n'a t-il pas fini par étre valet de cuisine chez le Grand-Seigneur, après s'étre fait musulman? Si Pépin détrôna son roi avec la permission du pape, Guise-le-balafré, qui voulut détroner le sien avec la même approbation, n'a t-il pas été assassiné? ne compte t-on pas plus de trente chefs de sectes, et plus de mille autres ambitieux qui ont fini par des morts violentes?

Quiconque veut assujettir ses égaux, est toujours sanguinaire et fourbe. Les chefs des fanatiques des Cevènes se disaient inspirés de l'esprit saint, et faisaient massacrer sur l'heure ceux que l'esprit avait condamnés. Ces scélérats qui, dans leurs montagnes, se jouaient ainsi de Dieu et des hommes, étaient très valeureux; ils eussent été regardés comme des dieux du tems de Fohé et de Zoroastre.

Il me semble en général, que la seule occasion où un particulier puisse sans crime s'élever à la royauté, c'est lorsqu'il est né dans un royaume électif, ou lorsqu'il délivre sa patrie, comme Sobiesky, en Pologne, Gustave Vasa, en Suède, les Antonins, à Rome.

Quand même le crime pourrait se commettre avec sécurité; quand même le tyran ne craindrait pas une mort tragique, il sera également malheureux de se voir l'opprobre du genre humain. Il ne pourra point étouffer ce témoignage intérieur de sa conscience qui dépose contre lui; supplice réel, supplice insupportable, qu'il porte toujours dans le fond de son coeur. Non, il n'est point dans la nature de notre être qu'un scélérat soit heureux. Qu'on lise la vie d'un Denys, d'un Tibère, d'un Néron, d'un Louis XI, d'un Jean Basilowitz, et l'on verra que ces hommes méchans finirent de la façon la plus malheureuse. L'homme cruel est d'un tempérammment misantrope et atrabiraire. Si, dans son jeune âge, il ne combat pas cette malheureuse disposition de son âme, il ne saurait manquer de devenir aussi furieux qu'insensé. Quand même donc il n'y aurait point de justice sur la terre, et point de divinité au Ciel, il faudrait d'autant plus que les hommes fûssent vertueux, puisque la vertu seule les unit et leur est absolument nécessaire pour leur conservation, et que le crime ne peut que les rendre infortunés et les détruire.

Il n'y a presque point de princes heureux, et Auguste ne fut paisible que quand il devint vertueux. Le tyran Commode, successeur du divin Marc-Aurelle, fut mis à mort, malgré le respect qu'on avait pour la mémoire de son père. Caracalla ne put se soutenir à cause de sa cruauté. Alexandre-Sévère fut tué à cause de la trahison de ce Maximin de Thrace, qui, lui-même, après avoir soulevé tout le monde par ses barbaries, fut assassiné à son tour.

L'usurpation est l'excès de l'audace de quelques individus; c'est l'effet de la scélératesse de quelques autres; c'est le résultat de la folie et de l'imbécillité de la multitude; c'est généralement le triomphe de l'ambition.

L'usurpateur s'élève avec des soldats, et est détruit par eux. A sa naissance, c'est un lion qui cache ses griffes pour les faire croître. Dans la force, c'est un frénétique qui déchire son corps avec ses mains. Dans sa vieillesse, c'est Saturne qui, après avoir dévoré ses enfans, se voit honteusement mutilé par sa propre race.

Pour qu'un usurpateur puisse entrer dans le système de justice et de bonne-foi nécessaires pour la sûreté des traités politiques, il faut que sa position soit devenue semblable à celle de ceux avec qui il traite; il faut qu'il soit leur égal en droits, en titres, en puissance, et qu'il n'ait pas à se défier de démonstrations mensongères, imaginées pour l'atteindre, le circonscrire, le lier, et attenter ensuite à sa sûreté.

Sans cette situation, il ne peut traiter qu'avec défiance, et ses combinaisons doivent avoir pour objet de tromper et de chercher à se mettre en mesure pour endormir son ennemi, ne pouvant qu'à la faveur de son sommeil, marcher vers le but qu'il se propose, et qu'il ne peut cesser de poursuivre, sa sécurité personnelle et le succès de son ambition.

En général, il est presque de nécessité pour un usurpateur, entouré de motifs de défiance, de tenter de grandes choses, pour détourner l'attention publique de son véritable objet, pour exalter l'imagination. Il lui est à-peu-près impossible de procurer à ceux sur qui il domine, la tranquillité et le bonheur. Il y supplée par l'agitation et l'enthousiasme, deux choses qui rendent la multitude momentanément heureuse et qu'elle préfère à un bonheur paisible.

Indépendamment de ce que l'usurpation est un crime horrible, en ce qu'elle est une violation outrée de la propriété; elle est encore un très grand fléau pour les peuples, car il est pour ainsi dire impossible à un usurpateur de se renfermer dans les bornes de la justice et de la douceur, attendu qu'il ne peut jamais compter sur la soumission des multitudes qu'il tyrannise, sur l'affection des peuples qu'il a conquis. C'est constamment une guerre ouverte entre lui et ses sujets. Il ne peut être assuré que des compagnons de sa fortune, que des hommes qu'il a élevés et enrichis, parceque le sort de ceux-ci est attaché au sien, parceque sa chúte entraînerait infailliblement la leur.

Un usurpateur doit tout employer pour gagner l'affection de ses affidés, de ceux qui l'entourrent et qui le servent; mais il ne doit avoir d'affection pour personne. Il n'a point de famille; il n'a point d'amis, et il ne doit point avoir de confidens. Le dévoûment de ses serviteurs doit être le prix de ses bienfaits, et non le prix de son attachement. Un usurpateur ne doit pas compter sur la reconnaissance de ses sujets; mais sur la soumission de tous.

Bonaparte a connu ces principes; mais aveuglé par sa fortune, il n'a pas souffert des avis qui pouvaient arrêter le cours de ses prospérités. Il a haï la vérité, et aussi les hommes qui ont eu la hardiesse de la lui dire: Il n'a été touché ni de leur

sincérité, ni de leur zèle, ni de leur désintéressèment.
Il a méprisé de salutaires conseils, parcequ'en ne
les suivant pas, il a triomphé, tousi les jours de ses
ennemis, et parcequ'il a eu la trompeuse expérience
que la hauteur, la mauvaise-foi, la violence,
mettait toujoūrs la victoire dans son parti. Mais
plus la prospérité d'un ambitieux croît, plus il est
prêt de sa chûte, car l'imprudence heureuse dans
ses fautes, et la puissance montée jusqu'au dernier
excès d'autorité absolue, sont les avant-coureurs de
la destruction des souverains et des empires.

Un usurpateur s'embarrasse peu des jugemens
sinistres du peuple; il lui suffit d'aller toujours à
son but, qui est son ambition. La voie de l'honneur ou celle de l'infamie; la bonne ou mauvaise
réputation, tout lui est égal. L'ambition est dans
le coeur de l'homme ce que le coeur est dans le
corps humain; c'est ce qui y vit le premîer et y
meurt le dernier.

L'usurpation de Bonaparte est la plus funesté
pour le monde, parcequ'elle est la plus heureuse,
et que son crime qui, dans toutes les sociétés, est
puni du dernier supplice, sert à sa gloire, à son
triomphe et à sa plus grande illustration.

Quand cet homme n'aurait point en sa faveur ses
triomphes éclatans, ses campagnes brillantes, il
serait éternellement célèbre par l'habileté avec laquelle il a profité des fautes de ses prédécesseurs;
par l'adresse avec laquelle, en ayant l'air de vouloir
sauver la nation française des horreurs de l'anarchie,

il a réussi à s'en rendre maître et maître absolu; mais surtout par le génie qu'il a déployé dans la conduite de son système, pour faire approuver toutes ses actions, toutes ses mesures, toutes ses idées, et amener par dégré l'enthousiasme de la nation, son dévoûment et la récompense de son crime.

L'usurpation de Bonaparte est l'événement politique le plus intéressant que je connaisse. L'histoire n'offre rien de semblable, et les moyens mis en oeuvre pour réaliser ce grand événement, sont dignes du plus grand intérêt, parcequ'ils sont d'une très grande instruction pour les autres nations qui auraient le mâlheur d'être cathéchisées par des novateurs et des factieux.

CHAPITRE VIII.

Comparaison du souverain légitime avec
l'usurpateur conquérant.

Il faut envisager dans la conquête deux rapports
principaux, et bien essentiels à saisir; savoir, la
conquête par un souverain possessionné, et la
conquête par un usurpateur conquérant.

Ces deux personnages se trouvent placés dans une
position très différente, et la différence même de
leur position nécessite la différence des moyens
qu'ils emploïent pour leur sûreté, pour la garantie
de leurs conquêtes.

- Le conquérant possessionné voit sans cesse son
ambition arrêtée par une multitude de considérations qui opposent des obstacles à ses désirs.

1°. En même tems qu'il a l'intention de conquérir, il a aussi le besoin de conserver.

2°. Comme il a une possession reconnue et ancienne, qui doit devenir l'héritage de sa famille, il
doit craindre que les puissances voisines, enhardies
par ce motif qu'il a de conserver, ne l'abandonnent
à la puissance plus forte qui le combat, ou ne se
réunissent elles-mêmes pour l'abattre. C'est ce qui
est arrivé à Louis XIV, avant la paix d'Utrecht;
c'est ce qui est arrivé à l'Autriche, après la prise de
Valenciennes.

3°. Il est enchaîné par une multitude de préjugés
que son éducation; que l'honneur; que les regards

du public, l'empêchent de secouer aussi hardiment que le peut faire un usurpateur conquérant, qui n'a rien, qui ne risque rien que d'être replongé dans sa situation première, ou de perdre une vie qu'il a dû sacrifier d'avance au succès de ses entreprises.

4°. Enfin, il court le risque, en exposant ce qu'il a, de compromettre également la fortune de ses propres sujets.

L'intérét d'un souverain possessionné étant de s'occuper exclusivement de sa conservation, et cet intérêt étant celui de tous les souverains; tous sont forcés de s'unir pour leur conservation mutuelle, contre les entreprises d'un usurpateur, et lorsque la nouvelle d'une usurpation est venue à leur connaissance, ils doivent s'armer à l'instant pour combattre le monstre et pour le détruire, car sans cela ils seront tous dévorés les uns après les autres.

Un usurpateur conquérant est beaucoup plus puissant qu'un conquérant possessionné, parcequ'il ne rencontre aucun obstacle dans l'exécution de ses desseins. Comme il s'est élevé par la violence; comme il se maintient par la terreur, ces deux moyens sont les ressorts de sa puissance, sont ses principaux instrumens. Ses ordres sont des lois pour le peuple tremblant qu'il gouverne; il trouve dans la peur ses ressources de toutes espéces. N'étant arrêté par aucun préjugé, par aucune considération humaine, il marche droit à son but. Ne voyant dans ses ennemis que des hommes disposés à le détruire, il ne les épargne pas, et il est aisé

à un usurpateur conquérant de triompher de ses
ennemis, lorsque ces ennemis sont contenus par
des lois et des considérations qui mettent des bornes
à leur autorité, tandis qu'il est secondé de toutes les
manières, et abondamment, par la terreur qu'il
inspire.

Un usurpateur conquérant dispose à son gré de
la fortune de ses sujets et de celle des peuples qu'il
a conquis; il les fait traîner à ses armées pour
accroître le nombre de ses victimes; il les fait immoler sans pitié, si leur sacrifice est nécessaire au
succès qu'il se promet, à la victoire qu'il poursuit.
Il prodigue tout, parceque rien n'est à lui, et il
dépense les hommes, qu'il appèle ses sujets, pour
en acquérir d'autres, qu'il dépensera de même,
jusqu'à ce qu'il ait obtenu de ses victoires et de ses
conquétes, la soumission de ses ennemis, la crainte
de ses rivaux, le respect de tous pour ses brigan-
dages.

Il y a lieu d'être étonné, quand on pense qu'un
homme, sorti de la foule, inconnu au monde
avant l'événement qui a commencé sa fortune;
sans autre appui que quelques hommes qu'il a tirés
de l'obscurité pour le servir, qu'il a élevés et enrichis pour se les attacher, n'ait besoin que d'exprimer une volonté, qu'il lui plait de qualifier loi,
pour se jouer ainsi de ses sujets! quand on pense
qu'en vertu de ces mêmes actes, des millions
d'hommes sont obligés de se soumettre à une
obéissance telle qu'ils seraient tous immolés

jusqu'au dernier par le fer de l'ennemi, si tel était le plaisir ou la volonté de celui qui les commande, disons mieux, qui les fait servir à son ambition, à son orgueil, à sa vengeance ou à ses caprices.

Il semble que pour qu'un usurpateur puisse se permettre de tels excès de pouvoir, il faut qu'il ait remplacé une autorité anarchique, qui ait exercé une tyrannie plus violente encore. Au fait, la terreur qu'imprime un usurpateur est une modification de celle qu'ont imprimée des multitudes; elle en est la conséquence, la conséquence naturelle. On se soumet à la tyrannie d'un seul avec une certaine confiance, parceque sa tyrannie a des formes, parceque ses actes sont précédés de lois, d'avertissemens, despotiques à la vérité, exprimant sa seule volonté; mais encore est-on prévenu de la volonté du tyran et peut-on se garantir des transports de sa fureur, en n'enfreignant pas ses ordres. Mais la tyrannie de plusieurs est une barbarie brutale, qui naît d'une passion insensée, qui ne suit que ses emportemens, et qui ne laisse aucun moyen de se garantir de ses fureurs.

Un monarque possessionné au contraire doit être léconome de la fortune, et avare de la vie de ses sujets; il ne peut se permettre de les faire égorger inhumainement pour lasser la constance de son ennemi et lui arracher la victoire. Il ne peut jamais perdre de vue qu'il est comptable envers ses sujets, et qu'il ne peut les sacrifier sans divertir le dépôt que lui ont transmis ses ancêtres; pour qu'il le transmette à son tour à ses héritiers.

L'usurpateur commence par triompher et conquérir dans la guerre, et il finit par envahir dans la paix, et après qu'il a conquis ou envahi le païs de son ennemi, il a aussi conquis et envahi ses sujets, car tous les peuples soumis sont des sujets pour un conquérant, puisqu'avec lui il n'y a ni paix ni trève à faire.

L'usurpateur conquérant a encore un grand avantage sur le souverain légitime et possessionné; c'est que le souverain posséssionné n'a pour le seconder que des généraux et des officiers égoistes, amollis par le luxe et par les jouissances, et que s'ils ne sont pas susceptibles d'être corrompus, ils sont tout-au-plus capables d'un certain dévoûment qui tient à l'honneur, et qui finit par s'éteindre à force de revers, surtout lorsqu'ils sentent le besoin de conserver une existence dont ils ont joui longtems et qu'ils chérissent. De tels hommes finissent presque toujours par séparer leur cause de celle de leur souverain, lorsqu'il est devenu malheureux, et pourvu qu'ils continuent de jouir, peu leur importe par qui et comment?

Cette façon de penser et d'agir des sujets des princes possessionnés est devenue très ordinaire dans ces derniers tems; mais on doit dire que des princes avaient donné avant eux le signal d'une semblable défection, et n'avaient pas craint de rompre les engagemens les plus sacrés, pour se mettre sous le joug d'un protecteur.

— Hélas! que n'a t-on pas vu dans ce siècle de merveilles, de cruautés et de bizarreries! tandis que des hommes cherchaient la célébrité par des prodiges de valeur; d'autres tâchaient de l'obtenir par des excès de lâcheté.

L'usurpateur conquérant, au contraire, n'a pour combattre à ses côtés, que des hommes qui l'ont aidé à s'établir et qu'il a choisis parmi ceux qu'il a jugé les plus dignes de sa confiance. Ce sont des hommes qu'il a élevés, qu'il a enrichis, et qui ont le même intérêt que lui de maintenir son ouvrage. Il n'y a rien qui puisse les corrompre; rien qui puisse affaiblir leur dévoûment, puisque la destruction du chef entraînerait infailliblement celle de tous ses amis, de tous ses protégés.

Il n'y a qu'un moyen pour triompher de tels hommes; c'est d'attendre qu'ils soient eux-mêmes amollis par les jouissances et que leurs héritiêrs aient pris place dans les rangs de l'armée. Alors la possession de l'usurpateur conquérant est devenue une possession ancienne; ses héritiers sont obligés de se soumettre aux obligations qu'impose une semblable possession; leurs généraux, leurs officiers sentent comme eux le besoin de conserver leurs jouissances, et ces combats, livrés à l'égoïsme, affaiblissent la puissance usurpatrice et la bornont à la puissance de conserver, dont

les moyens sont évidens, dont les efforts sont
calculables.

CHAPITRE IX.

*Les ministres des puissances ont favorisé les projets
ambitieux de Bonaparte, et l'ont eux-mêmes
porté à désirer la monarchie universelle.*

Il n'est personne qui ne se rappèle les moyens
mis en oeuvre par la France, après la mort de l'empereur Charles VI, pour affaiblir l'empire d'Allemagne, et pour détruire la constitution et les lois
de ce grand état. Le moyen apparent dont elle se
servit, fut l'élévation de l'électeur de Bavière au
trône impérial, sous le nom de Charles VII, dignité
qu'elle obtint pour ce prince, à force de succès,
de bonheur et d'intrigues.

En élevant Charles VII à cette dignité suprême,
la France savait que ce prince aurait besoin de
grandes ressources pour en soutenir l'éclat, et il fut
en effet question d'ériger l'électorat de Bavière en
royaume, et de composer ce royaume de tous les
états que l'Autriche possédait en empire et d'une

multitude d'états appartenans au clergé et à des princes et comtes immédiats. C'est ce qui se voit clairement dans le projet de paix proposé à la reine de Hongrie, Marie-Thérèse, par l'empereur Charles VII, et rédigé par le baron d'Hafslang.

On ne sera peut-être pas fâché de retrouver ici les modestes prétentions de l'électeur empereur. Voici donc les païs connus sous le nom d'Autriche antérieur, qui ne faisaient qu'une partie des demandes exigées par le projet de paix. Ces païs consistaient dans le comté de Brisgaw, l'importante forteresse de Fribourg, la Forét noire, la forteresse de Vellingen, les villes de Rheinfelden, Seckingen, Lauffenbourg et Waldshut; les seigneuries de Rheinfelden, Mühlbach, Frickshal, Lauffenbourg et Hauenstein; le comté de Nellenbourg et sa haute jurisdiction; les villes de Constance et de Zeel; la préfecture de Souabe, dont la jurisdiction s'étendait jusqu'au Wurtemberg et jusqu'aux confins de la Suisse et du Tyrol; le comté de Hohenberg, sur le Necker; les villes de Ehingen, de Riedlingen et de Mengen; les comtés de Montfort, de Brégenz et de Feldkirchen, enfin le Margraviat de Burgau, près du Danube, outre le domaine suprême sur divers districts, landgraviats, comtés et autres seigneuries possédées par des princes ou comtes de l'empire, feudataires de la maison d'Autriche.

Indépendamment de ces païs, le projet de paix demandait les principautés ecclésiastiques suivantes, qui, pour cet effet, devaient étre sécularisees, savoir: les évéches de Freysingen, de Ratisbonne, de Salzbourg, de Passau, de Bamberg, de Wurzbourg, d'Eichstädt et d'Augsbourg.

Ce grand projet de la destruction des lois et constitutions de l'empire germanique ne put se réaliser en 1745; mais la France ne le perdit jamais de vue, et elle réussit à le mettre à exécution soixante ans plus tard, c'est-à-dire en 1803 par le fameux récès du mois de fevrier de cette année.

Cette opération avait été tramée de longue main, et ce que la France, sous Louis XV, n'avait pas pu faire en faveur de la Bavière, fut exécuté, sous Bonaparte, en faveur de la Prusse, de la Bavière, du Wurtemberg, de Bade, de la Saxe, de la Hesse et du parti protestant, qui tous étaient jaloux de la maison d'Autriche.

La Prusse avait un intérêt tout opposé à une semblable opération; mais sa jalousie contre la maison d'Autriche, et son désir de diminuer sa puissance, l'empécha de voir que la diminution de la puissance de cette maison, la mettait à la discrétion de la France et précipitait sa destruction. Elle et son parti secondèrent de leurs moyens et de leur politique les vues de la France, et ce qu'avait prévu la maison d'Autriche, sous le règne de Marie-Thérèse, arriva sous celui de François II; les principautés ecclésiastiques furent sécularisées; les princes et comtes immédiats ne furent plus que de simples vassaux et sujets des princes protégés par la France; les villes libres perdirent leurs franchises et furent

vendues au plus offrant, ainsi que tous les mo-
nastères; et les libertés et la constitution même de
l'empire furent détruites. La France aspirait à dominer en Allemagne et à y réduire les princes les
plus puissans à la qualité de vassaux; elle y a
réussi.

Qu'on jette cependant les yeux sur la carte et
qu'on considère les situations respectives de l'empire et de la France, on ne concevra pas qu'il ait
été possible à cette dernière de produire les tristes
résultats que nous avons à présent sous les yeux. Il
faut que l'esprit d'égoisme, d'ambition, de jalousie
et de vengeance, de ses adversaires ait éminemment
contribué à un changement si rapide et si déplorable.

Considérons donc un moment ces deux situations,
tant sous le rapport des localités, que sous le rapport des moyens de forces et de ressources, et nous
verrons que c'est le moral qui a tout perdu.

L'empire, par sa situation, par sa puissance militaire, secondé de l'Autriche, non seulement était
inexpugnable; mais était destiné à faire la loi à la
France. Appuyé d'un côté aux eaux de la Hollande, et
de l'autre côté aux montagnes de la Suisse, et ayant
le Rhin pour rempart; ayant en outre les Pays-Bas,
munis de bonnes forteresses, et les cercles anté-
rieurs, pour soutenir les premiers efforts de l'ennemi; ayant ensuite les forces de l'Autriche, de la
Prusse, de la Saxe, de la Bavière, du Wurtemberg,
de la Hesse, du Hanovre, et des autres princes et

états, tant eccésiastiques que séculiers, il offrait
plus de huit-cents mille combattans pour s'opposer
aux projets de la France au-de-là du Rhin, et pour
surcroît d'avantages, il avait Mayence à la rive gauche,
et à la droite, six forteresses, et il ne lui man-
quait aucun des moyens nécessaires pour faire la
guerre, c'est-à-dire hommes, chevaux, armes,
vivres, munitions et argent.

L'empire, ainsi que les souverains, auraient dû
se borner à rester spectateurs des événemens produits par la révolution de France. Ils auraient rendu,
par cette conduite parfaitement sage et politique,
un signalé service à l'Europe, et à la France même.
A l'Europe, parceque tous les états qui la composent eussent été [garantis de la contagion; et à la
France, parceque la maison royale, la noblesse et
les riches se seraient coalisés et tenus serrés, pour
réduire à la soumission la populace qui voulait les
détruire, en se laissant aller aux conseils des
factieux, qui n'en voulaient qu'à l'autorité et aux
fortunes, et ne se seraient pas désunis et éparpillés
comme ils ont fait, alléchés par l'espoir de rentrer
en France dans les rangs des armées des puissances;
conduite qui a doublé l'audace des factieux, qui a
assuré leurs triomphes, et qui leur a livré l'autorité,
le trône, toutes les propriétés, et même la vie de
tous ceux qui avaient des titres ou de la fortune.

Certes la révolution française n'eut pas eu des
suites si funestes, si les princes, la noblesse et les
riches eussent eu le courage de rester à leur poste,

et s'ils eussent employé les immenses richesses qu'ils possédaient, contre la pauvreté des sans-culottes. Il y eut eu un combat sans doute entre les deux partis; mais les riches et les puissans se fussent assurés l'armée par des largesses; ils eussent empêché la corruption de s'y introduire, et ils eussent bientôt entraîné dans leur parti la foule de ceux qu'on avait soulevé ou enrôlé par des discours; et les choses eussent été infailliblement replacées dans l'ordre. Mais par l'émigration des princes, de la noblesse et des riches, ce qui n'avait été que le délire d'une faction, devint la cause de la patrie. Les puissances étant coalisées et déclarées contre la France; ce n'était plus pour leur ambition particulière que les factieux organisaient des forces et formaient des armées innombrables; c'était pour le salut de la patrie; et à la faveur de ce prétexte, ils se composaient une force capable de triompher au dehors et de détruire au dedans. C'est ce qu'ils ont fait, et c'est ce qu'on a dû désirer qu'ils fissent, puisqu'on a agi précisément de la manière qu'il fallait agir pour amener ce résultat.

Au lieu de se coaliser pour détruire tout-d'un-coup la révolution française, les puissances auraient dû s'en tenir, du côté de l'Allemagne, aux avantages que leur donnait leur position locale, leurs moyens en hommes, en chevaux, en armes, en vivres, en munitions et en argent, sur la France, qui se trouvait enfermée dans un cercle étroit, dont il lui eût été impossible de sortir; et où manquant de commerce et d'argent, elle devait bientôt être réduite à se déchirer de ses propres mains.

Etait-il entré dans les projets des puissances de conquérir et de mutiler la France au lieu de la sauver? alors, elles auraient dû engager les deux républiques Hollandaise et Suisse à rester neutres, avec une force capable de faire respecter leur neutralité; garder la défensive sur le Rhin, et n'entrer en France que par des Alpes cispadanes et les Pyrénées. De cette manière, la Prusse et les états d'empire eussent défendu le Rhin, et l'Autriche, secondée des états d'Italie, eut fait une invasion par les Alpes, tandis que l'Espagne aurait agi par les Pyrénées.

Ces forces, ainsi distribuées, il restait encore à employer celles de la Russie, de la Suède, du Danemarck et de l'Angleterre, et ces puissances pouvaient faire débarquer deux-cents mille hommes sur les côtes, en vingt endroits; ramener les forces des factieux dans l'intérieur de la France, et faciliter l'avancement des armées allemandes gardiennes du Rhin.

Il y avait dans les mains des puissances dix fois plus de moyens qu'il ne leur en fallait pour réduire la France, pour la conquérir et la partager, si elles eussent voulu s'entendre et agir de bonne foi; mais elles ne s'étaient coalisées que dans un esprit d'ambition, de jalousie et de haîne réciproques, et ce malheureux esprit a tout neutralisé et a servi à affaiblir, même à détruire les moyens de celles d'entr'elles qui étaient le plus exposées et qui avaient un intérêt réel à combattre pour leur propre défense.

Cette conduite des puissances a été la cause de tous les événemens qui ont eu lieu depuis vingt ans; elle a été la cause des succès de Bonaparte; elle a été cause qu'elles n'ont pu réussir à replacer la maison de Bourbon sur le trône; enfin elle a été cause que le peuple français est devenu le plus cruel ennemi de cette maison.

Tout l'éclat d'une dynastie qui occupait ce trône depuis neuf siècles, n'a pu séduire ni rengager les coeurs de ce peuple qui avait été alternativement glorieux et humilié, puissant et faible, heureux et malheureux, par les effets de la politique et de l'ambition des factieux. Tous les efforts de plusieurs coalitions, toutes les horreurs de la guerre civile, le spectacle sanglant des batailles, la tyrannie des autorités conventionnelles, directoriales, consulaires et impériale, n'ont pas pu abattre la révolution; ses revers, ses désastres même, n'ont servi qu'à accroître le courage de ses défenseurs et à convertir l'honneur national en fanatisme militaire parmi les troupes, et en rage frénétique parmi les chefs tant du gouvernement que de l'armée.

Le rétablissement des Bourbons était devenu impossible, et Bonaparte était solidement établi, parcequ'il avait été placé sur le trône par la victoire; parcequ'il avait réduit les Français par la terreur; parcequ'il avoit intimidé les puissances étrangères par ses triomphes. Tous les trônes étaient ébranlés; tous les souverains, ennemis de la France, étaient menacés d'une destruction prochaine; tous les fondemens qui servaient de base au système politique de l'Europe allaient crouler; l'équilibre n'existait plus que dans le souvenir du bien, de la sécurité et de l'indépendance qu'il avait procurés pendant un siècle et demi; de toutes parts les liens se relâchaient; la terreur qu'inspirait le vainqueur, détachait les nations des souverains qui avaient si mal usé du sacrifice de la fortune et de la vie de leurs sujets, qui les avaient si mal protégés; et elles étaient prêtes à se donner pour éviter d'être conquises; tout enfin était en dissolution, et la vieille Europe, égarée au milieu des plus éclatantes lumières, allait retomber dans la barbarie. Les puissances, par leur conduite, n'ont pas seulement nui au bonheur et à la tranquillité de leurs sujets; mais elles ont nui à leur propre bonheur, à leur propre tranquillité, en plaçant Bonaparté dans une situation à pouvoir aspirer à la monarchie universelle, et à tout mettre en oeuvre pour réaliser cette vaste entreprise.

On ne peut se dissimuler la possibilité de l'établissement d'une monarchie universelle en Europe, lorsqu'on considère la situation où se trouvait cette malheureuse Europe au mois d'octobre 1812; puisque déjà Bonaparte s'était rendu maître des trois quarts de l'ancien royaume de Pologne; puisqu'il y avait organisé une armée de plus de cent mille hommes, électrisés par l'espérance du retour de ce royaume à son antique existence politique; puisqu'il conduisait à sa suite les armées des rois de Prusse, de Saxe, de Bavière, de Wurtemberg, de Westphalie, de Danemarck, et les forces de tous les princes de l'empire auxquels il avait permis de régner, et qu'il en disposait comme de sa propre armée; puisque l'Autriche, devenue inquiéte, avait dû lui accorder un corps de troupes auxiliaires et n'était plus maîtresse d'user de son indépendance; puisqu'il avait envahi plusieurs provinces florissantes de l'empire de Russie; puisqu'il avait pénétré jusqu'à Moscou, ancienne capitale de cet empire; puisqu'enfin il s'était établi au coeur de l'empire russe avec des forces infiniment supérieures à celles que pouvait alors lui opposer l'empereur Alexandre.

Bonaparte s'est vu un moment maître de briser tous les trônes, de morceler tous les états, d'en combiner la composition avec les besoins de sa politique, avec les besoins de son systéme de domination universelle. Il a pu détruire toutes les dynasties régnantes, en créer partout de nouvelles, comme il avait fait dans beaucoup d'endroits, et se proclamer ensuite chef suprême de tous les états du continent d'Europe. Tous les princes, tous les souverains étaient ses vassaux, tous étaient ses tributaires.

Bonaparte a beaucoup mieux agi à certains égards, en faveur du systéme de domination générale, que les romains, que les empereurs et que

Charlemagne, parcequ'il a divisé ses conquêtes en royaumes et états de différentes grandeurs; parcequ'il les a enfermés dans son empire, en réunissant à ses états, des païs situés au-de-là de ces royaumes; parcequ'il a donné les plus considérables aux membres de sa famille, et les autres à des hommes qui devaient lui rester attachés par les liens de la reconnaissance, et aussi parceque ceux qu'il avait laissé subsister, il se les était attachés par les liens des alliances et de la parenté. Mais Bonaparte n'avait pas fixé de limites à son ambition, et sa conduite, trop peu mesurée, avait donné à penser que son projet était de réunir successivement à son empire tous les états qu'il avait d'abord trouvé convenable de s'assujétir sous le titre de vassaux, et de renouveller enfin les entreprises orgueilleuses des romains. Il avait même fourni une preuve évidente de ce dessein par la réunion à son empire du royaume de Hollande, par la mutilation du royaume de Westphalie.

Par cette conduite, il a éveillé tous les intérêts, et il a préparé sa chûte, parcequ'il a armé contre lui l'amour de la propriété, sentiment qui porte à tout entreprendre pour la défendre et la conserver.

Les puissances avaient toutes intérêt à sauver leurs trônes; elles en avaient la volonté; elles avaient le désir de s'entendre, de s'unir pour réparer leurs infortunes; mais il fallait qu'elles y fussent forcées, et il fallait les placer dans une telle situation. C'est ce qu'a fait l'Angleterre, en cessant de leur donner des subsides, et en portant à l'excés contre elles la tyrannie de leur vainqueur, par ses arrêts de 1806 et de 1807.

Si j'avais à prononcer entre les deux systémes de balance et de monarchie universelle, je donnerais sans doute la préférence à celui de balance politique, plutôt qu'à celui de monarchie universelle, parceque le système de balance a dumoins l'avantage de consacrer la propriété et de maintenir les princes dans leurs droits de souveraineté, aulieu que le systéme de monarchie universelle n'offre à l'idée que des sujets, des vassaux et des tributaires.

Mais, pour parler franchement, je n'adopterais ni l'un ni l'autre, parceque le systéme de monarchie universelle oblige le souverain à étre tyran, et celui de la balance expose toutes les puissances au redoutable fléau de la guerre, la balance pouvant étre dérangée par mille événemens, et de nouvelles guerres devant avoir lieu pour en combiner les poids et la remettre en équilibre. Il y a lieu d'étre étonné que les puissances n'aient cessé, dans tous leurs traités, de stipuler en faveur de la balance politique, et qu'aucune n'ait tourné ses regards vers le systéme de fédération générale, dont il doit résulter tant d'avantages.

Le systéme de balance a t-il tant d'attraits pour les souverains? qu'ils s'attachent donc au systéme de fédération générale que je leur propose et que je vais essayer de développer. Ils verront que par l'effet de cette combinaison politique, ils seront à-la-fois puissans pour le bien général, faibles pour leur intérét particulier; indépendans et dépendans, dominateurs et assujettis, souverains et vassaux, tout et rien, parceque le plus petit prince deviendra l'égal du plus grand monarque, en se conformant aux lois de la fédération, dont il possédera la puissance pour agir contre ce monarque qui ne s'y conformerait pas.

Certes, il n'est point de potentat en Europe qui puisse posséder une force égale à celle qui serait formée par l'effet du systéme que je propose; il n'en est pas qui soit en état de lui résister, et il doit paraître intéressant de voir l'Europe protégée par une force qui ne serait à la disposition d'aucun souverain, parcequ'elle appartiendrait à tous; parcequ'elle ne pourrait agir qu'en vertu d'une loi consentie par tous, obligatoire pour tous, et pour tous coercitive.

C'est-là le but que je me suis proposé en combinant ce projet, et c'est-là, je crois, la seule manière de rendre les souverains indépendans et assurés sur leurs trônes, de rendre les peuples tranquilles et heureux. Pythagore, pour avoir trouvé les quarrés des côtés d'un triangle, sacrifia une hécatombe en actions de graces. Quelles actions de graces je devrais à la Providence, si elle m'avait inspiré les moyens de procurer à l'Europe la tranquillité et le bonheur !

CHAPITRE X.

Idée du système de Fédération générale.

Le systéme de Fédération générale que je soumets à la considération des puissances, a pour objet
de resserrer la France dans ses anciennes limites,
de mettre Bonaparte face à face avec le peuple Français, et de faire jouir l'Europe d'une tranquillité et
d'un bonheur inaltérables.

Il a pour but principal d'empêcher la guerre,
de favoriser la culture, le commerce, l'industrie,
et de procurer, par ces ressources, aux puissances
les moyens de rétablir leurs finances, d'offrir plus
d'encouragemens aux arts et aux manufactures, et
de procurer plus d'avantages à leurs sujets.

Enfin, il a pour objet d'employer à défricher les
terres incultes qui couvrent encore une grande
partie de la surface de l'Europe, des hommes plus
propres à remplir ces fonctions qu'à se faire tuer ou
estropier, pour servir l'ambition, les passions ou
les caprices des souverains et de leurs ministres.

NB. On voit, par ce chapitre, que Bonaparte
était encore très puissant lorsque je rédigeais ce
projet.

CHAPITRE XI.

L'indépendance réelle ne peut s'effectuer que par une dépendance conventionnelle.

Tant d'avantages doivent résulter infailliblement d'une dépendance conventionnelle et relative, seule capable de produire une indépendance et une sûreté réelles en faveur de toutes les puissances.

Cette proposition pourra paraître paradoxale par sa forme; mais elle paraîtra juste et fondée, lorsque j'aurai développé l'idée qu'il faut y attacher, et de quelle manière il faut l'envisager dans le sens politique.

On verra que dans ce sens, la dépendance est, en dernier résultat, une indépendance véritable, et que l'indépendance positive à laquelle les souverains attachent tant d'importance, ne pourrait exister dans l'ordre politique, sans l'établissement et la condition d'une dépendance conventionnelle et relative.

On sent bien qu'un tel genre de dépendance, qui ne doit avoir pour objet que la conservation de la tranquillité générale, et qui ne doit ni blesser les droits, ni empiéter sur les prérogatives de la puissance souveraine, ne peut avoir lieu que par la réunion des mêmes sentimens de la part de tous les souverains, et par leur accession unanime à ce genre de convention.

J'ai déjà indiqué que la dépendance dont il sagit

doit être le résultat d'une convention produite par le concours unanimè des puissances, et par cette raison, que cette sorte de dépendance est une résolution, un produit de l'indépendance. On sent que cette dépendance, formée des élémens même de l'indépendance, est une véritable indépendance, puisqu'elle est destinée à faire naître une autorité supérieure à toutes les autorités indépendantes, destinée à soumettre toutes les autorités à la sienne et à tous les effets de ses décisions.

D'après ce que je viens d'exposer, on conçoit aisément qu'une telle autorité doit être exercée par les souverains mêmes, réunis en diéte ou en assemblée oecuménique, ou représentés par des députés munis de leurs pouvoirs, et on conçoit pareillement que le but de cette assemblée se borne uniquement à empêcher la guerre entre les puissances, et à maintenir la paix entre elles.

Ce but, si convenable au bonheur des nations en général, et au soutien des trônes en particulier, étant le seul auquel les puissances doivent atteindre, le seul objet de leur sollicitude serait de s'enquérir des causes qui seraient susceptibles de troubler la tranquillité commune; de peser dans leur sagesse, les raisons, prétentions et griefs qui pourraient mécontenter l'une d'elles, ou donner occasion à l'une de s'armer au préjudice d'une autre, et le jugement qui interviendrait sur de telles contestations, serait exécuté militairement, si les condamnés se refusaient à s'y soumettre.

Il est évident qu'un tel tribunal serait revêtu d'une autorité si supérieure, que toutes les puissances indépendantes seraient forcées de se conformer à ses décisions. Mais il n'est pas moins évident que leur soumission à ses jugemens n'aurait rien qui blessât leur indépendance, puisque cette soumission ne pourrait être que le résultat d'une dépendance relative, convenue, accordée, autorisée par leur propre indépendance souveraine; puisque ses fonctions seraient bornées à régler les différends qui pourraient survenir entre les puissances et à garantir la tranquillité publique des malheureux effets de l'ambition, de la vengeance, de la jalousie personnelle et de toutes les autres passions qui tourmentent le cœur humain; enfin, puisque toute la puissance de ce tribunal serait restreinte au droit, d'assurer aux peuples paix et tranquillité, et aux souverains sûreté et jouissances.

Je crois avoir suffisamment expliqué mes idées sur ce genre de dépendance, et avoir assez clairement déterminé la compétence de ce nouveau tribunal suprême, pour que son établissement ne puisse donner aux souverains aucune raison de craindre pour leur indépendance positive.

CHAPITRE XII.

Idée de l'indépendance positive comparée à la dépendance relative.

L'indépendance positive résulte du droit qu'a chaque souverain de gouverner ses états de la manière qui lui convient, sans qu'aucune autre puissance puisse s'y immiscer en aucune façon. Elle résulte également du droit qu'a chaque souverain de former ses liaisons et ses alliances de la manière qui convient à ses intérêts; de faire la paix, la guerre, des traités de commerce, d'échange, d'expectative; de léguer, donner, partager ses états, &c., et par le genre de dépendance relative cy-dessus mentionnée, chaque souverain, en conservant tous ses droits, qui sont de l'essence de la souveraineté, et par cette raison inalliennables, consentirait cependant à se soumettre aux décisions d'un tribunal suprême, pour le fait de la guerre, et cette soumission volontaire serait pour lui d'autant plus importante, qu'il obtiendrait justice de son ennemi ou de son rival, en vertu d'un simple jugement, sans devoir pour cela verser le sang de ses sujets, et sans exposer ses états aux hasards des combats et aux événemens qui en sont presque toujours la déplorable suite, tels que le ravage des terres, l'incendie des villes, la ruine du commerce, les contributions et les dépenses excessives de tous genres que nécessite la guerre, la plus grande des calamités.

On sent combien un tribunal suprême, établi par les puissances indépendantes pour s'assujétir elles-mêmes à la dépendance sur le fait de la guerre, serait intéressant pour la tranquillité de l'Europe, puisqu'un tel tribunal réaliserait cette paix perpétuelle, régardée jusqu'aujourd'hui comme chimérique.

CHAPITRE XIII.

Oppositions présumables de la part de l'intérêt personnel.

Mais, quelqu'intéressant que puisse être un semblable établissement; quelqu'avantage qu'il puisse procurer à tous les souverains, à toutes les nations, sous le rapport de la tranquillité; quelqu'économie qu'il puisse produire par la diminution de ces dépenses qui étaient avant consacrées à la politique extérieure, à l'intrigue, à l'espionage, à la corruption, à des représentations, à un cérémonial d'orgueil aussi dispendieux que puéril, et par conséquent inutile; par ces fêtes en faveur de la paix, qui engloutissent des sommes énormes, sans autre résultat qu'un peu de fumée et plus de clarté pendant quelques heures; cet établissement ne pourra manquer d'éprouver de l'opposition de la part de certains ministres qui fondent l'espoir de leur réputation et de leur gloire future sur le jeu de la politique, sur de certaines combinaisons qu'ils ont déjà enfantées dans leurs cerveaux, et qu'ils voudraient essayer aux dépends de quelques dupes, au risque de troubler de nouveau l'Europe, de remettre derechef aux prises toutes les nations, de faire couler encore des ruisseaux de sang, de compromettre la dignité et les trônes de leurs maîtres.

Il éprouvera aussi de l'opposition de la part des chefs d'armées, qui se verront enlever l'espérance de la gloire militaire, celle des récompenses, et ces hommes dont la gloire, dont les travaux ont causé de tout tems la ruine et le désespoir des nations, ne manqueront pas de détourner leurs souverains d'un établissement si humain, si bienfaisant, si tranquillisant pour tous les peuples du continent.

Je tremble à vos sermons, apôtres du bonheur.

Mais, pourquoi ces ministres et ces généraux s'opposeraient-ils à un établissement si intéressant? Ces ministres n'auraient-ils pas encore une carrière assez vaste à parcourir pour faire briller leur génie? ne peuvent-ils acquérir de la gloire qu'au dehors, et faut-il pour mériter le titre d'homme célèbre, avoir réussi dans les intrigues, avoir fait beaucoup de dupes ou immolé beaucoup de victimes à l'ambition? Mais Ximénès, Richelieu, Albéroni, Mazarin, Strafford, Dossat, Oxenstiern, Suger, Pitt et Fleury, ont été plus grands par leur administration intérieure que par les rêves de leur politique extérieure.

Ces généraux n'auront pas non plus à se plaindre; les gouvernemens sont conduits par des hommes, et comme partout où il y a des hommes, il y a aussi des passions qui les portent au-delà des mesures que leur conseillent leurs intérêts, ils auront encore beaucoup de lauriers à cueillir. Ils ne seront peut-être pas, comme avant, les exécuteurs des ordres ambitieux, haineux et vindicatifs de leurs maîtres ou de leurs ministres; mais ils seront les exécuteurs de jugemens nécessaires, bienfaisans et salutaires, et leurs succès, récompensés par les acclamations et les bénédictions des peuples, seront pour eux des monumens plus glorieux et plus durables que ces récompenses passagères qu'on accorde à leur vanité pour le prix d'un sang versé sans objet, sans cause, sans raison, sans justice, et dont on ne parle plus dès que la tombe a dévoré avec leur dépouille terrestre, tout ce qui, pendant leur vie, avait servi à leur ornement. La vraie gloire est celle qui fait une impression profonde sur l'esprit des peuples. Celle-là seule est transmissible à la postérité la plus reculée, parceque les hommes n'aiment à jeter leurs regards en arrière que sur ceux de leurs semblables qui ont consacré leurs talens à l'avantage de leurs contemporains. Les triomphes de Bonaparte n'ont servi qu'à sa gloire et à son ambition, et non à son païs. Ceux de l'empereur Alexandre ont servi au bonheur du monde. Les triomphes de Bonaparte ont imprimé la terreur; ils ont inspiré la haîne. Ceux de l'empereur Alexandre excitent l'admiration; ils inspirent l'amour et la reconnoissance. La gloire de Bonaparte passera comme une ombre; la gloire d'Alexandre sera immortelle comme son nom, parcequ'elle est fondée sur la vertu. *Gloria virtutem comitatur.*

CHAPITRE XIV.

Beau rôle à jouer par l'Angleterre.

Mais, si un tel établissement est digne par sa simplicité autant que par les précieux résultats qu'il doit produire, d'être adopté par le gouvernement Britannique; si ce gouvernement qui a fait dans tous les tems les plus généreux sacrifices pour assurer la paix et la tranquillité du continent, veut s'entendre avec la Russie qui, par le seul succès de ses armes, a réussi à réduire tous les souverains de l'Allemagne à la plus pénible indécision, à la situation la plus alarmante; veut s'entendre avec l'Autriche, qui a besoin de regagner ce qu'elle a perdu, de venger de grandes injures, de cruels affronts, et de reprendre une attitude digne des tems. brillans de sa monarchie; un tel établissement aura lieu, et le gouvernement Britannique, en en devenant le fondateur, ajoute à tous ses titres de gloire, un titre plus sublime, la gloire d'avoir procuré à l'Europe le bienfait d'une paix perpétuelle; d'avoir affermi les souverains sur leurs trônes, et d'avoir rendu tous les peuples tranquilles et heureux.

Il semble que l'initiative doive appartenir à l'Angleterre pour provoquer un tel établissement, puisqu'elle participera moins qu'une autre puissance continentale aux avantages qui en résulteront, puisque, par cet établissement, elle ne trouve de l'avantage qu'en faveur de son commerce, et qu'elle procurera à toutes les puissances et à toutes les nations, non seulement les mêmes avantages de commerce; mais encore les avantages de sûreté, de tranquillité et d'indépendance.

Il semble que l'initiative doive appartenir à l'Angleterre, puisque c'est elle qui a été constamment la protectrice des états, la dispensatrice des secours, la conservatrice de la balance et la bienfaitrice de toutes les nations du continent; puisqu'elle a un intérêt direct et pressant à adopter un systême qui doit procurer à l'Europe un bonheur plus réel, plus général et plus constant, sans lui être aucunement à charge.

Enfin, il semble que l'initiative doive appartenir

à l'Angleterre, puisque cet établissement a pour objet de détruire en France une faction tyrannique avec laquelle elle ne peut espérer une paix solide; avec laquelle elle ne peut même pas traiter sans sanctionner l'usurpation la plus criminelle, et puisque cet établissement a pour objet de remettre sur le trône de ses ancêtres une famille si longtems malheureuse, si longtems adorée du peuple Français.

L'Angleterre mettra le comble à ses bienfaits envers cette famille auguste, en lui ouvrant cette voie qui la conduit directement et infailliblement au trône de ses pères, et elle ajoutera à la satisfaction d'avoir procuré aux Bourbons et aux Français le bonheur qu'ils souhaitent, la gloire d'avoir réussi à exécuter contre la France, une entreprise que celle-ci n'a jamais réussi à exécuter contre elle.

CHAPITRE XV.

Motifs pour adopter le projet proposé.

Les malheurs passés, les embarras présens, les craintes futures, sont des raisons décisives pour engager les puissances à adopter le projet que je propose. Ces puissances qui, pour la plupart, ont été contraintes de subir le joug de leur vainqueur, et qui s'étaient trouvées satisfaites d'une protection qui les rendait vassalles et presque sujettes; qui s'étaient pour ainsi dire réjouies d'une condition qui les obligeait à fournir des subventions en hommes et en argent, pour river leurs fers, pour prolonger leur esclavage; qui ont vu pendant si longtems cette malheureuse existence dépendre du sacrifice de leur honneur, du mélange odieux de leur sang illustre avec le sang d'hommes sortis de la fange; dépendre de leur soumission à toutes les humiliations, à toutes les injustices, à tous les dépouillemens, à tous les outrages; ces puissances, dis-je, pourraient-elles hésiter à adopter un systéme politique qui n'exige que leur consentement à une dépendance relative, je pourrais dire artificielle; pour conserver leur indépendance positive, la sûreté de leurs trônes, de leurs dynasties et de leurs personnes? La concorde, dit Cicéron, a tant d'avantages; que je ne saurais l'exprimer. *Animorum concordia habet tantas opportunitates, quantas non queo dicere.*

CHAPITRE XVI.

Inconvéniens de l'indépendance positive et illimitée.

Qu'est-il résulté de cette indépendance positive et illimitée dont les souverains se sont montrés si jaloux, et à laquelle ils ont attaché depuis des siècles une si grande importance? tous les malheurs qui ont ensanglanté l'Europe et qui ont produit la misère et le désespoir des nations. Les souverains ont toujours laissé à leurs successeurs, des trônes ébranlés par l'ambition de leurs voisins, ou par les suites de leur propre ambition; des prétentions, des querelles, des animosités, des vengeances, des guerres; et à leurs sujets, des besoins, des gênes, des mécontentemens, des haînes, des dispositions à changer de maîtres; ils ne se sont pas conduits en souverains; ils n'ont agi qu'en faveur de leurs ministres, qui font leur élément de la politique, auxquels il faut des événemens et qui cherchent à en produire quand il n'en existe pas.

L'établissement que je propose devient au contraire le plus solide appui des trônes; les successions passent aux héritiers sans troubles, et ces héritiers recueillent, avec la puissance souveraine, toutes les bénédictions des peuples qui leur sont soumis. Tout vit, tout prospère autour-d'eux, parceque leur existence est assurée, parceque tous leurs sujets sont heureux.

Ce systéme politique a pour objet, comme l'on

voit, de rendre aux peuples tous leurs droits, et aux souverains toute leur gloire; celle de régner sur les esprits et sur les coeurs, sur l'opinion et sur la volonté, par la raison et l'équité.

Tans d'avatages, tant d'espérances de bonheur, pourraient-ils être dédaignés des souverains, et ces souverains pourraient-ils préférer une situation ancienne qui les expose à devenir le jouet, peut-être les victimes de la fortune inconstante; qui les expose aux dangers des revers, à la tyrannie des vainqueurs; qui les expose aux caprices de l'ambition, aux artifices de la jalousie, aux outrages d'un orgueil triomphant et irascible, qui ne leur laisse point de repos; qui expose enfin leurs peuples aux calamités et aux souffrances qui accompagnent toujours l'état de guerre? tous s'empresseront d'adopter un tel établissement, parceque tous savent quelle destinée ont eu les plus grands empires, et ce qu'ils ont eu à souffrir, avant leur chûte, de la fureur des ambitieux qui les ont renversés, conquis et partagés; parcequ'ils savent enfin dans quelles cruelles angoisses ont été le roi de Prusse, après la bataille d'Jena, et l'empereur d'Autriche, après celles d'Austerlitz et de Wagram. Qu'ils n'oublient pas ces souverains, que les grands, aussi bien que les petits, sont également soumis à la loi de la nécessité. C'est Horace qui les conseille quand il dit:

> *Aequa lege necessitas*
> *Sortitur insignes et imos.*

CHAPITRE XVII.

Motifs déterminans pour attribuer à l'empereur de Russie la dignité de Protecteur perpétuel et héréditaire de la Fédération Germanique, dont il sera fait mention dans le plan ci-après.

La Russie et l'Angleterre se sont épuisées en hommes et en argent pour rétablir la tranquillité en Europe. Elles ont remis en ordre tout ce qui avait été dérangé par la mauvaise politique, par les passions personnelles des souverains.

Les sacrifices de l'Angleterre et de la Russie ont été d'autant plus généreux, qu'elles n'avaient qu'un intérêt relatif à se mêler des affaires de toutes ces puissances; puisqu'elles n'avaient rien à redouter pour elles-mêmes des transports de l'ambitieux qu'elles ont combattu et vaincu.

L'Angleterre pouvait faire son commerce et ses affaires, sans s'embarrasser de ce qui se passait sur le continent d'Europe, et laisser les peuples de ce continent souffrir, jusqu'à ce que leurs souffrances leur eussent inspiré le courage de secouer le joug du tyran.

La Russie, placée à une grande distance de la France, pouvait demeurer tranquille et considérer de sang-froid ces peuples souffrans, sans s'embarrasser d'une calamité qui ne pouvait point l'atteindre.

Mais un sentiment de commisération et de

magnanimité a inspiré à ces deux gouvernemens l'idée de s'unir, de briser des fers honteux, et de sauver des peuples innocens, des malheurs occasionnés par les jeux cruels de la politique. Ils se sont armés, et la victoire a couronné leurs nobles efforts.

Aujourd'hui ces fers sont brisés: les souverains qui avaient été renversés de leurs trônes, y sont rétablis en Allemagne; les états qui avaient été envahis, sont restitués à leurs possesseurs légitimes; les princes jouissent de leurs droits et de leur indépendance. Ceux qui n'avaient plus rien ont tout retrouvé; plusieurs sont devenus plus grands et plus puissans qu'ils n'étaient avant.

De tels services méritent d'être récompensés. Mais quelle récompense sollicitent ces deux illustres puissances? il n'en est qu'une, et qui les honore infiniment; c'est d'établir en Europe une paix et une tranquillité inaltérables.

Si, pour fonder cet établissement, il est nécessaire d'accorder à l'empereur de Russie le titre de Protecteur en Allemagne; s'il est nécessaire de faire des réserves de quelques états conquis par l'ennemi, à lui cédés par des traités, et reconquis sur lui, pour fournir aux frais de l'établissement, et s'il est prouvé surtout que ce moyen doit être soulageant et utile à la généralité des souverains et de leurs sujets; aucun souverain n'a le droit de s'y opposer, et avec d'autant plus de raison, qu'aucun d'eux n'aurait pu se remettre en possession de ces pays

réservés, sans l'assistance et les efforts de l'Angleterre et de la Russie.

Cette récompense doit se trouver dans la combinaison d'un système de paix générale.

Par cette combinaison, on peut offrir à l'Angleterre les moyens de se refaire, par un commerce
plus vaste et plus lucratif, des sacrifices qu'elle a
faits et des avances qu'elle a faites pour fournir aux
dépenses de la guerre. On peut même trouver les
moyens de la rembourser de ses subsides.

On peut offrir à l'empereur de Russie un titre
de dignité qui rappèle sans cesse les obligations qui
lui sont dues. Ce prince a sauvé l'Allemagne; il a
délivré ses peuples de la tyrannie; il a remis les
états de ce pays à leurs souverains légitimes; il s'est
montré digne de protéger cette Allemagne, et le
titre de protecteur est un titre de dignité qu'on ne
pourrait lui contester, et encore moins lui refuser,
sans commettre la plus haute des injustices.

Ce serait sans motif fondé qu'on alléguerait les
anciens droits de l'empereur d'Autriche à la couronne Germanique. Ce prince a abdiqué; il a déposé sa couronne pour empêcher qu'elle ne lui fut
ravie. Il a si peu compté sur la possibilité de conserver cette couronne, qu'il a fait transformer le
titre d'archiduc en celui d'empereur, pour perpétuer cette dignité dans sa maison. Mais son droit
à la couronne d'Allemagne n'existe plus, il y a
renoncé formellement.

Cette couronne a été arrachée par l'empereur
Alexandre des mains de celui qui l'avait usurpée; il
pourrait s'en couvrir; mais elle attribue un droit de
Suzeraineté qui ne peut pas convenir aux maisons
de Brandebourg, de Bavière et de Hanovre, devenues trop puissantes et trop élevées pour vouloir se
soumettre aux obligations d'un vasselage, et l'empereur de Russie ne doit être que protecteur, c'est-
à-dire chargé de veiller à la conservation de l'indépendance de tous les souverains et à la tranquillité
de tous les peuples de cette grande et belle contrée.
Il ne doit être question du titre d'empereur que dans
les états où les souverains ont adopté ce titre. Le
pouvoir attribué à ce titre ne doit être exercé désormais que sur des sujets, et non sur des souverains.
Le seul titre de dignité qui puisse être accordé à
une grande puissance, lorsque ce titre doit lui procurer une sorte de prééminence ou d'ascendant sur
des souverains indépendans, est le titre de protecteur, parceque ce titre n'est qu'appellatif et ne renferme en lui aucune qualité d'autorité personnelle,
aucun pouvoir coercitif; mais seulement l'exercice
d'une autorité collective.

Ce titre de protecteur pour l'Allemagne, semble
devoir être attribué et concédé à l'empereur de
Russie plutôt qu'à l'empereur d'Autriche, en raison
de la situation de ses états, qui sont inclinés vers
l'Allemagne; en raison de ses liaisons avec la Prusse
et les princes protestans de cette contrée; et il
semble que le titre de protecteur de la fédération

Italienne doive être attribué et concédé à l'empereur
d'Autriche par la même raison de la situation de ses
états et de ses liaisons avec les princes de cette contrée ; mais principalement en raison de la ressemblance de religion.

Enfin l'empereur d'Autriche aurait d'autant moins
de raison de réclamer contre une semblable disposition, que sa qualité d'empereur d'Allemagne ne
lui a appartenu qu'en vertu d'une élection, et que
cette dignité pouvait sortir de sa maison pour entrer
dans une autre ; aulieu que la dignité de protecteur,
qu'il est question de lui concéder, est fixée immuablement dans sa maison, et passe à ses héritiers
sans conteste.

Quand je souhaite de voir attribuer à l'empereur
de Russie le titre de protecteur de l'Allemagne, je
crois faire des voeux en faveur de ce pays. En pro-
posant une telle mesure, je n'ai d'autre but que
d'assurer aux souverains leurs états, leur tranquillité et leur indépendance, car on peut penser que
si le monarque russe ne devient pas le protecteur de
l'Allemagne, il est destiné à en devenir un jour le
souverain. Pour se former une telle idée, il suffit
de considérer la route que les chefs de cet empire
ont prise, le chemin qu'ils ont parcouru du côté de
l'Allemagne, depuis le règne de Catherine-la-Grande,
et le point où ils se trouvent aujourd'hui.

CHAPITRE XVIII.

Obligations de tous les souverains.

Quand l'esprit s'occupe du besoin qu'ont les souverains de s'estimer, de faire respecter leur dignité; du besoin qu'ils ont d'être tranquilles et de se refaire dans la paix des longues calamités qu'ils ont eu à souffrir; on se complait à croire qu'ils embrasseront avec sincérité et empressement un système qui leur offre tous ces avantages.

Ils ne doivent pas oublier ces souverains, qu'ils sont les représentans de Dieu sur la terre, et que leur premier devoir, comme leur premier intérêt est d'exécuter le mandat que Dieu leur a confié en les faisant naître, ou en les plaçant sur les trônes.

Ce mandat, ils le savent tous très bien, porte expressement qu'ils seront les bienfaiteurs du monde, et qu'ils feront tout pour mériter l'amour des peuples qui leur sont soumis. Dieu les à remplis de l'esprit de vérité, parceque sa bonté immuable veut que ses mandataires ne puissent jamais se tromper sur la fin qu'il se propose. Mais Dieu les a faits hommes, et ils sont exposés aux orages des passions humaines. Sans cesse assiégés par la séduction et la flatterie, ils sont exposés à tomber dans ces erreurs qui leur font envisager la gloire et les conquêtes comme le vrai bonheur, tandis qu'ils ne devraient jamais perdre de vue que le bonheur véritable ne se trouve que dans le sentiment d'une

bonne conscience, que dans la ferme persuasion d'avoir fidèlement rempli ses devoirs, que dans le bien qu'on procure à l'humanité.

L'intérêt des souverains réside essentiellement dans l'intérêt général, et par conséquent leur bonheur ne peut se trouver, que dans le bonheur de tous.

Il faudrait être plus qu'homme; il faudrait être Dieu, pour faire jouir les hommes de ce bonheur qu'ils désirent, que sans cesse ils poursuivent, et qu'ils n'atteignent jamais. Toujours le mal arrive en ce monde, et le mal est inévitable, parceque ce sont des hommes qui gouvernent, et qu'occupés de leur seul intérêt, celui de s'illustrer et de faire parler d'eux, il ne font rien pour l'empêcher. Toujours le mal arrive, parceque les gouvernés sont trop souvent abandonnés aux caprices de l'ignorance ou de la perversité.

Le moyen d'obtenir de la tranquillité, de la justice et du bonheur, lorsque l'autorité est dirigée par toutes les passions humaines; lorsque les haînes, les vengeances, l'orgueil, l'amour-propre la présomption, la cupidité, le désir des jouissances, l'égoisme, l'ambition, prennent la place de ces vertus qui sont si rares, et pourtant si nécessaires pour rendre les sujets heureux et satisfaits! Sans doute il est difficile d'opérer le bien; mais dumoins il est aisé de vouloir l'opérer, et des hommes choisis pour procurer aux autres ce

bien qu'ils souhaitent, sont bien coupables s'ils ne
font pas tous leurs efforts pour y parvenir.

Je crois en avoir dit assez pour prouver l'intérêt qu'ont tous les souverains à adopter l'établissement que je propose. Je crois avoir démontré
qu'il n'y a de tranquillité à espérer en Europe,
qu'en mettant un frein à l'ambition, qu'en fermant
toutes les voies aux ruses de la politique, je vais
entrer à présent dans le détail du plan de l'établissement.

CHAPITRE XIX.

Différence remarquable entre l'établissement proposé et le tribunal des Grecs, connu sous le nom de Tribunal des Amphictions, et le projet de Henri IV, roi de France. .

On trouvera que cet établissement a quelque ressemblance dans sa forme avec ce tribunal autrefois si célèbre dans la Grèce, et connu sous le nom de tribunal des Amphictions, et aussi avec le projet politique de Henri IV, roi de France; mais on trouvera aussi qu'il en diffère extrêmement par le fond.

Ces Amphictions de l'ancienne Grèce étaient des députés des différens états de la Grèce, qui composaient un tribunal suprême établi à Athènes, auquel était attribué le pouvoir de statuer sur les intéréts communs de tous ces états. Mais ces états, ainsi représentés, ressemblaient plus à une ligue, à une coalition, qu'à une fédération. Leur objet était de se défendre contre des ennemis extérieurs qui ne faisaient point partie de ces assemblées, et qui conséquemment ne devaient pas, ainsi que les Athéniens, respecter les décrets de ce tribunal, comme les oracles des Dieux. De telles coalitions devaient se dissoudre; et elles le furent aussi facilement que le fut la célèbre ligue Achéenne. Cette fédération eut été bonne pour empécher ces guerres qui eurent lieu dans le sein même de la Grèce, entre les

Athéniens et les Spartiates ; entre ceux-ci et les Mes-
séniens ; entre ces peuples et les Thébains ; mais à
quoi pouvait-elle servir contre les Perses, les Macédoniens et les Romains ?

Le fameux projet du bon roi Henri IV, avait
pour objet de réduire l'Europe, sous le nom de
république chrétienne, à une confédération universelle et perpétuelle.

Ce prince voulait diviser la chrétienté en quinze
souverainetés qui devaient être gouvernées par des
rois et être des royaumes héréditaires. Six autres
devaient être électives et gouvernées par des rois
électifs ; et le reste devait être composé de quatre
républiques.

Suivant ce partage, il laissait au Pape les pays
ecclésiastiques, et il y ajoutait le royaume de Naples, avec l'hommage de la Sicile, et la plus grande
partie de l'Italie devait être érigée en république, à
condition de donner tous les ans au Pape un crucifix
d'or et quatre mille sequins.

L'état de Venise seul demeurait sur son ancien
pied avec ses lois et ses constitutions. Mais on
devait donner à cette république des royaumes et
des îles qui devaient être conquis sur le Grand-
Seigneur dans l'Archipel, à condition qu'elle rendrait au Pape un hommage, qui serait d'envoyer un
ambassadeur pour lui baiser les pieds et de lui faire
présent tous les vingt-cinq ans, d'une petite statue
d'or qui représenterait le Saint-Père.

La Flandre et le reste des Pays-Bas devaient

former une république, et être ôtés à l'Espagne. A cette république devaient être ajoutés quelques états voisins.

A l'état démocratique des Suisses devait être ajouté la Franche-comté, l'Alsace, le Tyrol et Trente, à condition qu'ils rendraient de quinze en quinze ans à l'empereur d'Allemagne un hommage consistant en un chien de chasse avec un collier d'or au cou, attaché avec une chaîne d'argent.

On devait obliger cet empereur à renoncer à l'agrandissement de sa maison, et à se contenter des fiefs vacans, dont il ne pourrait disposer en faveur de ses parens. On devait inviolablement observer pour loi dans l'empire, que jamais deux princes de la même maison ne pûssent avoir de suite la couronne impériale.

Le duché de Milan devait être incorporé aux autres états du duc de Savoie, et ce prince aurait eu le titre de roi de Lombardie.

Le royaume de Hongrie devait être agrandi par les principautés de Transilvanie, de Valachie et de Moldavie, et le roi, qui devait être électif, aurait été élu par les suffrages du pape, de l'empereur d'Allemagne, des rois de France, d'Angleterre, d'Espagne, de Pologne, de Suède et de Danemarck.

La Bohême devait subir la même loi.

La France, l'Angleterre, l'Espagne, la Pologne, la Suède, le Danemarck, ne devaient point changer la forme de leur gouvernement. Pour les affaires générales, ces royaumes devaient être assujettis à la république universelle, dont le Pape aurait été le chef.

Par cet établissement, Henri aurait été l'arbitre de toute la chrétienté; il devait décider de tous les différends qui auraient pu survenir entre les princes et états dont je viens de parler, conjointement avec quinze personnes qui auraient été choisies entre tout ce qui se serait trouvé de plus fameux dans les quinze souverainetés, soit pour les sciences ou pour les armes.

On devait outre cela, établir un grand conseil, composé de soixante autres personnes qui auraient jugé de tous les différends qui auraient pu survenir dans toute l'étendue de ces royaumes et républiques, entre ceux qui les auraient gouvernés.

Cette célèbre assemblée devait résider dans la ville de Rome.

Chaque état était obligé de fournir un certain nombre de troupes et une certaine somme d'argent pour faire la guerre aux Turcs.

La Pologne et la Suède ne devaient s'occuper qu'à faire la guerre aux Moscovites et aux Tartares.

On devait choisir ensuite, par un consentement unanime, trois généraux pour la conquête de l'Asie; un pour la mer, et les deux autres pour la terre.

On devrait entretenir trois-cents mille hommes d'infanterie; cent cinquante mille de cavalerie; et pour l'artillerie, on devait avoir quatre-cents pièces de canons.

L'armée navale devait être composée de cent cinquante vaisseaux et de cent galères.

Et pour tout cela on devait lever un fond de cent millions d'or.

Le Pape devait être le dépositaire de ces finances.

L'île de Malte devait être le magasin de tout ce qui concernait la marine. Messine était destinée à recevoir les galères dans son port, et la ville de Metz aurait été l'un des principaux magasins pour les troupes de terre.

Tous les princes chrétiens étaient obligés de diminuer leurs dépenses ordinaires et de contribuer à ce grand dessein chacun selon ses facultés.

Il devait y avoir à Constantinople plusieurs espions, habillés à la grecque, et sachant les langues orientales, pour observer les mouvemens de l'empire Turc; et outre cela, il devait y avoir quarante hommes de résolution qui devaient, en un certain tems qu'on leur aurait marqué par un signal, mettre le feu au sérail, à l'arsenal et à divers autres quartiers de la ville.

On dit que Henri IV travailla pendant dix ans à faire réussir cette grande entreprise. Il avait déjà économisé trente millions pour mettre la chose en mouvement, et il allait l''entreprendre lorsqu'il fut assassiné par Ravaillac.

Mais, pour effectuer un tel projet, il fallait dépouiller des puissances et en enrichir d'autres de leurs dépouilles, et un tel projet, aulieu de pro-

curer à l'Europe son repos, sa prospérité et son bonheur, était destiné à y allumer une guerre longue et
peut-être éternelle.

On aura peine à concevoir qu'un projet si gigantesque soit sorti d'une tête aussi sage que celle du
brave Henri IV, surtout lorsqu'on songe qu'à cette
époque, l'Autriche et la Turquie réunies, pouvaient
faire la conquête de l'Europe entière.

L'Europe a bien changé de face depuis ce projet.
La Pologne n'existe plus; la Suède est renfermée dans
la presqu'île scandinave, et ces deux puissances
qui étaient destinées à faire la guerre aux Moscovites, ne possédaient rien à la droite de la mer
baltique qui n'appartienne aujourd'hui aux Russes.
La Prusse qui n'était qu'un petit état en empire, est
devenu un royaume puissant. Le Danemarck a
perdu la Norwège. La Bavière et le Hanovre sont
devenus de grands états, et la politique a aujourd'hui
tant affaire, qu'il importe de prendre des précautions
pour l'empêcher de troubler et de nuire:

CHAPITRE XX.

Nécessité du concours de toutes les puissances pour l'exécution du projet proposé.

Le projet d'organisation de paix proposé ne peut se réaliser que par la réunion de toutes les puissances de l'Europe, que par une convention synallagmatique faite entre elles, par laquelle elles s'obligeront réciproquement à s'entr'aider de bonne-foi, pour s'opposer à toutes agressions, prétentions et autres entreprises qui tendraient à rompre cette heureuse harmonie, en sorte que si l'Autriche, ou la France, ou la Russie, par exemple, avaient l'intention d'envahir des territoires appartenans à des princes confédérés, toutes les puissances se réuniniraient contre la délinquante, pour la faire rentrer dans la ligne de ses obligations, après qu'un jugement rendu par un tribunal suprême auquel toutes ces puissances confédérées se seraient volontairement soumises, aurait enjoint à cette puissance délinquante de se désister de ses prétentions et de remettre ses armées sur le pied de paix.

CHAPITRE XXI.

La position de l'Angleterre est une raison pour l'attacher à l'établissement du projet proposé.

L'Angleterre, en raison de sa position, serait difficile à atteindre, s'il était question de mettre à exécution contre elle un jugement du tribunal suprême. Mais l'Angleterre n'étant point une puissance continentale, ne peut rien entreprendre sur le continent, et ayant intérêt à provoquer un tel établissement, elle ne serait point intéressée à le détruire.

Mais supposons que l'Angleterre puisse s'égarer au point de vouloir troubler cette heureuse harmonie ; elle serait privée des communications pour son commerce, et comme son seul intérêt est de favoriser son commerce et de le faire prospérer, elle serait le plus empréssée à respecter un établissement qui contribuerait efficacement à sa fortune, et qui la dispenserait de répandre, comme ci-devant, et le plus souvent à pure perte, ses trésors, pour se procurer des alliances, pour secourir les faibles et maintenir l'équilibre des forces, chose aussi difficile à trouver que l'exacte justice parmi les hommes.

CHAPITRE XXII.

Le projet d'établissement proposé serait indispensable, s'il arrivait que les puissances alliées fussent contraintes de faire la paix avec Bonaparte.

Encore que toutes les apparences de succès soient en faveur des puissances alliées; il est difficile de prévoir quel sera le résultat de la guerre et l'issue des négociations de paix qui se poursuivent au milieu des ruisseaux de sang qu'on répand, sans être encore décidé sur le parti qu'on doit prendre.

Je suppose que la résistance de Bonaparte et les ressources que cet homme trouve dans son génie pour rendre la victoire indécise, prolongent la guerre, fatiguent les puissances alliées et les forcent de traiter avec lui; ces puissances seraient plus que jamais dans la nécessité d'adopter le projet d'établissement proposé, car il n'y aurait que ce moyen pour contenir le génie actif, ambitieux, turbulent et irascible de Bonaparte.

Cet établissement par lui accepté, serait pour lui un lien plus fort que celui de ces paix dont la durée dépend toujours des jeux et des événemens de la politique, et qu'on rompt d'autant plus facilement, qu'elles ne sont garanties par aucune crainte, par aucune appréhension des reproches et de la répression de l'intérêt général.

Par le projet que je propose, Bonaparte lui-même serait enchaîné par un lien trop fort pour pouvoir le rompre, et la garantie de ses engagemens résulterait infailliblement de l'intérêt commun et de cette surveillance, soigneuse de prévenir les infidélités et d'éclairer les manoeuvres de l'ambition et de la mauvaise-foi. _Il n'aurait pas le tems d'organiser des forces pour exécuter ses projets félons, et il serait bientôt arrêté dans ses entreprises. Ainsi donc, si les circonstances étaient telles que les puissances se vissent contraintes de faire la paix avec Bonaparte, leur premier soin devrait être de l'obliger à entrer dans la fédération générale et à se soumettre à toutes les obligations imposées par les lois constitutionnelles de cette fédération.

Mais ce serait encore une grande calamité pour l'Europe que l'admission de cet homme dans la ligue sacrée, car son génie ne s'accorderait pas avec les idées de sujétion auxquelles s'attachent celles de tranquillité et de bonheur qui en doivent résulter; il tiendrait, pendant tout son règne, la fédération dans un état d'inquiétude, d'agitation et de guerre, et il occasionnerait des dépenses et des embarras qu'il serait important de s'épargner.

Ainsi, il est à souhaiter que justice soit faite; que les Bourbons soient rétablis sur le trône de leurs ancêtres, et que l'Europe, après avoir été si longtems tyrannisée par les effets d'une mauvaise organisation politique, ne soit pas derechef ex-

posée à être troublée par les transports d'une ambi-
bition indocile.

Bonaparte, dévoué à la gloire, dont il ne connait ni la nature ni les bornes, veut se distinguer
à quelque prix que ce soit, et si ce n'est en dominant
sur tout, comme Alexandre, ce sera en méprisant
tout, comme Diogène.

FIN DE LA PREMIÈRE PARTIE.

DEUXIÈME PARTIE.

CHAPITRE XXIII.

Organisation Fédérale.

Il y a des gens qui crient dans les places publiques, dans les rues et carrefours, qu'ils ont conçu des plans pour rendre les rois tranquilles et les peuples heureux. Il en est d'autres qui annoncent leurs promesses de bonheur dans les cercles de la noblesse, jusques dans les antichambres des souverains; mais ces gens-là couvent toujours et on ne voit rien éclore. Leurs projets sont dans leur imagination, et aucun ne s'avise de faire connaître ses moyens d'exécution.

De semblables projets doivent passer pour des rêves, et dans le siècle où nous vivons, il est important de trouver un bien qui nous préserve du mal, et d'exposer des raisons solides, des moyens efficaces, pour arriver, s'il est possible, à ce bien que l'humanité sollicite.

C'est ce que j'ai tâché de faire, et plus hardi ou plus sincère que la plupart des faiseurs de projets, je livre le mien à l'impression, et je le soumets avec confiance au jugement du public.

PLAN de L'ETABLISSEMENT,

ou

CONSTITUTION EUROPÉENNE.

Article I.

D'après le plan que j'ai imaginé, l'Europe serait partagée en trois fédérations, savoir: en une fédération supérieure, et en deux fédérations secondaires.

La première de ces fédérations serait composée des grandes puissances; c'est-à-dire du Pape, de l'Autriche, de la Russie, de la Turquie, de l'Angleterre, de l'Espagne, du Portugal, de la Suède, du Danemark, de la Prusse, des Deux-Siciles, de la Sardaigne, de la Bavière, de la Saxe, du Wurtemberg, des deux ordres souverains de Malte et Teutonique, et des quatre grandes républiques Venise, Gênes, la Suisse et la Hollande.

Elle porterait le titre auguste de Fédération supérieure ou des Monarques.

L'une des fédérations secondaires serait la Fédération Germanique, qui aurait pour chef l'empereur de Russie, sous la qualité de Protecteur perpétuel et héréditaire, et le roi de Prusse, sous le titre de Co-protecteur perpétuel et héréditaire.

Cette fédération, composée de tous les princes et états de l'empire germanique, serait constituée de la même manière que le fut l'empire par le récès de la députation, du 25 Fevrier 1803, à l'exception qu'elle aurait pour chef suprême l'empereur de Russie.

Cette fédération porterait le titre de Fédération des Princes Allemands.

L'autre fédération secondaire serait la Fédération Italique, qui aurait pour chef l'empereur d'Autriche, sous la qualité de Protecteur perpétuel et héréditaire, et le roi de Sardaigne, sous le titre de Co-protecteur aussi perpétuel et héréditaire.

Cette fédération, composée de tous les princes et états de l'Italie, tels qu'ils se sont trouvés avant la paix de Campo-Formio, à l'exception des provinces Autrichiennes de ce pays, cédées à la France par l'empereur d'Autriche, qui ne seraient plus possédées par ce monarque, porterait le titre de Fédération des princes Italiens.

Il est bien entendu que les rois de Prusse, de Bavière, de Saxe et de Wurtemberg; ceux de Sardaigne et de Naples, le Pape et les quatre grandes républiques, ainsi que les deux ordres souverains, qui sont membres de la fédération des monarques, ne feraient point partie de ces fédérations secondaires.

Il serait accordé au roi de Sardaigne, pour donner plus de force et d'éclat à sa nouvelle dignité, le Milanez, et l'empereur d'Autriche, pour être indemnisé de cette perte, ainsi que de celle du Mantouan, dont il sera ci-après parlé, serait remis en possession de tous les états situés en de-ça de l'Inn, savoir: le Tyrol, Passau, Salzbourg, Berchtolsgaden, Brixen, Trente, &c.

Il est inutile de dire que toutes ses provinces littorales, et en général toutes les provinces sur lui conquises par les Français, seraient réincorporées à son empire.

L'empereur d'Autriche aurait d'autant moins à se plaindre de la privation de ses provinces d'Italie, qu'elles ne lui ont valu que des guerres avec la France, et qu'il reçoit en indemnités des pays qui tiennent à ses états héréditaires, et qui compensent amplement ses pertes. Mais d'ailleurs il importe que le protecteur d'une fédération ne possède aucune souveraineté dans les pays soumis à sa protection.

Aureste, ces provinces italiennes ne lui étaient autrefois utiles que pour maintenir son influence en Italie; mais ces systèmes d'influence ne devant plus avoir lieu, par l'effet de cette nouvelle organisation politique, l'empereur d'Autriche doit être fort satisfait d'exercer dans ce même pays un protectorat qui honore plus sa maison que toutes les influences, de quelque manière qu'on puisse les concevoir.

Article II.

Rangs dans les assemblées.

Dans la fédération des monarques, le Pape aurait la première place. Les empereurs viendraient ensuite, et seraient placés d'après l'ordre de leur ancienneté.

Les rois suivraient pour leur rang la date de l'élévation de leur maison à la dignité royale.

Les grands-maîtres des deux ordres souverains de Malte et Teutonique, prendraient rang après les rois, et auraient le titre d'altesse royale.

Les quatre grandes républiques, Venise, Génes, la Suisse et la Hollande, prendraient rang dans la fédération des monarques immédiatement après les grands-maîtres, d'après la date de leur ancienneté, et leur chef aurait le titre d'altesse sérénissime et éminentissime.

Le rang des princes qui composeraient les fédérations secondaires, serait réglé d'après la hauteur de leur dignité et l'ancienneté de leur titre, desorte que les princes qui auraient possédé la dignité électorale, seraient titrés grands-ducs et auraient le pas sur les ducs; les ducs sur les princes des maisons anciennes, aussi d'après l'ancienneté de leur titre, et les maisons anciennes sur les maisons nouvelles ou de création postérieure à l'époque du long interrègne, de même d'après l'ancienneté de leur titre.

Tous les Margraviats et Landgraviats seraient

érigés en Duchés; les Duchés, en Grands-Duchés, desorte qu'on ne connaîtrait en empire que des Grands-Duchés, des Duchés, des Principautés et des villes libres.

Les villes libres et anséatiques en Allemagne, prendraient rang après les princes, d'après la date de leur ancienneté.

Les républiques de Lucques, de St. Marin, du Valais et de Genève, prendraient rang dans la fédération Italienne, immédiatement après les princes, d'après la date de leur ancienneté.

D'après ces arrangemens, on ne connaîtrait plus en Europe ces querelles qui s'y sont élevées si souvent à cause de la préséance et de la compétence entre les souverains et leurs ministres, et ces disputes de vanité, qui ont quelquefois donné occasion à des guerres ruineuses et sanglantes, ne se reproduiraient plus.

On sait combien de fois de semblables difficultés se sont élevées entre la France et l'Espagne, combien de troubles elles ont occasionnés aux conciles de Bâle et de Trente, aux assemblées de Westphalie, et les scènes violentes auxquelles elles ont donné lieu tant à Rome qu'à Londres, aux entrées d'ambassadeurs, ou aux cérémonies publiques, et c'est pour éviter le retour de scènes semblables, qu'il importe de régler d'une façon invariable le rang de tous les souverains.

Rien de plus déplacé que les prétentions qu'affectent les ambassadeurs pour de certains honneurs, pour des préséances dans les cérémonies publiques, parceque ces prétentions occasionnent quelquefois des querelles entre les cours, et quelquefois même des guerres qui n'ont d'autre fondement que ces ridiculités.

Nos folles vanités font pleurer Héraclite.
Les mêmes vanités font rire Démocrite.
Quel remède à nos maux que des ris et des
pleurs ?

Pour égayer un peu la matière, je citerai quelques exemples de ces folies humaines.

L'histoire d'Espagne en offre deux de la préséance obtenue par violence, et je les rapporterai à cause de leur singularité.

Le premier est d'un Don Diego de Anaya, évêque de Cuença, ambassadeur au concile de Constance, pour Dom Jean II, roi de Castille, lequel, sans s'amuser à argumenter avec l'ambassadeur d'Angleterre, qui lui disputait la préséance, le prit par le milieu du corps et le porta comme un enfant dans un endroit de l'église où il y avait ce jour-là un caveau ouvert, et le jetta dedans. Après quoi, étant revenu à sa place, il dit à son collègue, Don Diego Fernandez de Cordova : ,,Comme prêtre ,,je viens de l'enterrer; faites le reste comme ,,homme d'épée et cavalier de naissance.‘‘

L'autre exemple est celui-ci. Don Juan de Silva, premier comte de Fuentes, ambassadeur au concile de Bâle, pour le même roi de Castille, n'ayant pu faire entendre raison à un autre ambas-

sadeur d'Angleterre, qui s'était emparé de la première place, la prit par force et s'y maintint de
même, malgré la plupart des pères du concile qui
murmuraient de la violence dont il avait usé contre
l'Anglais en pleine congrégation, et voulaient
même procéder à l'excommunication de sa personne.
Le Président du concile lui ayant demandé comment
il avait osé mettre la main sur l'ambassadeur d'un si
grand prince? „C'est, repondit-il, que le bon
„droit qui souffre doit appeler tout ce qu'il peut à
„son secours.“

Voila deux exemples de violence où les espagnols
ont montré du courage et de la force. J'en vais
citer un autre d'un espagnol, de la plus fine
adresse.

· Un ambassadeur de Charles-Quint ayant été
appelé à l'audience de Soliman, empereur des Turcs,
s'avisa de ce très subtil expédient au moment qu'il
y fut introduit. Ayant remarqué qu'il n'y avait
point de siége pour lui, et que ce n'était point par
oubli, mais par orgueil, qu'on le tenait debout; il
ôta son manteau et s'assit dessus avec autant de
liberté que si c'eut été un usage établi depuis longtems. Alors il exposa sa commission sans trouble
et sans embarras. Soliman admira également sa
présence d'esprit et son assurance. Au sortir de la
chambre, on l'avertit de prendre son manteau que
l'on croyait qu'il oubliait; mais il répondit avec
gravité et douceur, que les ambassadeurs de l'em-

pereur, son maître, n'étaient pas dans l'usage
d'emporter leur siége avec eux.

Qui pourrait croire qu'un pas de plus ou de
moins dans une procession; qu'un fauteuil placé
près d'un autel, ou vis-à-vis la chaire d'un prédica-
teur, étaient des triomphes pour des ambassadeurs et
établissaient des titres pour la prééminence entre les
couronnes! quelle puérilité!

Article III.

Dignités et Fonctions.

Le roi de Prusse serait, sous le titre d'archi-
chancelier de la fédération européenne, président
perpétuel et héréditaire de l'assemblée des monarques, et il lui serait accordé une indemnité pour
soutenir l'éclat de cette haute dignité.

Il y aurait également un président pour chacune
des fédérations germanique et italique, sous le titre
d'archi-chancelier perpétuel et héréditaire; et cette
fonction serait attribuée, en Allemagne au prince
de la Tour et Taxis, pour lui tenir lieu de la
dignité de principal commissaire impérial près de
la diéte, qu'il possédait ci-devant, et pour l'indem-
niser de la perte des Postes, qui étaient un fief
impérial appartenant à sa maison; et en Italie,

au duc de Modène, qui a été privé si longtems de ses états. (1)

Il serait également accordé à ces princes une indemnité pour soutenir l'éclat de cette dignité. Le prince de la Tour et Taxis serait créé grand-duc de Franconie et posséderait tout le territoire qui avait appartenu à l'évêché de Wurzbourg; et le duc de Modène serait également elevé à la dignité de grand-duc, et recevrait en addition de territoire, le Mantouan.

Chacun des archi-chanceliers perpétuels et héréditaires nommeraient pour les représenter dans les assemblées fédérales, des personnes capables et versées dans la science du droit public et des gens, et ces personnes, sous le titre de vice-archi-chanceliers, présideraient les assemblées.

Ces vice-archi-chanceliers auraient le titre d'altesse sérénissime dans l'assemblée des monarques, et le titre d'excellence dans les assemblées secondaires.

____

(1) J'attribue la dignité d'archi-chancelier et président perpétuel et héréditaire de la fédération germanique au prince de la Tour et Taxis, parcequ'indépendamment des pertes que ce prince a éprouvées, il tient par ses alliances et par celles de madame la princesse son épouse, un rang très élevé en empire, étant parent des deux empereurs d'Autriche et de Russie, des rois d'Angleterre, de Prusse, de Saxe, de Bavière, de Hanovre et de Wurtemberg, et de presque toutes les maisons souveraines de l'Allemagne.

Ces fonctions ne seraient qu'à vie pour ces vice-archi-chanceliers, et il leur serait accordé un revenu suffisant pour soutenir l'éclat de cette dignité.

Les deux princes archi-chanceliers perpétuels et héréditaires des deux fédérations secondaires auraient le titre d'altesse royale, en leur qualité de grands-ducs. Tous les décrets rendus par les fédérations dont ils seraient présidens, seraient précédés, de leurs noms, surnoms et titres, comme les jugemens de la fédération des monarques le seraient des noms, surnoms et titres du roi de Prusse.

Article IV.

Age requis pour être ministre et représentant des princes, membres des assemblées fédérales.

Les républiques de Grèce étaient très attentives à ne confier les affaires publiques qu'à des hommes mûrs et qui avaient donné des preuves de talent.

La république romaine avait ses lois pour l'âge du magistrat.

La plupart des états d'Europe en ont pareillement pour ceux qui sont appelés aux charges de magistrature.

Dans beaucoup de pays on exige qu'un homme

n'ait pas moins de vingt-cinq ans pour remplir les fonctions de juge, pour délibérer dans les assemblées publiques.

Mais dans un tribunal où s'agit d'affaires qui concernent l'Europe entière; où il est question de prononcer dans des procès de la plus grande importance; où doivent souvent se trouver mêlées des questions de droits souverains, de droit public, de droit des gens, même de droit civil et canonique, l'homme fait pour prononcer sur ces matières, doit être instruit de tous ces droits et être pourvu d'un jugement très sain.

Ces qualités et ces lumières se trouvent rarement dans un jeune homme; elles sont le fruit de l'étude et de l'expérience, et il semble qu'elles ne puissent se rencontrer que dans un homme d'un âge mûr.

Je serais donc d'opinion que ces représentans ne fûssent ni trop jeunes ni trop âgés, et je conseillerais de les choisir depuis l'âge de trente-cinq ans, jusqu'à l'âge de soixante-cinq; mais ni avant, ni au-de-là. D'ailleurs, j'exigerais que de tels hommes eûssent passé par différens emplois, et qu'ils y eûssent donné des preuves des connaissances nécessaires pour occuper un poste dans une assemblée fédérale.

A mérite égal, il faudrait préférer l'homme de naissance à celui qui n'aurait que du mérite, pour engager la noblesse à s'instruire. Mais l'homme d'un mérite supérieur devrait toujours être préféré pour agir dans des affaires si délicates et si impor-

tantes que celles qui intéressent les souverains et
tous les peuples de l'Europe. Au reste, les souverains auraient le droit d'honorer leurs ministres d'un
titre de dignité, si cela était nécessaire pour leur
donner plus relief et établir la parité entre tous.

Article V.

Inviolabilité de Ministres représentans.

Non seulement la personne des ministres représentans des souverains serait inviolable, pendant
tout le tems de la durée de leurs fonctions; mais
leurs maisons et leurs domestiques le seraient aussi,
conformément au droit des gens.

S'il arrivait qu'un représentant se rendît coupable
d'un délit personnel, l'assemblée fédérale à laquelle
il appartiendrait, en ferait rapport, par le ministère
de son président, à l'archi-chancelier, qui en ferait
faire rapport par son ministre au souverain à qui
appartiendrait ce représentant, et le souverain en
ferait seul justice, les assemblées fédérales étant
destinées à juger seulement les délits commis par les
souverains; mais non les délits personnels de leurs
ministres.

Mais, aussitôt qu'un représentant d'un souverain
serait accusé d'un délit sujet à peine afflictive, il

serait suspendu de ses fonctions, exclu des assemblées, et il ne pourrait y siéger qu'après avoir été
justifié et reconnu innocent.

Les domestiques d'un ministre représentant seraient sujets à la justice particulière de ce ministre
représentant, pour les cas de simple police ou de
justice civile; mais pour les délits criminels, ils
seraient renvoyés à la justice ordinaire du souverain.

L'inviolabilité d'un ministre représentant n'ayant
rapport qu'à lui et aux personnes de sa suite, il lui
serait interdit de donner refuge dans sa maison à
toute personne soumise aux lois de la ville où serait
établie l'assemblée fédérale; et d'accorder protection
à gens de métiers ou autres personnes qui voudraient se prévaloir de son appui pour éluder les
lois ou s'en affranchir.

Article VI.

De l'exercice des cultes religieux.

Comme dans les assemblées fédérales, les membres professeraient différentes religions, leurs ministres auraient le droit d'avoir dans leurs maisons
des chapelles et des prèches, pour y professer leur
religion, et ils ne pourraient être troublés en aucune
manière dans l'exercice de leur culte; mais ils ne

souffriraient pas que leurs chapelains ou ministres fissent des catéchismes ou instruisîssent dans leurs religions des personnes ou des enfans d'une autre religion que la leur, et cherchâssent à leur faire quitter la religion de leurs parens.

Article VII.

Lieux pour la tenue des assemblées.

Il serait fait choix de villes en Allemagne et en Italie pour les assemblées fédérales; mais ces villes devraient n'appartenir à aucun souverain et se trouver situées à-peu-près au centre des pays soumis à l'une ou l'autre fédération.

Ces villes seraient gouvernées par les vice-archichanceliers; ils en nommeraient le gouverneur, le commandant et les autres officiers, et les personnes attachées à ce service seraient payées des revenus des domaines dont il sera ci-après parlé.

Quant à l'administration civile de ces villes, qui aurait dans ses attributions la justice et les finances, elle serait composée d'un sénat dont les membres seraient élus à la pluralité des suffrages des citoyens.

Article VIII.

Forme des légitimations.

Les ambassadeurs des empereurs, des rois, des grands-maîtres et des grandes républiques à l'assemblée des monarques, seraient admis après avoir présenté leurs pouvoirs ou lettres de créance au prince archi-chancelier perpétuel et héréditaire, et prêté le serment en ses mains ; et après ces formalités remplies, il lui serait délivré par l'archi-chancelier un décret d'admission, pour le présenter au vice-archi-chancelier président de l'assemblée, qui serait tenu de l'installer après vérification faite du décret, et l'installation serait constatée par un autre décret du président.

Les ministres et députés aux assemblées germanique et italique seraient également admis, après avoir présenté leurs pouvoirs ou lettres de créance à l'archi-chancelier perpétuel et héréditaire de leur assemblée fédérale et prêté le serment entre ses mains, et il serait observé les mêmes formalités pour l'installation dans ces assemblées, que celles exprimées pour l'assemblée des monarques.

Article IX.

Relations diplomatiques.

Chacun des empereurs protecteurs aurait un ministre qui, sous le titre de conservateur de la fédération européenne, serait spécialement chargé des affaires de la fédération, et il lui serait fait rapport par le ministre des affaires étrangères des différens membres des fédérations, de tous les événemens, entreprises, projets, et autres prétentions qui seraient venus à leur connaissance et qui seraient susceptibles de troubler l'harmonie ou de déranger, la hiérarchie établie.

Ce ministre conservateur correspondrait directement, non seulement avec le ministre conservateur de l'autre protectorat, mais avec tous les membres de la fédération supérieure, pour tous les objets relatifs à leurs fonctions.

Les empereurs, les rois, les deux grands-maîtres et les quatre grandes républiques enverraient des ambassadeurs et les tiendraient constamment près des deux empereurs protecteurs et des deux rois co-protecteurs.

Les membres des deux fédérations germanique et italique enverraient des ministres et les tiendraient constamment près de l'archi-chancelier de leur fédération, et leurs fonctions auraient pour objet d'instruire leur cour des décisions qui seraient prises dans les diverses assemblées; en conséquence des événemens, et ces deux archi-chanceliers feraient rapports au président de la fédération des monarques, par le ministère de leur ambassadeur, de tous les objets d'intérêt public qui seraient parvenus à leur office ou à leur connaissance.

Les empereurs protecteurs, les rois co-protecteurs et les princes archi-chanceliers des deux fédérations germanique et italique, enverraient des ambasssadeurs dans les cours des membres de l'assemblée des monarques, pour y entretenir l'esprit de fraternité et de concorde.

Les membres de l'assemblée des monarques qui professent la religion catholique romaine, enverraient au pape des ambassadeurs et en recevraient de sa sainteté, s'ils jugeaient cette liaison favorable à la religion.

Article X.

Exécution des jugemens.

Les décisions des assemblées secondaires seraient portées, par appel, à l'assemblée des monarques; un souverain délinquant ne pourrait être exécuté qu'en vertu d'un décret de cette assemblée, et l'exécution en appartiendrait exclusivement à l'empereur protecteur de la fédération où le délit aurait été commis.

Les décrets de l'assemblée seraient signifiés aux princes délinquans par deux hérauts, pris parmi ceux qui seraient attachés aux assemblées, et si, dans le mois de la signification du décret, ces princes n'y avaient point obtempéré, ils y seraient contraints par la voie des armes, et leurs états seraient soumis à une exécution militaire, jusqu'à ce qu'ils eussent satisfait au décret décerné contre eux et acquitté les frais de procès, de guerre et d'exécution occasionnés par leur conduite.

Le jugement en première instance, rendu par l'assemblée secondaire, ne serait point exécutoire, puisqu'il n'y aurait d'exécutoire que le jugement de l'assemblée des monarques, comme il vient d'être dit ci-dessus; mais la signification en serait faite au prince délinquant par deux hérauts de la fédération secondaire, et le prince délinquant aurait un mois, à compter du jour de la signification du décret, pour se pourvoir, par appel, à l'assemblée des monarques.

Après ce délai expiré, si le prince délinquant n'avait point obtempéré ou fait signifier son appel au président de la fédération secondaire; celui-ci enverrait le décret et les pièces du procès au président de l'assemblée des monarques, pour le faire confirmer par un décret de cette assemblée.

Le cas arrivant qu'un prince, ayant déjà manqué à ses obligations et ayant armé contre lui les fédérations pour l'exécution d'un décret, vînt à récidiver et à troubler de nouveau l'harmonie; alors il ne serait pas puni seulement par la voie d'une simple exécution militaire; mais il serait déposé et ses états passeraient à son successeur légitime, qui en serait mis en possession, en vertu du décret qui aurait prononcé la déposition, et ce successeur s'engagerait à se conformer à toutes les obligations imposées à son titre par la constitution fédérale, par serment qü'il prononcerait de bouche, s'il était majeur, ou par la bouche d'un tuteur, qui lui serait nommé d'office, s'il était encore mineur, et le serment par lui prononcé de cette manière, serait par lui renouvellé en personne et de bouche, dès qu'il aurait atteint sa majorité.

Le tuteur d'un tel mineur serait de droit président de son conseil de régence; il serait personnellement responsable de sa conduite comme régent. La peine qu'il encourrait serait la destitution, qui serait prononcée par l'assemblée fédérale à laquelle le prince. mineur appartiendrait.

Article XI.

Forme des sermens.

Lorsque les princes majeurs arriveraient au gouvernement d'un état fédéré, soit par succession, donnation, reversion, legs, ou autrement; ils prêteraient serment en personne et de bouche, entre les mains de l'empereur protecteur de la fédération à laquelle ils appartiendraient; et s'ils étaient mineurs, c'est-à-dire âgés de moins de dix.huit ans, (âge qu'il conviendrait de fixer pour la majorité d'un prince), leurs tuteurs, ou les présidens des conseils de régence, le prêteraient en personne et de bouche, entre les mains du roi co-protecteur.

Lorsque le prince aurait atteint sa majorité, il prêterait serment en personne et de bouche entre les mains de l'archi-chancelier président perpétuel et héréditaire de l'assemblée des monarques.

Même chose aurait lieu pour tous les ambassadeurs, membres de l'assemblée des monarques.

Les chefs des petites républiques d'Italie et des villes libres d'Allemagne prêteraient le serment en personne et de bouche entre les mains du roi co-protecteur de la fédération à laquelle ils appartiendraient.

. Tous les empereurs et rois de la fédération des monarques seraient dispensés de prêter le serment en personne et de bouche, et ils se feraient représenter, pour cet acte solennel, par un ambassadeur extraordinaire, muni de pouvoirs spéciaux pour exercer cette importante fonction.

Article XII.

Cérémonies à observer pour le serment et l'admission d'un Protecteur, d'un Co-Protecteur, et d'un Archi-Chancelier.

En cas de décès d'un empereur protecteur, son successeur serait tenu de se rendre dans l'assemblée fédérale dont il devrait être protecteur; et là, il prononcerait à haute et intelligible voix, au milieu de l'assemblée, le serment dont le modèle sera ci-après exprimé.

Une députation, composée de dix membres de l'assemblée, savoir: de deux ministres de grands-ducs, de quatre de ducs et de quatre de princes, irait recevoir l'empereur nouveau protecteur, à la porte extérieure du palais fédéral, et l'introduirait dans l'assemblée.

Ces députés formeraient un demi-cercle aux deux côtés de l'empereur pendant le discours que prononcerait le président ordinaire de l'assemblée, où il retracerait les obligations dont est tenu un empereur protecteur.

Après le discours du vice-archi-chancelier président, les députés prendraient place, et tous les membres de l'assemblée, debout et couverts, entendraient le serment prononcé par le nouveau protecteur.

Le serment prononcé, le nouvel empereur serait proclamé protecteur par le roi co-protecteur et par lui installé sur le trône destiné à cette dignité.

Alors, le roi co-protecteur, l'archi-chancelier, le vice-archi-chancelier, et tous les membres de l'assemblée se découvriraient et prêteraient entre ses mains le serment d'obéissance et de zèle pour le service de la patrie.

La cérémonie achevée, l'empereur protecteur serait reconduit jusqu'à son carrosse par la même députation.

Après le départ de l'empereur protecteur, les membres de l'assemblée se réuniraient pour rédiger le décret d'admission et de reconnaissance de l'empereur protecteur. Ce décret serait signé par le roi co-protecteur, contre-signé par le vice-archi-chancelier président ordinaire de l'assemblée; porté à l'empereur protecteur par le vice-archi-chancelier président ordinaire qui, séance tenante, viendrait faire son rapport de la remise et la ferait constater sur les registres de l'assemblée.

Les mêmes cérémonies et formalités seraient observées dans les assemblées fédérales pour la reconnaissance, admission et réception des rois co-protecteurs, et pour celles des princes archi-chanceliers présidens perpétuels et héréditaires de ces fédérations, et les mêmes honneurs leur seraient rendus.

Les empereurs protecteurs, les rois co-protecteurs et les grands-ducs archi-chanceliers perpétuels et héréditaires seraient revêtus des costumes de leur dignité, et ils seraient introduits dans l'assemblée à laquelle ils appartiendraient, par le ministre du grand-duc archi-chancelier.

Enfin, s'il s'agissait de la réception du grand-duc archi-chancelier, il serait introduit par le vice-archi-chancelier président ordinaire.

NB. Je n'ai point fixé l'âge pour la réception des protecteurs, des co-protecteurs et des archi-chanceliers, parceque leurs pouvoirs ne sont que coercitifs; parcequ'ils ne peuvent agir qu'en vertu des décrets des assemblées; enfin, parcequ'ils n'ont pas le droit de délibérer dans les assemblées auxquelles leurs dignités se rapportent.

Article XIII.

Inviolabilité des Héraults.

Les héraults, porteurs des actes, décrets ou ordres des assemblées fédérales, ne pourraient être troublés en aucune manière dans l'exercice de leurs fonctions; leur personne serait inviolable et sacrée; et tout individu, sans aucune distinction, qui oserait les troubler, attenter à leur liberté, les maltraiter, leur dire des injures et exercer contre eux la moindre violence; serait poursuivi criminellement, condamné à des réparations publiques et authentiques; à des dommages et intérêts; même à des

peines capitales qui seraient arbitrées d'après la gravité du délit.

Ces hérauts, en justifiant des marques de leur
caractère, ne pourraient être retenus, sous aucun
prétexte, dans leur route, et ils devraient dans
l'exercice de leurs fonctions, se comporter avec le
respect et la décence qu'on doit à des princes
souverains.

Il serait réglé pour ces hérauts un uniforme, et
ils porteraient, lorsqu'ils seraient en fonction, un
petit baton avec un main de justice.

———

Article XIV.

Langue générale pour les assemblées.

La fédération supérieure devant être composée
de tous les monarques de l'Europe, et leurs peuples
se servant de divers idiômes qui ne seraient point
compris de tous les membres de cette assemblée;
la langue française, qui est la langue la plus répandue, le plus généralement connue, même parlée
dans toutes les cours; qui de nos jours est devenue
la langue diplomatique, serait employée exclusivement à toute autre dans tous les actes, pièces de
procès, documens, mémoires et rapports qui seraient
présentés à ce tribunal, et aussi dans les avis, résolutions et décrets qui seraient émanés de lui.

Les actes, pièces de procès, documens, mémoires et rapports qui seraient présentés aux assemblées germanique et italique, pourraient être rédigés indifféremment ou en français, ou dans la langue nationale de l'une et l'autre fédération; mais les avis, résolutions et décrets de ces fédérations ne pourraient être rédigés qu'en français, étant destinés à être soumis, par appel, au jugement de l'assemblée des monarques.

Article XV.

Armées d'exécution.

Les souverains étant indépendans, auraient le droit d'organiser leurs armées selon leur bon plaisir. Ils seraient maîtres pareillement de faire choix de généraux et d'officiers pour les commander; mais cependant l'état de leurs armées serait fixé d'après l'étendue de leurs possessions et le nombre de leurs sujets.

Si un prince, voisin d'un prince délinquant, était jugé assez fort pour, sans l'assistance d'aucun autre, pouvoir le faire rentrer dans la ligne de ses obligations, le décret d'exécution lui serait adressé, au nom de l'empereur protecteur, et il ferait entrer ses troupes dans le pays du prince délinquant, pour le mettre à exécution.

Ce prince, exécuteur du décret, faisant agir ses forces, en nommerait les généraux et les officiers.

Mais, si le prince délinquant était assez fort pour obliger plusieurs souverains à faire marcher contre lui leurs forces; dans ce cas, le commandant en chef des armées actives serait nommé par l'empereur protecteur. Cependant ce commandant serait choisi parmi les généraux des armées actives, et il ne serait pas pris parmi les généraux de l'empereur protecteur ou de roi co-protecteur, excepté dans le cas où ces souverains seraient eux-mêmes contraints d'agir activement contre le prince délinquant.

S'il arrivait qu'un ou plusieurs princes, au mépris de leurs obligations fédérales, refusâssent d'exécuter un décret, ou de se joindre aux armées d'exécution, pour faire rentrer le prince délinquant dans le devoir; ces princes seraient traités en ennemis, et leurs pays seraient soumis à l'exécution militaire.

Mais, s'il arrivait que ces princes se joignissent au prince délinquant et l'aidâssent de leurs forces à résister aux armées fédérales; cette félonie serait punie comme une infraction à la constitution fédérale, comme un attentat à la tranquillité générale.

Pour obvier à tout inconvénient sous ce rapport, l'état de paix de chaque souverain serait réglé d'après l'étendue de son territoire, de ses côtes, de ses revenus, de ses ressources pour la guerre, et le nombre de ses sujets. Il devrait l'être aussi d'après le rapport de sa position locale et du besoin qu'on pourrait avoir de ses forces pour assurer l'exécution des décrets de l'assemblée. En conséquence ses armées ne pourraient être augmentées que dans le cas d'une nécessité prouvée et après en avoir obtenu le consentement de l'assemblée des monarques, si c'était un membre de cette assemblée; ou de l'assemblée secondaire, si c'était un membre appartenant à cette assemblée. Aureste, ce consentement ne serait accordé que sous la condition que les forces seraient réduites, après le danger passé, sur le pied réglé par l'état de paix.

De telles infidélités, aussitôt qu'elles seraient parvenues à la connaissance des états voisins, seraient dénoncées au ministre conservateur de la fédération européenne, et l'empereur protecteur de la fédération à laquelle serait attaché le prince coupable de cette infidélité, enverrait, en sa qualité de commissaires, un ou plusieurs généraux pour vérifier le fait.

Si c'était un membre de la fédération des monarques, le ministre conservateur ferait rapport de la dénonciation au vice-archi-chancelier président ordinaire de cette fédération, qui mettrait sur le champ l'affaire en délibération, et l'assemblée nommerait un général ou plusieurs généraux, commissaires d'office, pour vérifier le fait et pour apprendre de ce souverain les raisons qui auraient pu le porter à opérer ce changement dans l'ordre de ses obligations fédérales.

Les motifs d'augmentation de forces pourraient.

se trouver fondés à l'égard des puissances maritimes et coloniales, qui auraient à défendre leurs possessions et leurs intérêts de commerce et de culture dans d'autres parties du monde. Mais, dans ce cas, ces puissances devraient donner avis au ministre conservateur de ces intentions et de ces besoins, et il serait nommé des généraux commissaires d'office, pour assister aux embarquemens des troupes, et pour constater l'état de paix réglé pour le continent d'Europe.

La personne des commissaires serait inviolable comme celle des héraults, et les atteintes portées contre eux seraient punies des mêmes peines que celles exprimées pour faire respecter l'inviolabilité des héraults.

Le cas arrivant qu'un prince refusât d'admettre les commissaires nommés par les assemblées; ce prince serait, par ce seul fait, en révolte contre les lois fédérales, et comme tel traité en ennemi des fédérations.

Les souverains qui auraient négligé de faire connaître au ministre conservateur leur besoin d'augmenter leurs forces, et qui, par cette négligence, auraient provoqué l'envoi de commissaires, devraient seul supporter les frais de commission, et ils seraient contraignables au payement de ces frais par voie d'exécution.

Cependant, les souverains qui auraient augmenté leurs forces pour envoyer des troupes dans leurs colonies, et qui auraient notifié cette intention, ne seraient point tenus des frais de commissaires qui seraient envoyés pour constater l'exactitude de leur déclaration, et ces frais seraient totalement à la charge des fédérations, dans le cas où la destination des troupes serait trouvée telle qu'elle aurait été déclarée.

L'Angleterre, qui ne possède aucun territoire sur le continent d'Europe, ne serait point dans le cas d'être recherchée sur l'état de ses forces de terre, et elle composerait son état militaire de la manière qui conviendrait à ses intérêts. Mais si l'Angleterre, venant à abuser de cette faculté, augmentait ses forces pour assister une puissance en révolte contre les fédérations, ou si elle lui donnait des subsides ou d'autres moyens pour augmenter ses forces, elle serait traitée en ennemie; tous les ports du continent seraient fermés à ses vaisseaux, l'embargo serait mis sur ses navires qui se trouveraient dans des ports appartenans aux puissances fédérées, et le sequestre serait mis sur toutes les propriétés qu'elle aurait sur le continent.

L'empereur de Russie et le grand seigneur qui possèdent des territoires immenses dans des contrées étrangères à l'Europe, pourraient, dans ces contrées, composer leurs forces d'une façon convenable à leurs intérêts; mais ces deux grands monarques ne pourraient faire passer d'Asie en Europe des troupes, sans en être requis par la fédération des monarques, et dans le cas contraire, ils seraient coupables de félonie; ils auraient excédé l'état de de paix réglé par les lois, et en conséquence ils attireraient contr'eux les forces fédérales pour les faire rentrer dans la ligne de leurs obligations envers les états fédérés.

Mais, par la même raison que les fédérations n'auraient aucun droit d'inspecter les forces de ces deux puissances dans leurs possessions étrangères à l'Europe; elles ne pourraient point non plus réclamer les secours et l'assistance des fédérations européennes pour la défense de ces possessions étrangères, ces possessions fûssent-elles attaquées par des souverains membres des fédérations, et ces souverains, membres des fédérations, ne pourraient être recherchés en aucune manière; pour raison des entreprises qu'ils feraient hors du territoire d'Europe.

Article XVI.

Attributions des assemblées fédérales.

Les assemblées ou diétes fédérales auraient à instruire et juger les contestations qui pourraient s'élever, à l'avenir, entre les différens souverains, pour raison de droits prétendus et non encore réglés, et par ces droits, j'entends des droits de l'espéce de ceux qui ont été réclamés par plusieurs souverains pour la succession d'Espagne; par plusieurs états pour la succession palatine du Bas-Rhin; j'entends ceux qui ont été allégués pour établir la souveraineté de la maison de Brandebourg sur la Silésie; même ceux qui ont été agités, vers le milieu du dernier siècle, à l'occasion de la tutelle du duc de Weymar, &c.

Ces assemblées auraient à juger et à instruire les contestations qui pourraient naître à l'occasion des réglemens de limites entre les états.

Elles auraient à prononcer sur les infractions qui seraient faites par les princes aux lois de la fédération; sur les obligations dont ils seraient tenus les uns envers les autres, et à décerner des décrets pour l'acquittement des sommes qui seraient dues par chacun d'eux, soit pour la conduite de la guerre, soit pour les frais d'exécution; si les réserves dont il sera parlé ci-après, ne suffisaient point pour y satisfaire.

Elles auraient à empêcher les troubles occasionnés trop souvent par les prétentions du sacerdoce et par la résistance des opinions religieuses à l'autorité des lois politiques et civiles, et à fixer de justes bornes à l'autorité spirituelle.

Elles auraient à empêcher de se renouveller ces factions impies et dénaturées, ces révoltes scandaleuses des enfans contre leurs pères, des femmes contre leurs maris, des mères contre leurs enfans, pour que l'Europe ne soit plus témoin de ces abominables usurpations dont ont donné outrageusement le spectacle, une reine Brunehaut, qui empoisonna ses propres fils; une Isabeau de Bavière, qui ôta la couronne au sien, pour la donner à un prince étranger qui avait épousé sa fille ; les enfans de Louis-le-Débonnaire, qui enfermèrent ce monarque dans l'abbaye de St. Médard de Soissons, pour l'obliger à se faire moine ; ceux de l'empereur Henri IV, dont l'ainé fit révôlter contre lui les villes de Lombardie ; et le second, qu'il avait fait élire et couronner roi des Romains, le dépouilla de l'empire, le laissa mourir de faim et lui refusa la sépulture ; Louis, Dauphin de France, connu depuis sous le nom de Louis XI, qui prit les armes contre son père Charles VII, et n'aurait pas fait grande difficulté de lui ôter la couronne et la vie, s'il eut été le plus fort ; enfin, cet Adolphe duc de Gueldre qui, un soir, en plein hyver, prit son père qu'il tenait prisonnier, et le fit marcher pendant cinq lieues d'allemagne, à pied et en chemise, pour l'enfermer dans une tour où il le tint pendant six mois, sans lui faire voir le jour autrement que par une petite lucarne, parcequ'il s'était permis de vivre et de régner plus longtems que n'avait désiré ce fils dénaturé.

Il serait dans l'attribution de ces assemblées de prendre connaissance des causes de sédition et de révolte qui surviendraient dans les divers états soumis à leurs jurisdictions, et elles rendraient des décrets d'admonition, si le fait provenait de l'injustice et du trop de rigueur de la part du souverain ; et des décrets de répression, si le fait provenait de l'inconstance ou du mauvais esprit des sujets, et que le souverain n'eût pas de forces suffisantes pour les soumettre.

Il serait encore dans les attributions de ces assemblées de juger des difficultés qui s'éléveraient entre les souverains, pour violation de territoires, pour droits de douanes sur les rivières, pour l'entretien des chemins de hallage, pour droit de navigation et de pêche sur les rivières et lacs, pour des usurpations de jurisdiction, pour des violences et des injustices exercées contre les sujets d'un prince voisin, comme enrôlemens, emprisonnemens, confiscations de propriétés, mauvais traitemens de la part des autorités militaires, civiles et de police, &c. &c.

Article XVII.

Formes des jugemens.

Les assemblées ou diètes fédérales seraient composées d'ambassadeurs et de ministres représentans des divers souverains qui auraient droit d'y siéger.

Ces représentans seraient munis de pleins-pouvoirs de leurs commettans, et dans aucune affaire ils ne seraient obligés, pour diriger leur jugement, de demander des instructions, des directions et des avis à leurs maîtres, manière de procéder qui avait rendu la diète générale de l'empire un tribunal inerte et presqu'illusoire.

Comme les voix seraient recueillies par le président; qu'il aurait le secret des avis, et que le jugement serait formé de la pluralité des opinions, les auteurs de ces opinions ne seraient point connus et ne seraient jamais exposés aux reproches de la malveillance des condamnés.

Il serait interdit aux membres des assemblées de se communiquer leurs opinions et de former des partis, sous peine de destitution.

Il y aurait à chaque assemblée secondaire deux rapporteurs ou référendaires, et quatre à l'assemblée des monarques.

Ces rapporteurs ou référendaires seraient nommés par l'archi-chancelier président perpétuel et héréditaire de chaque fédération, et seraient présentés par le vice-archi-chancelier président ordinaire.

Ces rapporteurs prêteraient serment entre les mains du vice-archi-chancelier.

Leur personne serait, comme celle de chaque membre de la fédération, inviolable et sacrée.

Ils seraient chargés de faire lecture des dénonciations. Ils seraient également chargés de faire les rapports des pièces, mémoires, actes et documens servans à établir les délits sur lesquels l'assemblée aurait à prononcer; mais leurs rapports ne contiendraient ni conclusions, ni avis.

Lorsqu'ils auraient à faire des rapports, ils monteraient dans la tribune aux harangues, et ce serait de cette tribune seulement qu'il leur serait permis d'adresser la parole à l'assemblée. Ils devraient s'abstenir de toutes réflexions, discours ou autres locutions qui pourraient influencer les opinions.

Le rapport serait l'exposition du délit; mais ne suffirait pas pour fonder un jugement; l'assemblée ne pourrait prononcer qu'après avoir entendu la défense du prince dénoncé.

Le ministre représentant du prince dénoncé serait de droit son défenseur; mais du moment que la dénonciation lui aurait été signifiée, il serait privé du droit d'assister aux séances comme membre de l'assemblée; il serait suspendu de ses fonctions, et son siége serait couvert d'un crèpe noir. Enfin, il ne pourrait reprendre sa place et rentrer dans ses droits, qu'après que son souverain aurait été réintégré dans ses droits, soit parcequ'il aurait été justifié, soit parcequ'il aurait satisfait au décret qui aurait été décerné contre lui.

Ce ministre défenseur, pendant l'exercice de cette fonction, ne pourrait paraître ni dans l'assemblée, ni ailleurs, revétu du costume d'un représentant; mais il aurait le droit de prononcer ses discours et de donner ses raisons dans la tribune aux harangues.

Un rapport ne pourrait étre fait à l'assemblée des monarques, que deux mois après la dénonciation lue et communiquée, et aux assemblées germanique et italique, qu'un mois après la notification faite à cette assemblée de la dénonciation, pour donner le tems au souverain dénoncé d'envoyer à son ministre ses instructions.

La défense devrait être prononcée à la même séance que le rapport aurait été fait; en conséquence le rapporteur devrait notifier au ministre défenseur le jour qu'il devrait faire son rapport, afin que ce dernier eût le tems de se préparer pour articuler sa défense.

Dans les procès entre deux princes, pour prétentions, contestations, difficultés &c., les ministres des contendans plaideraient pour leurs commettans, et le jugement serait rendu sur leur plaidoirie. En conséquence ces ministres ne pourraient point opiner dans de telles affaires.

Il n'y aurait que le président qui aurait le droit de parler de sa place dans les assemblées.

Article XVIII.

Police pour les Assemblées.

Les séances des assemblées seraient tenues toujours à porte fermées, excepté les jours d'apparat, où il ne serait parlé d'aucune affaire.

Aucun des membres ne pourrait monter à la tribune pour parler, avant d'en avoir demandé et obtenu la permission du président.

Le président aurait le droit de retirer la parole à tout membre qui se permettrait de dire des injures, d'attaquer par des personnalités, ou de se livrer à des déclamations indécentes, et en cas de refus de s'y soumettre de la part du membre qui se serait permis de tels écarts, le président requérerait le commandant de la garde de le faire sortir de gré ou de force, et jamais un tel représentant ne pourrait reparaître dans les assemblées, et son souverain serait invité à nommer à sa place.

Article XIX.

Domaines réservés en faveur des Fédérations.

*** En lisant cet article et ceux qui suivent, il ne faut pas perdre de vue que ce projet était rédigé dès le mois de mars 1813.

La première opération de la fédération européenne serait de repousser les Français dans leurs anciennes frontières, et l'on sent combien serait facile cette opération, lorsque les puissances fédérées étant d'accord et agissant sur le même plan, déploieraient leurs forces pour atteindre un but si essentiel.

Il résulterait de cette reprise, que la fédération aurait acquis en commun, des domaines immenses qui n'appartenaient point à la France avant la révolution et qui lui ont été cédés par différens traités. Ces domaines, reconquis par la fédération, se trouvant sans propriétaires souverains, en sortant des mains des Français, deviendraient des propriétés fédérales et serviraient aux besoins de la fédération.

Ces domaines seraient 1°. les dix provinces ci-devant autrichiennes des Pays-Bas. 2°. Tous les états et pays situés sur la rive gauche du Rhin et cédés par l'empereur au nom de l'empire. 3°. Le Pavesan, le Lodésan, le Crémonais, qui ne feraient point partie de la Lombardie, dont le Milanez serait distrait en faveur du roi de Sardaigne. 4°. Les fiefs impériaux. 5°. Les lacs majeur, de Côme et de Lugnano. &c. &c.

Ces réserves seraient encore augmentées des duchés de Berg et de Juliers, sur la rive droite du Rhin, du pays de Fulde et autres pays qui avaient formé l'indemnité de la maison stadthoudérienne de Nassau-Orange. Enfin, des principautés qui viendraient à vaquer, à défaut d'héritiers, et des terres de ceux des membres confédérés qui seraient devenus parjures à leurs sermens, en se séparant de la fédération, et qui ne seraient point remplacés par un héritier légitime.

Article XX.

Administration des biens réservés.

Les pays conquis par la fédération seraient mis en réserve et soumis à une commission suprême, qui les ferait gouverner et administrer par des commissions secondaires, de la façon la plus avantageuse.

Cette commission suprême serait composée de huit membres, pris dans le sein de l'assemblée des monarques, de deux rapporteurs et d'un secrétaire greffier.

Le président ordinaire de l'assemblée des monarques serait de droit président de cette commission, et les sept autres membres seraient deux ministres d'empereurs, deux ministres de rois, un ministre de grand-maître, et deux ministres de grandes républiques.

Les rapporteurs et le secrétaire seraient nommés par l'assemblée des monarques, sur la proposition du vice-archi-chancelier président.

La commission suprême statuerait sur toutes les demandes qui lui seraient faites, sur toutes les questions qui lui seraient soumises par les commissions secondaires, et elle formerait sa résolution; mais sa résolution ne serait exécutable qu'après avoir reçu la sanction ou approbation de l'assemblée des monarques.

Indépendamment de cette commission suprême, il y aurait une commission particulière en Italie, une aux Pays-Bas, deux sur la rive gauche du Rhin, et une sur la rive droite de ce fleuve.

Ces commissions particulières seraient composées d'un ministre plénipotentiaire, d'un gouverneur commandant d'armes, de douze conseillers, de quatre assesseurs ou remplaçans, et de deux secrétaires.

Deux de ces conseillers feraient toujours l'office de rapporteurs dans les affaires des pays qui seraient confiés à leur surveillance spéciale, et ces deux conseillers ne délibéreraient pas dans les affaires dont ils auraient été rapporteurs.

Ainsi chacun de ces conseillers rapporteurs aurait la correspondance avec les autorités des préfectures dont il sera ci-après parlé; ils ne délibéreraient pas dans les affaires dont ils auraient fait rapport; mais dans les affaires dont ils auraient entendu le rapport.

Ces conseillers seraient remplacés ou continués tous les ans dans l'exercice de ces fonctions, et ils recevraient un traitement particulier, pour honnoraires, frais de bureaux, &c.

Ces conseillers de l'administration particulière seraient nommés par l'assemblée des monarques sur la proposition du vice-archi-chancelier, président de cette assemblée; mais ils ne pourraient être choisis que parmi les hommes les plus capables des pays où ils devraient exercer leurs fonctions, et ils devraient savoir la langue du pays et le français.

Ils prêteraient serment entre les mains du ministre plénipotentiaire de la commission particulière.

Les pays soumis aux commissions secondaires seraient divisés en quatre préfectures. Chaque préfecture serait subdivisée en quatre sous-préfectures.

Les quatre préfets recevraient les ordres et rendraient compte de leur administration aux conseillers rapporteurs ci-dessus désignés, et ceux-ci à la commission secondaire, comme il a été dit ci-devant.

Les sous-préfets recevraient les ordres et rendraient compte de leur administration aux préfets.

Les sous-préfectures seraient divisées en districts, et les districts subdivisés en cantons, calculés sur une population de vingt-mille âmes aumoins.

Ces cantons seraient, ainsi que les districts, administrés par des conseils qui seraient formés des maires et des notables des villes situées dans leurs arrondissemens, et comme ces administrateurs ne recevraient point de traitemens, ce serait parmi eux qu'on choisirait à l'avenir les sous-préfets.

Les préfets seraient pris parmi les sous-préfets, et les conseillers des commissions secondaires parmi les préfets.

Il y aurait aussi des gouverneurs particuliers pour chaque préfecture, et des commandans pour chaque sous-préfecture.

Les commandans seraient sous les ordres des gouverneurs particuliers, et les gouverneurs particuliers sous ceux des gouverneurs généraux.

Il y aurait des forces militaires suffisantes pour la police et la défense du pays, et ces forces seraient distribuées en garnisons, de la manière la plus convenable pour le soulagement des habitans.

Les places de gouverneurs généraux seraient accordées, pour les Pays-Bas à des généraux français. Pour les domaines situés au-de-là du Rhin, à des généraux prussiens et bavarois. Pour les domaines

en-de-çà du Rhin, à des généraux hollandais, wurtembergeois et hanovriens; et pour les domaines
situés en Italie, à des généraux autrichiens, sardes
et napolitains.

Les places de gouverneurs particuliers seraient
données à des généraux de troupes appartenantes à
des princes des diverses fédérations, qui se trouveraient employées dans les différens pays mis en
réserve.

Les princes des fédérations qui entretiendraient
une force militaire de vingt mille hommes aumoins,
auraient le droit de contribuer à la garde et à la
police des domaines réservés, et d'envoyer le contingent qui serait réglé pour chacun d'eux; mais ces
troupes seraient sous les ordres des gouverneurs
généraux.

Les ministres plénipotentiaires seraient chargés
des affaires civiles, religieuses, de finances, de
commerce, administratives et économiques des pays
confiés à leur administration, et ils auraient la surveillance sur les tribunaux de justice et de police.

Les généraux ne pourraient ordonner aucun
mouvement de troupes, ni faire agir les troupes
en façon quelconque, avant d'en avoir été requis,
par écrit, par les autorités civiles et de police.

Les ministres plénipotentiaires dans chaque pays
soumis aux commissions secondaires, seraient également nommés par la fédération des monarques,
et entretiendraient correspondance pour les objets
confiés aux commissions, avec les ministres con

13

servateurs des fédérations, qui feraient passer aux ministres dirigeans les ordres de la fédération des monarques.

Ces ministres conservateurs seraient nommés par les empereurs protecteurs et résideraient constamment près du roi co-protécteur.

Les commissions secondaires seraient toujours présidées par le ministre plénipotentiaire dirigeant.

Elles rendraient compte tous les six mois de leur gestion, et fourniraient non seulement un état exact des recettes et des dépenses, ainsi que des sommes qu'elles auraient en caisse; mais encore un état de situation des pays soumis à leur administration, sous le rapport de la population, de la culture, du commerce, de l'industrie, des travaux publics, des établissemens de charité et de police, &c., et elles indiqueraient les moyens et les ressources qu'il y aurait à employer pour rendre ces pays plus utiles à la chose publique.

Les revenus recueillis pendant six mois, excédant les dépenses nécessaires, après vérifications faites par des contrôleurs nommés d'office, et toujours amovibles, seraient versés dans les caisses de l'administration générale, pour y demeurer à la disposition de la fédération des monarques.

Le président de l'assemblée des monarques donnerait seul les ordonnances pour la disposition des fonds, et seul il donnerait les ordres qui seraient adressés aux commissions secondaires, d'après les décisions de l'assemblée des monarques.

Article XXI.

Composition des revenus des Domaines réservés.

Les revenus des domaines réservés seraient composés :

1°. De 1 pour cent du revenu foncier de tout propriétaire d'immeuble réel.

2°. De $\frac{1}{2}$ pour cent du capital d'un immeuble à chaque mutation, à titre de droit d'hypothéque et d'enregistrement.

3°. D'un droit de capitation proportionné à la faculté de chaque individu ; ensorte que l'individu qui paierait un loyer au dessous de

50 francs serait taxé à	1 fr.
De 50 à 100	2 fr.
De 100 à 200	3 fr.
De 200 à 500	4 fr.
De 500 à 400	6 fr.
De 400 à 500	12 fr.
De 500 à 1000	24 fr.
De 1000 à 1500	40 fr.
De 1500 à 3000	72 fr.
De 3000 à 6000	100 fr.

4°. D'un droit de $\frac{1}{2}$ pour cent du revenu en immeubles fictifs.

5°. D'un droit de timbre, pour tous actes judiciaires et extra-judiciaires.

6°. D'un droit de timbre pour journaux, placards, affiches, annonces, et autres publications journalières n'excédant pas une feuille d'impression, pour les cartes de jeu, &c.

7°. De droits de douanes à l'entrée et à la sortie des marchandises de luxe.

8°. D'un droit sur les vins, les eaux de vie et autres liqueurs distillées.

9°. D'un droit léger sur les bierres, les cidres et autres boissons communes.

10°. De droits de transit, pour les marchandises de l'étranger, tant sur les chemins que sur les rivières.

11°. Des amodiations des terres, maisons, chasses, pêches, appartenantes aux réserves.

12°. Des amodiations des mines, canaux, ponts, usines, moulins, et fours bannaux.

13°. Des postes et messageries et bateaux de transport sur les rivières.

14°. Des rétributions des spectacles et autres divertissemens publics. &c. &c.

Article XXII.

Destination des domaines réservés.

Les revenus provenus des domaines réservés seraient destinés :

1°. A acquitter les traitemens de vice-archi-chanceliers présidens des assemblées ; les dépenses ordinaires et éventuelles de ces établissemens ; les

traitemens des rapporteurs, greffiers et autres personnes employées sous leurs ordres dans les chancelleries; les gages des individus attachés à ces
assemblées pour un service quelconque de police ou
de domesticité.

2°. Les appointemens des généraux et officiers
et le prêt des soldats qui formeraient la garde près
des assemblées, ainsi que toutes les dépenses relatives à ce service militaire.

3°. Les appointemens des ministres conservateurs de la fédération européenne.

4°. Les traitemens des ministres plénipotentiaires des commissions secondaires, des membres
des conseils établis près de ces commissions; ceux
des préfets et sous-préfets et de toutes personnes
attachées pour un service quelconque près de ces administrations.

5°. Les appointemens des généraux et officiers et
le prêt des troupes employées dans les pays réservés,
pour la sûreté, la police et la défense de ces pays,
ainsi que toutes les dépenses relatives à ce service
militaire.

6°. Les dépenses de guerre et les frais d'exécution militaire, sauf à s'en faire rembourser par les
délinquans.

7°. Les frais d'une fête qui serait célébrée chaque
année dans le lieu de la résidence de chaque fédération, en l'honneur de la paix et de la concorde,
le jour anniversaire de la fondation de l'établissement.

8°. A récompenser les personnes qui se seraient distinguées en rendant des services à la chose commune, ou qui auraient été jugées dignes d'une distinction ou d'une récompense honorable, par des inventions utiles aux arts, au commerce, à l'agriculture, ou par des productions dans les belles-lettres et les arts libéraux, qui pourraient augmenter les connaissances humaines.

9°. A payer des hommes pour défricher les terres incultes, pour les cultiver, pour y bâtir des chaumières, des maisons, des églises, des prêches, des établissemens publics, et en faire des hameaux, des villages, des bourgs et des villes.

10°. A construire des moulins à vent, à eau et des usines.

11°. A faire creuser des canaux de communication pour les fleuves et les rivières, d'écoulement pour les moulins et usines, et d'irrigation pour les terres.

12°. A exploiter des mines et des fours à chaux, à platre, à briques, à tuilles, à ardoises, à verreries, à fers, à clous, à bois, à papeterie, enfin pour tous les objets nécessaires aux constructions, au commerce et à l'industrie.

13°. A établir des chantiers, des atteliers et des métiers, pour la préparation, fabrication et perfectionnement de tous les objets nécessaires aux besoins des hommes vivant en société.

14°. A construire des hôpitaux pour les malades, des maisons de charité pour les infirmes et les nécessiteux, des bâtimens pour des écoles, des collèges et des universités; des établissemens pour l'instruction dans tous les arts mécaniques.

15°. A payer les appointemens des personnes employées, soit pour l'instruction, soit pour le service domestique dans ces divers établissemens.

16°. A venir au secours des états fédérés, lorsqu'ils éprouveraient de grands malheurs, soit par les tremblemens de terre, soit par des inondations, des incendies, des disettes ou d'autres cas fortuits.

17°. A faire des mariages et à pourvoir à l'établissement des garçons et des filles pauvres, mais sages et d'une conduite irréprochable, vivant dans les pays ou domaines réservés.

18°. Enfin, à rembourser à l'Angleterre les prêts qu'elle a faits aux puissances pour les aider à soutenir la guerre contre les révolutionnaires français, et à l'Autriche les emprunts qu'elle a été obligée de faire à l'Angleterre pour soutenir la même guerre.

Article XXIII.

Situation qui serait produite en faveur de tous les souverains et de leurs sujets par les domaines réservés.

Au moyen de ces domaines réservés; au moyen des terres qui seraient rendu productives; au moyen

de l'augmentation progressive de la population;
enfin, au moyen des établissemens lucratifs qui
seraient créés par l'heureux emploi des revenus de
ces réserves; les princes fédérés ne seraient tenus
qu'à très peu de dépense, peut-être à aucune, pour
jouir des avantages d'un établissement, qui en con-
sacrant leurs possessions, leur autorité et leur indépendance, rendrait le plus petit prince aussi grand
et aussi puissant qu'un monarque; qui lui procurerait les moyens de faire d'immenses économies, de
payer ses dettes; qui le dégagerait de toutes sortes
d'inquiétudes de la part de ses voisins, de ses rivaux
et de ses envieux; même de tous soins pour la
guerre, pour le besoin de former et d'établir ses
liaisons et ses alliances, soit fédérales ou de commerce; enfin, qui lui donnerait la facilité de s'occuper exclusivement du bonheur de ses sujets, puisqu'ils ne seraient obligés de contribuer aux dépenses
communes, qu'après que les revenus des réserves
auraient été épuisés.

Les revenus des réserves devant être principalement appliqués à des objets d'intérêt public, au
remboursement des avances faites par l'Angleterre,
à celui des emprunts faits par l'Autriche; ils ne
pourraient être employés à acquitter les dépenses de
guerre contre un prince confédéré, que dans le cas
seul où les états d'un prince délinquant ne seraient
pas capables de supporter les frais de guerre et d'exécution qu'il aurait occasionnés, sans épuiser trop
évidemment les moyens de ses sujets innocens,

Ces frais seraient supportés par les revenus et domaines particuliers du prince délinquant d'abord, et les domaines réservés contribueraient, après que ces revenus et domaines seraient épuisés, à la réserve d'une pension alimentaire qui serait laissée à ce prince pour sa sustentation pendant le tems qui lui serait accordé pour acquitter sa dette.

Comme tous les frais de guerre devraient être supportés par le prince qui l'aurait attirée dans ses états, tous les objets que les sujets devraient fournir aux armées d'exécution seraient payés comptant et seraient portés en compte au prince, lors de la liquidation de sa dette.

Le tems pour acquitter sa dette serait fixé par l'assemblée des monarques et combiné de manière que le prince fût seul victime de sa faute, et non ses sujets.

Pendant tout le tems dont il aurait besoin pour acquitter sa dette, il serait suspendu de ses fonctions et ses états seraient gouvernés par un conseil de régence qui serait présidé par son successeur, s'il avait l'âge requis pour cela, sinon par son plus proche parent, qui aurait cet âge.

Pendant la durée de cette suspension, le prince ne pourrait habiter sa résidence ordinaire, et il serait tenu de se retirer dans un de ses châteaux où il vivrait comme particulier.

On pourra objecter peut-être que de telles mesures coercitives ne pourraient être employées que contre un prince des fédérations secondaires, et

qu'il serait difficile d'y assujettir un grand monarque. Cela est vrai. Mais avec un grand monarque
on prendrait d'autres mesures. D'abord il serait
déclaré hors de la société européenne; il serait enfermé dans ses frontières, et ses peuples privés de
communications avec les autres nations pour leur
commerce, ne s'accommoderaient pas d'un tel état
de choses; ils se révolteraient; ils le forceraient
eux-mêmes de rentrer dans la ligne de ses obligations, et avec d'autant plus de facilité, qu'ils
seraient assurés d'être secondés par les fédérations.
Mais quel prince serait assez insensé pour attirer
contre lui toutes les forces de l'Europe, de se faire
même des ennemis de ses propres sujets?

Article XXIV.

Salles d'assemblées.

Les salles d'assemblées seraient décorées d'une
manière simple, mais noble, mais imposante, et
chaque place y serait indiquée par un fauteuil placé
sur un trône, exhaussé d'une marche, surmonté
d'un dais, au dessous duquel dais serait suspendu
un écusson, où seraient réprésentées les armoiries
du monarque ou du prince auquel cette place appartiendrait.

Dans les salles des fédérations secondaires il y aurait trois trônes; l'un élevé de quatre marches et surmonté d'une couronne impériale, destiné pour l'empereur protecteur. ,Un autre, élevé de trois marches et surmonté d'une couronne royale, pour le roi co-protecteur. Et le troisième, élevé de deux marches et surmonté d'une couronne ducale fermée, pour le grand-duc archi-chancelier perpétuel et héréditaire de la fédération.

Il y aurait pour le vice-archi-chancelier président de l'assemblée, une tribune, surmontée d'un dais, et aulieu d'armes, le portrait de l'empereur protecteur décorerait le fond de cette tribune; ou aulieu du portrait de l'empereur protecteur, on y placerait la figure de la justice, revêtue de ses attributs.

Il y aurait en face de la tribune du président une autre tribune, qui serait la tribune aux harangues.

Tout membre de l'assemblée qui aurait à faire des rapports ou à prononcer des discours, soit pour la défense de son commettant, soit pour donner des avis motivés dans les discussions, soit pour donner des explications, soit pour faire des dénonciations, ou pour tous autres motifs, devrait monter à la tribune, qui serait élevée à la même hauteur que celle du président; mais qui serait simple et sans aucun ornement.

Les rapporteurs ou référendaires, ainsi que les greffiers, seraient placés dans le parquet et en avant

de la tribune du président, sur des sièges couverts
de velours, et autour d'une table couverte d'un
tapis de la couleur adoptée pour l'uniforme des
membres de la fédération.

―――――

Article XXV.

Costumes des membres des différentes Assemblées.

Le costume des membres de l'assemblée des
monarques consisterait en un habit de drap écarlate,
avec une broderie d'or de la largeur de trois doigts,
placée sur toutes les tailles, représentant des feuilles
d'olivier. Le collet et les paremens seraient de drap
bleu, brodés de la même manière. Les poches
seraient dans les plis de l'habit. L'habit serait porté
boutonné. Le bouton aurait pour devise le mot:
Concordia.

Toutes les fois que les membres seraient en
séance publique, ou paraîtraient en corps dans des
cérémonies publiques; ils porteraient nonseulement
l'uniforme ci-dessus décrit; mais encore une
soubreveste de drap bleu de roi, de la largeur du
corps, par dessus l'habit. Cette soubreveste des-
cendrait jusqu'à la ceinture, et il serait brodé dessus,
devant et derrière, à la hauteur de la poitrine, un

soleil éclatant en or. La soubreveste serait fermée, par le bas, par un ceinturon tissu d'or auquel serait suspendu un sabre uniforme. La veste et le pantalon de drap ou de casimir blanc. La chaussure serait bottes montantes et éperons. Le chapeau à trois cornes, garni d'un plumet blanc et d'un galon d'or large de trois doigts à festons. Les gands de peau de chamois.

Le costume de la fédération germanique serait le même que celui de la fédération des monarques, excepté que la couleur de l'habit serait bleu de roi, et la soubreveste de drap écarlate, de même que le collet et les paremens.

Le costume des membres de la fédération italique serait aussi le même que celui des membres de la fédération des monarques, excepté que l'habit serait vert, et que le collet, les paremens et la soubreveste seraient de drap blanc.

Il serait fixé un petit uniforme pour les séances journalières.

Les princes ecclésiastiques, tels que le pape et le primat de Germanie, ne pourraient députer aux assemblées que des personnes d'état séculier.

Il y aurait des costumes fixés pour les référendaires, les héraults, les huissiers, et autres personnes ayant des fonctions près de ces assemblées.

Article XXVI.

Honneurs attribués aux présidens des Assemblées.

Le vice-archi-chancelier président d'une fédération aurait la première place dans toutes les cérémonies publiques, ainsi que dans les assemblées
publiques et privées. Il jouirait dans le lieu de sa
résidence de tous les honneurs dûs aux souverains.
La garde de l'assemblée battrait aux champs et lui
présenterait les armes à son entrée et à sa sortie.
Toutes les gardes sortiraient et lui rendraient les
mêmes honneurs à son passage dans la ville.

Il y aurait à son palais une garde d'honneur, et
pareille garde lui serait donnée dans toutes les villes
dépendantes de sa fédération où il y aurait garnison,
même dans les résidences des souverains.

Dans les résidences des souverains il aurait la
première place après le souverain.

Lorsque le président de la fédération des monarques sortirait dans la ville de sa résidence, il aurait
le droit de se faire escorter de huit cavaliers et d'un
brigadier, et l'officier commandant l'escorte aurait
place dans son carrosse.

Les présidens des fédérations secondaires auraient
quatre cavaliers et un brigadier.

Dans leurs promenades et petits voyages, ils
auraient le même droit d'escorte de leurs propres
troupes, amoins que les princes sur le territoire

desquels ils passeraient ne préférâssent de leur donner des escortes de leurs propres troupes.

Les présidens auraient des cavaliers, des pages et des grands officiers de cour pour eux et leurs épouses. Leurs voitures seraient attelées de huit chevaux dans les cérémonies publiques; mais de six seulement dans les tems ordinaires.

Article XXVII.

Vacances des Assemblées.

Les assemblées auraient deux mois de vacance dans l'année, et pendant ce tems, les membres auraient la liberté de s'absenter pour vaquer à leurs propres affaires.

Les vacances commenceraient, au premier septembre, et les assemblées rentreraient le premier novembre.

Pour que le service ne souffrît pas pendant les vacances, et que les intéressés pûssent faire parvenir les dénonciations, les plaintes et les rapports; il serait établi une commission intermédiaire qui tiendrait registre de toutes les affaires qui se présenteraient; mais qui n'aurait ni le droit de délibérer ni le droit de juger.

Cependant cette commission aurait le droit de requérir les princes d'opposer la force armée à un prince qui se permettrait quelque violence sur un territoire voisin, le tout provisoirement et sans entrer dans la connaissance du délit; mais seulement pour la garantie de la sûreté publique.

Il n'y aurait que dans le cas d'un péril imminent pour la sûreté publique, comme si une grande puissance armait et annonçait le projet de rompre l'harmonie et de se séparer de la fédération, au mépris de ses sermens; alors l'assemblée serait convoquée extraordinairement.

Article XXVIII. et dernier:

Formule des sermens:

Je promets et jure devant Dieu et devant les hommes de remplir exactement et fidèlement toutes les obligations imposées par la constitution fédérale que j'ai à présent sous les yeux, laquelle j'ai lue et bien comprise et que je déclare accepter en tout son contenu. Je m'engage d'esprit et de bouche à ne faire aucune action et aucune démarche qui puisse être contraire ou nuisible à cette bienfaisante constitution, et à dénoncer toute personne qui agirait à son préjudice. Je m'engage, en outre, à employer toutes les forces qui sont en mon pouvoir, pour soutenir les droits de chacun, toutes les fois que j'en serai légalement et constitutionnellement requis, et d'employer aussi tous les moyens dont Dieu m'a favorisé, pour maintenir la tranquillité publique et empêcher qu'elle ne soit troublée. En foi de quoi, j'ai signé le présent serment.

FIN DE LA CONSTITUTION, telle qu'elle a été rédigée en 1813.

CHAPITRE XXIV.

Avantages qui doivent résulter de ce projet d'établissement.

D'après cette combinaison politique, la Russie et l'Autriche ayant une vaste protection à exercer, joueraient en Europe le plus beau rôle, le rôle le plus auguste, sans dépenses, sans guerres, sans inquiétudes.

La Prusse et la Sardaigne se trouvant, par l'effet de leurs situations topographiques, placées sous la main, l'une de l'empereur de Russie, et l'autre de l'empereur d'Autriche, leurs états ne seraient plus exposés à des invasions et à devenir des théâtres de guerre.

Ces deux puissances ne pouvant jamais jouer le rôle de première puissance, encore que la Prusse puisse se considérer comme puissance de très haute importance, obtiendraient un avantage bien supérieur sans doute à celui dont elles ont joui dans les tems précédens, se trouvant assimilées aux deux empereurs, par la qualité de co-protectrices qui leur est attribuée, et par l'éclat que cette dignité procurerait à leurs personnes et à leurs cours.

Ces deux puissances resteraient aussi en possession de leurs ports, et par cette reprise de possession, elles retrouveraient ces moyens de puissance qui procurent et constituent la fortune et l'indépendance.

Le Grand-seigneur serait tranquille possesseur de ses états d'Europe et affranchi de toutes inquiétudes de la part de ses voisins. Il aurait les mains libres pour mettre fin aux troubles qui agitent depuis si longtems la Romélie, l'Egypte, la Syrie, la Palestine, l'Arabie, &c., et la fédération même l'aiderait à détruire ou à remettre dans le devoir les rebelles de la Servie qui lui résistent avec tant d'opiniâtreté et qui paraissent si voisins de l'indépendance. Il serait, par l'avantage de sa position et par la richesse des productions de ses divers états, dans une situation extrêmement brillante, parceque toutes les puissances le courtiseraient pour obtenir de lui des faveurs, des facilités et des avantages pour leur commerce.

L'Angleterre serait la haute protectrice des mers. Elle serait le premier membre de la fédération maritime, et comme telle elle aurait le commandement en chef des forces maritimes de l'Europe, qui seraient destinées à punir les délits commis en mer, ou sur les côtes, ou dans des îles appartenantes à des souverains, membres des fédérations. Elle verrait tous les canaux de son commerce libres et sa prospérité s'accroître, sans être à charge aux nations du continent, sans être à charge à elle-même, puisqu'elle serait dégagée de l'obligation de payer de nombreux subsides pour obtenir ou maintenir la paix en Europe; puisqu'elle recevrait même le remboursement des sommes qu'elle a avancées aux différentes puissances pour les aider à combattre et à vaincre les révolutionnaires français. Elle ferait, par ces raisons, d'immenses épargnes, soulagerait ses finances et diminuerait sensiblement sa dette; elle parviendrait même à l'acquitter totalement, et ses trésors lui serviraient à l'avenir à faire acquérir à son système colonial ce dégré de force et de puissance qui doit rendre inébranlables sa fortune et sa domination dans les deux Indes.

La Hollande, l'Espagne et le Portugal rentreraient en jouissance de leurs possessions coloniales et de leur commerce maritime, et appliqueraient à la culture et aux arts les trésors qu'une fausse et malheureuse politique les avait toujours forcés de sacrifier à la guerre, à des protections injustes, à des entreprises ruineuses.

La Suède et le Danemarck prolongeraient pour des siècles cette tranquillité dont ils ont joui depuis le commencement de la guerre de la révolution et dont ils ont été redevables en partie à la faveur de leur heureuse position.

La Suisse reprendrait ses habitudes pastorales et paisibles qui ont fait son bonheur pendant tant de siècles.

Venise reprendrait toutes ses provinces de Terre-Ferme, sa capitale merveilleuse que ses ingénieux et glorieux fondateurs n'avaient point bâtie pour qu'elle fût un jour usurpée de la façon la plus révoltante. Elle reprendrait ses îles Ioniennes, son commerce antique, sa constitution admirable, et elle regagnerait cette attitude superbe qu'elle eut dans les tems heureux de son existence politique.

Les deux ordres de Malte et Teutonique redeviendraient des pépinières de braves et offriraient, comme ci-devant, d'illustres ressources aux cadets des familles nobles d'Europe.

Le Pape se remettrait en possession des territoires qu'il a dû abandonner à la violence la plus cruelle. Ce respectable pontife serait maintenu dans la plénitude de sa puissance spirituelle, qu'il aurait le droit d'exercer dans tous les états soumis à la religion catholique.

Enfin, tous les états de l'Allemagne et de l'Italie

seraient à jamais affranchis de l'ambition altière, capricieuse et emportée d'un homme qui leur a fait éprouver depuis quinze ans tout ce que la tyrannie a de plus insolent, de plus révoltant et de plus cruel, et ils seraient aujourd'hui indépendans comme les plus grandes puissances.

Mais un avantage qui résulterait de ce projet d'organisation politique, et qui est peut-être supérieur à tous les autres; ce serait celui d'affranchir les souverains du danger de faire le malheur de leurs sujets, en les garantissant des ruses, des subtilités, des fourberies, des tracasseries de la politique, et en les délivrant des embarras et des souffrances auxquels ils sont sans cesse exposés par l'ignorance, l'orgueil, l'amour-propre, l'inconsidération, les fausses combinaisons, les démarches hasardées, les résolutions inconséquentes, les soumissions humiliantes et la conduite souvent avilissante de leurs ministres et de leurs flatteurs.

CHAPITRE XXV.

Dangers à craindre de la part des ministres incapables.

Les ministres des souverains sont préposés pour faire les affaires de leurs maîtres; mais la plupart s'occupent plus volontiers du soin de leur réputation et de leur gloire personnelle que du bien-être des sujets de leurs souverains. Quelques uns se chargent avec assurance de fonctions dont ils sont incapables, et ils entreprennent de travailler et de donner leurs avis dans des affaires auxquelles ils n'entendent rien.

On sent combien des hommes déliés, instruits et rusés ont beau jeu avec de tels ministres, et combien est imminent le danger qui menace un souverain qui a la faiblesse de s'abandonner à de tels conseillers.

Il est des ministres très dignes de conseiller leurs souverains; je pourrais en nommer plusieurs; mais ce serait désigner ceux qui ne sont point capables de remplir une telle fonction, et ceux-là ne sont pas les moins présomptueux. Les bons ministres sont ceux qui sont portés aux emplois par des talens connus, longtems éprouvés et généralement avoués. Les mauvais ministres sont ceux qui y sont portés par la faveur, par l'intrigue, et qui contractent en y entrant l'obligation de servir ceux qui les ont aidés à parvenir et ceux qui ont un peu l'oreille du maître.

Par le projet d'organisation que je propose, le sort de chaque souverain est immuablement fixé; il n'a plus de malheurs, ni de révolutions, ni même d'embarras à craindre. Il lui est interdit d'être jaloux, haineux, ambitieux et querelleur; il faut qu'il vive en paix avec tout le monde et que ses sujets soient heureux sans le secours du génie politique. Il n'a plus à s'occuper ni de diplomatie, ni de guerre, ni de paix; la fédération le décharge de ce soin; ces trois fléaux deviennent même inconnus à l'Europe par le soin qu'on prend d'empêcher les passions de s'agiter. Ainsi le souverain ne sera que le père de ses sujets; il pourra diminuer les impôts et réaliser ce voeu du bon Henri IV, roi de France, qui voulait que chaque famille de son royaume fût assez à son aise pour pouvoir tous les dimanches mettre une poule au pot.

CHAPITRE XXVI.

Effets qui résulteraient contre le gouvernement français de l'exécution de ce projet d'organisation politique. (1)

—

Ce système bien maintenu, Bonaparte et tous ses adhérens sont renfermés dans leurs frontières. La France, sans commerce, sans communication avec l'étranger, ne peut vendre ni les productions de son sol ni les ouvrages de son industrie. Elle ne peut recevoir de l'étranger les objets nécessaires à sa consommation, à son luxe, à ses habitudes. Elle ne peut pas se procurer les matières essentielles à ses manufactures, même les objets indispensables pour la médecine. Les productions de la culture périssent dans les greniers; celles de l'industrie restent dans les magasins, s'y détériorent et opèrent la ruine des propriétaires et des fabricans qui y ont employé leurs fonds. Bientôt la surabondance des objets laisse les ouvriers sans ouvrage, oblige à abandonner la culture des terres, à ne plus s'occuper des métiers; tout dépérit, la misère accable toutes les classes, et le gouvernement n'a plus de ressources pour obtenir des impôts et pour fournir à ses besoins les plus impérieux.

---

(1) Je dois rappeler encore à l'occasion de ce chapitre, que le Projet était rédigé avant le renversement de Bonaparte.

Cependant, un gouvernement qui ne subsiste que par le nombre immense de créatures qu'il enrichit et qu'il fait vivre, et qui a dû multiplier les emplois pour accroître le nombre de ses partisans; un gouvernement qui est obligé d'entretenir une force armée redoutable pour se faire craindre, des légions de gendarmes pour jeter la terreur chez tous ceux qui l'abhorrent, et qui n'a pu, depuis quatorze ans, fournir à ses dépenses, même en ajoutant à ses revenus ordinaires, déjà excessifs, tous les genres de monopoles, les contributions de guerre, les réquisitions, les spoliations et les pillages par lui exercés chez l'étranger, ami ou ennemi, ne peut pas subsister longtems dans une situation semblable, et il est impossible que le peuple français s'accommode éternellement d'un état de choses qui le rend un objet d'horreur pour toutes les nations et un objet de pitié pour lui-même, puisqu'il l'expose aux angoisses de la misère la plus cruelle.

Ce système bien maintenu et la France réduite à ses seules ressources; elle ne peut subsister; le peuple sentira tout le poids de ses chaînes; il se révoltera; il fera des efforts pour s'en dégager et il s'exposera à tout pour s'affranchir d'une tyrannie dont l'histoire n'offre aucun exemple ni de sa durée ni de ses excès.

Il me semble évident, et je crois qu'il semblera de même évident à toute personne de bonne-foi et impartiale, que ce projet d'établissement est le

seul moyen de mettre un terme aux entreprises d'un
ambitieux qui semble avoir fondé sa puissance sur
la terreur qu'il a imprimée à toutes les nations;
qu'il est aussi le seul moyen de remettre sur le
trône de ses pères une famille auguste et infortunée
qui a trop longtems souffert des excès féroces des
scélérats qui l'ont proscrite; enfin qu'il est le seul
moyen d'empêcher de nouvelles guerres et d'assurer
la tranquillité et le bonheur des souverains et de
leurs sujets.

Le roi rétabli, la France prend place parmi les
puissances confédérées; elle complète cette auguste
association, et elle affermit l'édifice de la paix générale et perpétuelle, l'édifice du bonheur commun.

Que les puissances se souviennent de ce consul
romain qui, pour montrer combien l'union était
nécessaire, prit un cheval par la queue et fit d'inutiles efforts pour la lui arracher; mais qui, dès
qu'il la prit crin à crin, en les séparant, en vint
about facilement. Cette leçon est sans doute aussi
applicable aux souverains de nos jours qu'aux légi-
onnaires romains; il n'y a que leur réunion qui
puisse les rendre formidables, qui puisse maintenir
en Europe la paix et la tranquillité.

Concordià res parvae crescunt.
Discordià maximae dilabuntur.

Je ne souhaite la mort de personne; mais j'ab-
horre les tyrans et la tyrannie, les usurpateurs et
l'usurpation, et je souhaite que tous les souverains
se réunissent pour réduire Bonaparte à une situation

telle qu'il ne puisse plus commander à des hommes,
qu'il n'exerce plus une autorité qui lui donne les
moyens de recommencer des entreprises de l'espéce
de celles qui lui ont donné l'occasion de troubler
l'Europe. Je souhaite qu'il ne soit plus rien et que,
réduit à la condition d'homme privé, on lise sur
sa porte cette épitaphe italienne d'un conquérant
ambitieux qui fut tué en combattant :

Stavo ben, ma per star meglio, sto qui.
Je me trouvais bien; mais pour vouloir me trouver
mieux, je me trouve à présent ici.

Les souverains sont assurés de réduire Bonaparte,
s'ils mettent de l'ensemble dans leurs opérations,
et surtout s'ils mettent de la persévérance dans cette
guerre; mais ils ne mettront de l'ensemble et de la
persévérance, que lorsqu'ils auront un but important et également intéressant à atteindre, et je crois
leur ayoir présenté un tel but dans le projet d'organisation que je soumets à leur considération.

Il ne devrait pas être question de paix avec Bonaparte. On doit sentir qu'une telle paix ne pourrait
être durable avec un homme qui n'en a jamais tenu
aucune, qui les a toutes violées avec une effronterie
révoltante. On doit croire qu'une paix avec cet
homme, lui fut-elle même avantageuse, ne serait
pour lui qu'une trève, et qu'après quelques années
d'un repos perfide, il recommencerait la guerre,
non pas seulement pour consoler sa gloire outragée,
pour contenter son ambition insatiable, pour satisfaire sa passion inquiéte, son génie turbulent, son

appetit de triomphes, sa soif de sang humain ; mais
pour exercer de terribles vengeances contre ceux
qui se seraient séparés de son alliance, contre ceux
qui auraient contribué à renverser l'édifice de sa
grandeur et qui l'auraient forcé d'accepter des conditions trop humiliantes pour son orgueil naturel et
pour le rôle brillant qu'il aurait joué en Europe.
Cet homme a été ambitieux, tyran et sanguinaire ;
il le sera jusqu'à son dernier soupir, et c'est le cas
de lui appliquer ce proverbe latin :

Testa recens imbuta, diu servabit odorem.

FIN DE LA DEUXIÈME PARTIE.

TROISIÈME PARTIE.

CHAPITRE XXVII.

Obstacles qui se sont opposés à l'adoption du projet d'organisation politique,

> Tel aujourd'hui dégagé de sa chaîne,
> N'écoute plus que sa voix souveraine,
> Et de lui seul faisant son entretien,
> Voit tout en lui, hors de lui ne voit rien.
>
> J. B. ROUSSEAU.

L'égoisme a tout perdu, et l'égoisme devait tout perdre. Mais l'égoisme n'a pas été détruit par les malheurs qu'il a produits; il vit encore dans tous les coeurs et il sera la cause de nouveaux malheurs.

Les puissances, à force d'infortunes, avaient senti le besoin de s'unir pour combattre et pour renverser l'homme qui les tyrannisait toutes. Elles se sont unies; elles l'ont combattu; elles en ont triomphé; mais leurs succès les ont entrainées bien loin du but qu'elles s'étaient proposé d'abord et qu'elles avaient annoncé de la manière la plus solennelle et la plus positive par leur proclamation datée de Francfort ; car leur voeu, exprimé dans cette proclamation, avait été d'obtenir par la guerre la réintégration de tous les souverains dans leurs états, leur sûreté et leur tranquillité pour l'avenir.

Ce premier but était très facile à atteindre, parcequ'elles étaient secondées par la justice la plus rigoureuse, ce qui leur donnait pour auxiliaires tous les princes, tous les peuples de l'Europe ; mais leurs ministres avaient imaginé de fonder la paix générale d'après un systême d'équilibre politique ; alors les intérêts particuliers de chacune d'elles ont pris la place de l'intérêt général, et on a dû penser que leurs triomphes, qu'elles avaient annoncé elles-mêmes devoir être les réparateurs des droits et des intérêts de chacun, ne serviraient qu'à satisfaire leur ambition et celle de leurs principaux ministres, et que la paix ne serait que précaire.

Dans l'adversité les désirs sont modérés ; les prétentions sont modestes ; on ne demande que la justice ; on ne soupire que pour un mieux possible ; mais si on vient à obtenir des triomphes, les passions s'agitent ; elles l'emportent sur toutes les idées de bien pour autrui, sur toutes les convenances sociales et politiques ; la justice, la raison parlent à-la-fois en faveur des faibles ; mais leurs voix sont étouffées par celle de l'ambition ; on n'écoute, on n'entend que cette dernière, et la justice qu'on avait invoquée pour soi, disparait comme un phantôme, lorsqu'on se trouve en position pour tout oser, lorsqu'on se croit assez fort pour tout braver, pour se placer au dessus de l'opinion du public, qui pourtant ne fait pas grace aux rois, qui les poursuit jusques dans la tombe et qui rend leur mémoire responsable du mal qu'ils ont fait dans leur vie.

Déjà les puissances alliées avaient décidé à Paris que les affaires de la paix seraient réglées à Vienne dans un congrès général, et que là on conviendrait des moyens à adopter pour l'établissement d'une balance.

Un tel dessein d'opérer faisait prévoir d'avance que les puissances alliées avaient le désir et l'intention de s'agrandir, et que les pays repris par la victoire deviendraient la proie de l'ambition.

Cependant, comme les pays reconquis restaient seulement en la garde des puissances, et comme le partage ne devait en être fait qu'en exécution des résolutions du congrès, il était encore possible de prévenir un tel arrangement, que je regardais comme très contraire à la paix publique.

Pour prévenir ce nouveau malheur, et en même tems cette déviation des principes exprimés dans la déclaration de Francfort, j'adressai à S. M. l'empereur Alexandre, le 9 août 1814, conséquemment bien avant le départ de ce monarque pour Vienne, mon projet, et je l'accompagnai d'un mémoire qui exposait les événemens à attendre de la situation où se trouvait alors la France.

Ce mémoire avait pour objet de pénétrer l'empereur du danger qu'allait courir le roi de France, et les puissances même, si Bonaparte revenait en

France; événement qui était plus que probable; et il avait aussi pour objet d'engager S. M. Impériale à adopter mon projet, qui indiquait les moyens de déjouer les intrigues de la faction révolutionnaire et d'empêcher le retour des calamités qui avaient affligé pendant tant d'années la France et l'Europe.

Je publie ici ce mémoire, pour que le public soit instruit du zèle dont j'ai été animé en faveur du bien général; pourqu'il juge si j'avais prévu les nouveaux événemens qui ont eu lieu à la suite du rétablissement de Louis XVIII.

J'avais eu deux vues principales en rédigeant mon projet. La première avait été d'offrir aux puissances de l'Europe, lorsqu'elles n'étaient point encore unies, les moyens de s'unir et de concourir toutes ensemble à détruire le gouvernement de Bonaparte et à replacer les Bourbons sur le trône de France. La seconde avait été d'indiquer les moyens d'assurer la tranquillité, la sûreté et le bonheur des souverains et des peuples:

Mémoire adressé à S. M. l'empereur de toutes les Russies, pour servir d'introduction à mon Projet d'établissement de paix générale en Europe.

Les puissances se proposent de se réunir en congrès pour combiner les moyens d'ajuster une paix générale et durable. Le moyen qu'elles se proposent d'employer est une balance, et le but qu'elles veulent atteindre est d'empêcher la guerre.

Le projet que je prends la très respectueuse liberté de soumettre à la considération de V. M. renfermait deux vues à l'époque où je le rédigeai, au mois de mars 1813. La première avait pour objet d'étouffer la révolution de France et de rétablir le roi légitime sur le trône de ses ancêtres; et la seconde de présenter les moyens de fonder une paix générale et durable et de rendre impossible le renouvellement de la guerre.

La première de ces deux vues ayant été remplie en partie par les triomphes des armées alliées, il ne doit plus en être question; mais il doit être fortement question de la seconde, c'est-à-dire d'étouffer la révolution de France et de fonder une paix générale et durable, et je crois que mon projet offre les moyens convenables pour réaliser ces espérances de paix.

En lisant ce projet, V. M. se convaincra qu'une balance est un moyen illusoire et plus qu'insuffisant pour établir une paix solide, et qu'elle est plutôt une occasion continuelle de guerre, puisque, pour établir en ce moment une balance, il faut en chercher l'équilibre dans des envahissemens nouveaux, dans des échanges, dans des partages, qui peuvent satisfaire les uns, mécontenter les autres, et produire de ces arrières-pensées qu'on réserve pour des tems où l'on n'est pas obligé de subir la loi des plus forts, où l'on peut, sans inquiétude, donner carrière à ses ressentimens et faire valoir ses réclamations.

V. M. reconnaîtra, par ce projet, que si la guerre est facile à introduire par le systême même qu'on adopte pour l'empêcher, l'Europe est exposée au renouvellement des mêmes catastrophes dont il est si important d'empêcher le retour. Au fait, une balance n'est pas un moyen d'empêcher la guerre; elle n'offre que le moyen de proportionner la grandeur et les forces des états, pour rendre les chances de la guerre à-peu-près égales et pour les mettre dans une situation à pouvoir se défendre.

Les succès des puissances ont été l'effet d'une réunion qui n'a pu s'opérer qu'après quinze années de calamités et de souffrances, que par les dangers trop imminens de leur position; mais l'usurpateur vit encore, et le roi n'est point affermi sur le trône où il vient d'être placé.

Le rétablissement des Bourbons serait un événement à combler de joie toute l'Europe, si les précautions étaient prises pour empêcher la guerre, et ce sont ces précautions que j'ai tâché d'imaginer.

Si les moyens que se proposent d'adopter les puissances ne sont point capables d'empêcher la guerre, leurs succès n'auront rien produit, car en renversant Bonaparte, elles n'ont brisé qu'un instrument révolutionnaire; mais elles n'ont pas même effleuré ce sentiment d'égoïsme et de gloire personnelle qui domine la masse générale de la nation française, et elles ont au contraire fourni un nouvel aliment à la haine des révolutionnaires.

Ce serait, Sire, une grande erreur que de croire que les succès de la France ont été dûs seulement au génie et aux talens de Bonaparte, et que Bonaparte ne pouvant plus reparaître à la tête des armées, la France ne sera plus capable d'exécuter ce qu'elle a exécuté si heureusement sous ce chef. Le génie et les talens militaires sont chez les maréchaux, chez les généraux de toutes armes qui ont fait la guerre sous Bonaparte. Ils feront sous le roi ce qu'ils ont fait sous Bonaparte, si le roi veut partager leurs sentimens, s'il consent à se révolter comme eux d'arrangemens qui dépouillent la France de conquêtes qu'ils ont acquises au prix de tant de combats, de tant de fatigues, de tant de privations, de tant de souffrances, de tant de sang; qui leur ravissent les preuves éclatantes de tant de gloire, de tant de victoires, de tant de hauts-faits. Mais si le roi, cédant à des sentimens personnels de recon-

naissance envers les puissances qui l'ont rétabli, refusait de se prêter à leur orgueil outragé et de concourir à leurs projets de vengeance, il verrait parmi
eux des partis se former et des factions lui arracher
de nouveau le sceptre qu'ils ne le croiraient pas
digne de tenir. La Fronde a suivi de très près la
journée des Barricades, et les édits de la régente
Anne d'Autriche, veuve de Louis XIII, portant
diminution de dix millions pour les tailles et de
deux millions pour les entrées de Paris, n'empê-
chèrent point les troubles de continuer.

Le roi, né en 1755, quelques mois avant le
fameux {traité qui procura à la France trente-six
années de paix continentale, n'était pas destiné à se
rendre illustre dans la guerre, mais vingt années
d'adversités avaient fait germer dans son coeur les
semences d'une sagesse éclairée, d'une modération
combinée avec la nature de sa position, avec les
besoins essentiels du peuple, quoiqu'opposée à
une ambition fougeuse et tyrannique, quoique
contraire à des sentimens d'orgueil militaire.

Ce n'était pas à près de soixante ans que ce prince
devait tirer l'épée de Charlemagne, celle de Charles
VII, celle de Louis XIV; il devait prendre en main
la plume de Charles V, celle de Louis XI.

Le roi n'avait rien fait pour l'armée; il n'avait
jamais combattu, vaincu, triomphé avec elle; il
ne possédait aucune gloire, aucune vertu militaire
qui pût la lui attacher; mais il avait fait beaucoup
pour le peuple, et il possédait les vertus conve-

nables pour améliorer son sort et pour le rendre tranquille et heureux.

L'armée semblait avoir à lui reprocher d'avoir racheté son trône par le sacrifice des conquêtes qui lui avaient tant couté. Elle ne lui avait même aucune obligation de l'engagement qu'il avait pris de conserver à ses chefs des dignités, des décorations et des titres d'honneur qu'ils tenaient de Bonaparte et auxquels ils n'eûssent jamais osé prétendre, si la révolution n'eût amené un autre ordre de choses en faveur de ceux qui n'avaient point de naissance; mais du coeur, mais du courage, mais des talens pour monter aux premiers rangs.

Il faudrait en effet se faire extrêmement illusion pour croire que des hommes qui se sont exposés pour la gloire et pour conquérir, puissent être satisfaits d'arrangemens qui mettent la France en un moment au dessous de ce qu'elle était devenue dans les premières années de sa révolution, lorsque ses princes, sa noblesse, ses généraux et ses meilleurs officiers, fuyant de toutes parts, l'avaient réduite à chercher des généraux parmi ses soldats.

Ces hommes doivent être disposés à saisir avidement les occasions de se replacer dans l'attitude fière et imposante qui leur avait procuré tant de gloire, qui avait tant flatté leur orgueil, qui avait assigné à la France un rang si éminent en Europe, et si les arrangemens des puissances ne sont pas combinés de manière à pouvoir opposer une digue insurmontable à ces idées de révolte, à cette guerre sans cesse imminente entre une gloire outragée et les intérêts du monarque, toute paix ne sera que précaire; elle sera le germe d'une nouvelle guerre, et l'Europe sera exposée aux mêmes infortunes.

On doit s'attendre que le Roi sera sans cesse supplié, sans cesse tourmenté pour faire la guerre, et on peut penser que les prétextes ne manqueront pas, si les puissances adoptent le système de balance et se renferment dans ce système erroné. Mais si le Roi s'y refusait, il se présenterait de nouveaux usurpateurs, car les seuls hommes en état de commander des armées sont ceux qui se sont illustrés sous Bonaparte, et de tels hommes, commandant au nom d'un souverain qui ne leur inspirerait ni admiration, ni intérêt, ni crainte, peuvent être considérés d'avance comme des usurpateurs.

Le commandement en chef des armées est le noviciat d'un usurpateur, et toujours un ambitieux qui commande de grandes armées, s'il a été heureux dans la guerre, et s'il a eu l'art de gagner l'affection de ses troupes, soit qu'il commande les armées d'une république ou celles d'un monarque indolent et point guerrier, s'achemine vers la puissance souveraine. C'est pour cette raison qu'on a vu les républicains romains sacrifier aussi injustement qu'inhumainement, sous les prétextes plus frivoles, leurs généraux les plus heureux et les plus illustres.

Celui qui commande une armée nombreuse a sous ses ordres et à sa disposition la force principale, la plus imposante et la plus redoutable de sa

nation. Il a une autorité absolue sur la portion de
la nation qui est quelque chose, et le souverain
domine sur la portion de cette même nation isolée,
sans force, sans courage, en un mot sur la portion
de la nation qui n'est rien.

Le commandant en chef d'une armée nombreuse
a aussi un état-général très nombreux, et la discipline militaire opère à son égard le même respect,
la même soumission de la part de tous les chefs de
corps, qu'obtient le souverain de la part de ses
courtisans. Il semble qu'il soit revêtu de la dignité
et de l'autorité souveraine. Le souverain tient sa
cour dans son palais; le général en chef tient la
sienne dans sa tente. Le souverain, s'il se montre
par hasard à son peuple, n'en obtient rien qu'une
curiosité passive. Le peuple d'un général en chef,
ce sont ses soldats, et lorsqu'il paraît au milieu
d'eux, soit pour les passer en revue, soit pour les
haranguer, soit pour les conduire à l'ennemi, ils
apperçoivent en lui un homme entourré, comme le
monarque, d'un cortège brillant d'hommes soumis,
respectueux et inclinés; mais ils voïent surtout en
lui un homme qui leur a fait remporter des victoires,
qui a combattu avec eux, qui a conquis avec eux,
et toute sa personne les porte à l'admirer et à faire
des voeux pour son bonheur.

Si en général, les souverains ont à craindre,
sinon d'être renversés de leurs trônes, dumoins de
se voir dépouillés d'une partie de leurs états, comme
cela arriva sous l'empereur Ferdinand II, de la part

du fameux Wallstein; à plus forte raison peut-on craindre de semblables événemens de la part d'hommes qui doivent ce qu'ils sont à Bonaparte; qui portent un sentiment de haine à un roi qui a remplacé leur bienfaiteur, à un roi qui n'aurait rien fait pour eux peut-être sans la révolution; qui n'a même rien fait pour eux depuis, puisque les avantages dont ils jouissent sont des avantages qu'ils tiennent de la faveur de Bonaparte, et qu'ils ne sont redevables de leur conservation qu'à une transaction qui contient l'obligation de les en faire jouir.

Lorsqu'on est parti de si bas, et qu'on est parvenu si haut, par l'effet du génie et des talens d'un homme qu'on a proclamé grand à la suite d'une multitude de succès presqu'incroyables, et lorsqu'on doit à cet homme ce même bonheur dont on jouit; on aime à occuper son esprit de ses grandes actions; on aime à se rappeler ses victoires; l'imagination se promène avec une sorte d'orgueil à travers ces champs de bataille, théâtres de ses triomphes et de sa gloire. Ce même orgueil se complait à contempler ces conquêtes immenses qui avaient porté au plus haut dégré la puissance et la majesté du peuple français. Toutes ces idées réveillent la reconnaissance pour un tel homme, excitent l'enthousiasme en sa faveur, et font naître des sentimens contraires pour un prince qui n'avait d'autre titre que sa naissance pour monter sur le trône, et qui a dû renverser cet édifice de grandeur et de prospérités, pour acquérir le droit de s'y asseoir.

Ce qui fait, dans ce moment, le malheur de la France, et ce qui fera peut-être le malheur de l'Europe; c'est que les puissances alliées n'ont rien accordé à la gloire d'une armée qui avait si long-tems triomphé; c'est qu'elles ont forcé le roi à souscrire le traité de Paris du 30 Mai 1814, par lequel il a abandonné toutes les conquêtes qui avaient été faites par l'armée française, à l'exception de quelques portions de territoires qui n'ajoutent rien à la puissance de la France, qui n'assurent même pas ses frontières; et ce premier acte de transaction a soulevé toute l'armée, l'a aliennée au roi, a accru son attachement pour Bonaparte et ses regrets en faveur de cet homme.

Dans cette position le roi ne peut pas être tranquille sur son sort; il doit se bien persuader que tous les hommes qui sont parvenus aux premières dignités sous Bonaparte, qui ne tiennent rien de sa faveur particulière, et qui sont restés en possession de leurs titres, en vertu de l'obligation à laquelle il s'est soumis de les leur conserver, n'auront pour sa personne aucun sentiment d'attachement, même de loyauté; qu'ils paraîtront devant lui toujours sous le masque de l'hypocrisie, et qu'ils conspireront sourdement en faveur de celui auquel ils sont redevables de leurs honneurs et de leur fortune.

Le roi se trouve placé sur le cratère d'un volcan dont les feux sont contenus dans ce moment, mais ne sont point éteints. Il peut avoir dans son parti les cultivateurs, les marchands, les bourgeois tranquilles, tous les hommes qui n'ont rien obtenu du règne de Bonaparte, qui ont même été malheureux par l'effet de son système politique, par les efforts de son ambition; mais de tels hommes ne sont rien; ils sont incapables de s'opposer au courage intrépide d'une faction militaire, et dans les discordes civiles ils sont plus embarrassans qu'utiles.

Bonaparte a incontestablement dans son parti tous ceux qu'il a élevés et enrichis, qu'il a comblés de ses faveurs et de ses bienfaits, et le nombre en est grand. Sous quelque masque qu'ils se cachent, ils sont aisés à reconnaître, parcequ'ils ont fait preuve de devoûment envers lui, parceque tous lui gardent de la reconnaissance, parceque tous seront disposés à entourer celui qui osera planter l'étendard de l'insurrection. Bonaparte a surtout, et incontestablement, dans son parti, tous ces généraux, tous ces officiers, tous ces soldats qui ont combattu à ses côtés, qu'il a conduits si souvent à la victoire, auxquels son génie, ses talens et sa fortune ont inspiré une confiance aveugle, qui ont été enorgueillis de ses succès, enthousiasmés pour sa personne, et qui ont aujourd'hui l'humiliante douleur de voir tant de triomphes profanés, tant de lauriers flétris.

Le roi peut-il être tranquille sur le trône, lorsqu'il n'a pour le défendre que quelques émigrés qui ont vieilli dans l'infortune, et lorsque son sort peut dépendre d'un mouvement spontané d'enthousiasme, de fureur ou de vengeance.

Ce serait autre chose si le roi avait été reporté sur le trône par la victoire d'une faction; si une partie de l'armée française, lasse de faire la guerre pour le profit de Bonaparte; s'était prononcée en sa faveur; si cette partie de l'armée avait combattu pour lui et avec lui; s'il eut été proclamé aumilieu des bayonnettes de soldats vainqueurs; l'armée terrassée ne serait plus rien; l'armée triomphante serait sa sauve-garde, et il se trouverait dans la situation où s'est trouvé Charles II, roi d'Angleterre, rétabli par Monck, anglais, chef de l'armée, où se sont trouvés Charles VII et Henri IV.

Mais le roi a été reporté sur le trône par le simple hasard d'une victoire étrangère; il ne l'a point conquis avec son épée; il ne s'en est pas frayé lui-même le chemin, et il n'a aucun moyen de s'y maintenir, parcequ'il ne posséde pas ces vertus guerrières qui électrisent une armée; parcequ'il ne peut pas exciter en sa faveur cet enthoûsiasme qui est le tribut des soldats pour les grandes actions, parcequ'il est presque réduit à la condition du Grand-Seigneur qui doit demeurer enfermé dans son palais et dépendre des sentimens bons ou mauvais des Janissaires pour sa personne.

Le roi est destiné à entendre résonner sans interruption les feux souterrains qui bouillonnent au sein du volcan audessus duquel il est assis et à redouter à chaque minute une nouvelle éruption.

Cet événement a été retardé jusqu'ici, parceque de fortes armées sont encore voisines des frontières;

mais ces armées disparaîtront aussitôt que les puissances alliées auront partagé entre elles les pays qui
sont à présent confiés à leur garde, et ce sera alors
aussi que les factions s'agiteront, que les partis se
formeront, qu'ils se montreront, qu'ils lui deman-
deront la guerre, qu'ils le forceront de la faire, ou
qu'ils ne le jugeront pas digne de régner sur un
peuple guerrier.

Alors l'armée se nommera un chef. Ce chef ne
déclarera pas la guerre; il envahira, et en un instant
les Français seront encore aux extrémités de l'Allemagne et de l'Italie. Alors aussi Bonaparte, ce
dieu de l'armée, reparaîtra, et rien ne pourra plus
l'empêcher d'exercer ses vengeances. On peut sup-
poser que dans ce cas ses vengeances seront terribles.

Je dis que Bonaparte reparaîtra, et rien en effet
n'est plus facile à concevoir que cet événement,
puisqu'on a fait tout ce qu'il fallait faire pour faciliter son retour.

1°. On l'a relégué à l'île d'Elbe, c'est-à-dire
dans une île très voisine de la Toscane. On lui en
a donné la souveraineté, et il a la possibilité de
communiquer avec toutes les parties de l'Europe,
même avec la France, sous le rapport du commerce;
or ces communications de commerce suffisent pour
introduire des agens secrets, des correspondances
ou des intelligences occultes avec les chefs de son
parti.

2°. On lui a accordé un million de pension
viagère: on lui a accordé pareillement la libre

disposition des fonds qu'il a placés en France, et on estime le revenu de ces fonds à plusieurs millions.

3°. Les feuilles publiques annoncent comme un fait certain, qu'il posséde plus de quatre millions de revenus dans les fonds d'Angleterre.

4°. Ses frères et ses soeurs possédent plusieurs millions de revenus, et se sont établis en Italie et sur les frontières de l'Italie, avec ces grands moyens pour corrompre.

5°. Ses plus grands amis, ses plus intrépides partisans, sont à la tête de l'armée, à la téte des corps constitués et des administrations; ils encombrent les galeries et les appartemens du roi. Ces hommes possédent les richesses de la France; ils tiennent ces richesses de la munificence et de la faveur de Bonaparte, et ils ont conséquemment des moyens immenses pour acheter la populace.

6°. Le beau-frère Murat est roi de Naples; il a des forces de terre et de mer. Il peut avec les unes ou donner le branle à une insurrection en Italie, ou seulement l'appuyer, et avec les autres, il peut se présenter dans un des ports de l'île d'Elbe, y enlever Bonaparte et le transporter sur les côtes de la Toscane.

7°. Arrivé en Italie, Bonaparte y trouve des hommes insurgés, des armées déjà organisées, son épouse et son fils disposés naturellement à le servir.

8°. Avec ces premiers moyens et les intelligences qu'il entretient en France, il y trouve bientôt ses amis, puisque le roi, pour conquérir son parti, a eu l'imprudence de s'abandonner aux conseils d'hommes perfides et de confier le gouvernement des divisions militaires à des maréchaux, à des généraux qui le regrettent et qui n'attendent sans doute que le moment de se joindre à lui et de faciliter son entrée dans le royaume.

9°. Les hommes de son parti regorgent de richesses, tandis que le roi aurait à chercher des ressources dans un royaume en proie à la guerre civile, pour faire marcher le gouvernement et amortir une dette d'un milliard et cinq-cents millions.

Que V. M. réfléchisse sur cette situation et qu'Elle juge si l'on peut s'opposer aux dangers qu'elle présente à l'esprit, avec des moyens ordinaires, avec un genre de paix qui tiendrait les puissances divisées et qui, par cette raison, les mettrait dans l'impossibilité d'opposer la moindre résistance aux entreprises de la faction révolutionnaire.

Mais supposons que celui dont l'armée aurait fait choix pour la commander, fût dévoré lui-même d'ambition et qu'il voulût profiter, comme a fait Bonaparte, de sa position pour s'élever jusqu'au trône; il devient usurpateur. S'il devient usurpateur, il devient aussi conquérant, pour anéantir ceux qui voudraient s'opposer à son usurpation, et il marche, comme Bonaparte, à la domination universelle.

Par tous ces événemens, l'Europe retombe nécessairement dans la même situation où elle s'est
trouvée. Et qui aura produit tous ces événemens?
le systême de balance.

Les puissances alliées n'ont sûrement pas eu l'intention de faire au roi et à sa nation un présent
funeste. Elles n'ont sûrement pas l'intention de se
sacrifier elles-mêmes, et pour quelques agrandis-
semens, pour quelques avantages éphémères, plus
propres à flatter leur orgueil qu'à assurer leur tranquillité, d'exposer de nouveau l'Europe, leurs
trônes, leurs sujets et leurs personnes.

Lorsque V. M. paraît ne vouloir s'occuper que de
la tranquillité générale, que de la justice distributive, plusieurs puissances se concertent déjà pour
le seul avantage de leur ambition; elles s'emparent
de tout ce qui pourrait servir à fonder un bon
systême de paix, et elles travaillent, sans s'en
douter, à replonger l'Europe dans la même situation
où elle s'est trouvée, et où elle serait encore, sans
doute, si Bonaparte n'eût pas commis la faute de
porter la guerre en Russie.

Il faut se bien pénétrer de cette vérité évidente
et irréfragable; c'est que les hommes qui ont composé les armées françaises, ne sont plus propres aux
travaux de l'agriculture, du commerce et de l'industrie; c'est que tant que ces hommes existeront,
la paix sera leur antidote; ils feront des voeux pour
Bonaparte; ils n'auront aucun sentiment d'attachement pour un prince qui a souscrit une paix pour

eux incommode, insupportable même, en raison de leur passion pour la gloire et pour les conquêtes. Le roi n'aura pas les moyens de les contenir; il devra céder à leur passion pour la guerre, à leur désir de se signaler et de s'enrichir, ou il devra cesser de régner.

Par le projet que je propose, je les réduis à l'impuissance de tourmenter le roi, d'inquiéter les autres souverains; je les mets dans l'impossibilité de porter le roi à des entreprises contraires à la tranquillité générale; je force l'armée à la soumission commune, parcequ'une grande partie de ses conquêtes sert à construire la base de l'établissement de paix; parceque son orgueil est flatté de voir cet établissement fondé sur une base composée de ses trophées; enfin, parceque ces mêmes soldats, dangereux dans une paix basée sur la balance, peuvent être employés avantageusement en faveur de l'établissement proposé, et former, en partie, les armées qu'il faudra établir pour la défense et pour la police des pays réservés; et de cette manière je les mets dans une position à ne devoir plus regretter des conquêtes que je fais tourner à leur gloire et à l'avantage général, et je délivre toutes les puissances des inquiétudes que doivent naturellement donner tant d'hommes qui ne sont plus propres qu'à faire des soldats. C'est même un avantage pour la France, qui se trouve, par-là, délivrée d'une charge et d'une faction très dangereuse.

Si V. M. juge que j'ai saisi le moyen de fonder une paix générale et durable et d'empêcher le retour des calamités dont l'Europe a eu si longtems à souffrir; si elle juge aussi que ce projet soit digne d'être posé sur la table du congrès et d'être soumis à la considération des puissances, je l'établirai dans la forme que comportent les circonstances actuelles.

Votre Majesté a sauvé l'Europe par la gloire de ses armes; Elle doit assurer son salut par le génie de sa politique. La victoire a replacé les souverains et les peuples dans une situation prospère; la paix doit consolider ce grand ouvrage. J'en ai cherché les moyens, autant pour satisfaire ma passion pour le bien général, que pour payer à Votre Majesté, auteur de ce grand bienfait, le tribut de reconnaissance qui lui est due par toute l'Europe.

CHAPITRE XXVIII.

Moyen employé pour faire parvenir le Projet à S. M. l'Empereur de Russie.

Comme un grand monarque aurait trop affaire s'il daignait recevoir tous les projets, les conseils et les observations qui lui seraient adressés; il est d'usage de ne faire parvenir à ces augustes personnes les écrits qu'on désire leur faire connaître, que par les mains d'un de leurs principaux ministres, ou de leurs premiers chambellans, et pour me conformer à cet usage, j'avais adressé mon Projet à M. le chancelier de Romanzow, accompagné de la lettre que voici.

Monsieur,

L'Empereur a beaucoup fait pour sa gloire; il a fait beaucoup pour l'Europe. Il a procuré le bonheur par la victoire; il doit l'affermir par la paix.

Mon admiration pour sa personne auguste, mon enthousiasme pour ses vertus sublimes, m'ont inspiré les deux pièces de vers que j'ai eu l'honneur d'adresser à V. E. et que je l'ai suppliée de mettre à ses pieds. Mais l'Empereur doit être le fondateur de la paix générale, puisqu'il a été le chef de la ligue générale. Il s'est rendu digne de la reconnaissance des peuples, il doit être comblé de leurs bénédictions.

C'est cette idée qui m'a animé à rédiger le Projet d'établissement dont j'ai l'honneur de faire hommage à Sa Majesté, après que V. E. aura jugé s'il est digne de lui être offert.

V. E. remarquera, en le lisant, que dès 1813, j'avais prévu les succès de l'Empereur, et que j'ai combiné mon Projet d'après cette opinion.

J'ai précédé mon Projet de réflexions, pour montrer la situation de la France, et pour faire sentir la nécessité de son adoption. J'aurais pu montrer aussi la situation de l'Europe, et prouver que les puissances n'ont pas profité des leçons de l'expérience, et que les dangers, aulieu de diminuer par les triomphes de l'Empereur, se sont accrus par le mouvement qu'ils ont donné aux passions personnelles.

On parle de la paix, on veut la paix; mais on la veut d'une manière qui puisse satisfaire les ambitions, les prétentions, l'orgueil, et pourvu qu'on puisse contenter son intérêt particulier, on s'occupe peu de l'intérêt général.

Je le demande, n'est-ce pas rétablir ce vice d'organisation qui a procuré à la France tous ses succès? n'est-ce pas ramener cet esprit d'égoisme, de division et de discorde qui a favorisé le *divide ut impera*, et qui a mis l'Europe à deux doigts de sa perte?

L'amour que Vous avez pour Votre patrie, Monsieur le Comte, me persuade que rien n'est plus capable de Vous être agréable, qu'une combinaison politique qui a pour objet sa gloire, sa prospérité, sa tranquillité et son bonheur. J'espère que l'Empereur daignera l'accueillir, et que S. M. y reconnaîtra que j'ai cherché à illustrer son règne par la paix.

Vous remarquerez, Monsieur le Comte, qu'après avoir donné dans cet ouvrage une idée juste de la politique extérieure ou diplomatique et avoir désigné la politique convenable à tous les gouvernemens, c'est-à-dire la science royale, j'ai signalé les guerres et les paix comme des fléaux; que j'ai discuté soigneusement les systèmes de balance et de domination générale; que je les ai combattus l'un par l'autre, et que j'en ai tiré la conséquence que le système de fédération générale est préférable à tous ces systèmes, parceque ce système, formé des élémens de l'indépéndance, produit une dépendance, une coercition volontaire qui renferme chaque souverain dans le cercle de ses obligations, et qui opère l'effet d'une paix générale. On a long-tems cherché le moyen de réaliser cette paix perpétuelle en Europe; mais toujours sans succès, et j'en ai donné la raison. Il me semble que j'ai rencontré ce moyen, et qu'il ne dépend que de S. M. l'Empereur de le prouver, en entreprenant de le mettre à exécution. &c.

Eutin, le 1 Août 1814.

Voici une des piéces de vers que j'avais adressées à S. M. l'Empereur.

Stances à Sa Majesté ALEXANDRE PREMIER, Empereur de toutes les Russies.

Aprés la délivrance de l'Allemagne.

O! toi, dont la fortune égale la grandeur;
Emule des héros chéris de la victoire;
Permets que je raconte aux Filles de mémoire,
Ce que ce vaste Empire, heureux par ta valeur,
Doit à ton bras, doit à ton coeur.

Si les fiers conquérans dont l'histoire nous vante
Les vertus, les hauts-faits et les exploits divers,
Se sont rendu fameux en nous donnant des fers ;
Que plus grand tu parais quand ta main triomphante
    Rassure l'Europe tremblante !

Alexandre, honoré du beau titre de grand,
A cause de l'amour qu'il eut pour les conquêtes ;
A t-il connu jamais le charme de nos fêtes,
Ces transports si touchans, ce doux ravissement
    Que l'on éprouve en te voyant.

Ce conquérant altier, dans sa fougeuse ivresse,
Ne trouva de bonheur qu'au milieu des combats ;
Il ravagea le monde, envahit des états ;
En lui tout nous paraît vaine gloire, faiblesse.
    En toi tout nous semble sagesse,

Charles, cet empereur si grand, si valeureux,
Ne fut pas satisfait de régner sur la France ;
Il voulut l'univers courber sous sa puissance ;
Son orgueil enfanta des ravages affreux.
    Tu rends tous les peuples heureux.

Ce Charles, qui soumit l'un et l'autre hémisphère,
Qui dans des îlots de sang plongea les Mexicains ;
Qui si cruellement traita tous les humains,
Qui fut ainsi que toi fortuné dans la guerre,
    Fut un tyran, jamais un père.

Ah ! combien tu paraîs plus illustre à nos yeux,
Quand tu fais consister ta grandeur et ta gloire
A nous faire jouir des fruits de ta victoire,
En ramenant la paix, la concorde en des lieux
Troublés par des ambitieux.

L'histoire, un jour d'accord avec ta renommée,
Dira que les Français, comme des léopards,
Vinrent chez les Germains fondre de toutes parts,
Et que des bons Germains la patrie abymée,
Dut son salut à ton armée.

Elle dira comment, épris d'un fol orgueil,
Les Français entassant conquête sur conquête,
Du temple de la gloire allaient toucher le faîte ;
Comment en un moment tu creusas leur cercueil ;
Tu mis la république en deuil.

Sans doute elle dira ce que chacun doit dire ;
Qu'à ton septième lustre, à l'âge des plaisirs,
Où l'homme est tourmenté des plus ardens désirs,
Tout entier à la gloire où ton grand coeur aspire,
L'honneur est le Dieu qui t'inspire.

Grand Monarque, poursuis tes illustres travaux,
En toi l'Europe a mis toute sa confiance.
L'Empire est délivré, délivre aussi la France.
L'univers te devra son bonheur, son repos,
Ces biens, vrais présens d'un héros.

Espérons que le Ciel, à nos voeux favorable,
Témoin de tes exploits, de tes nombreux succès,
Voudra les embellir des trésors de la paix,
Et qu'à jamais ton nom devenu redoutable,
En rendra le bienfait durable.

Je ne reçus aucune nouvelle ni de mon projet, ni de mes vers, ni de mes lettres. Je conclus de ce silence, que le ministre de l'Empereur n'avait pas gouté mon projet et qu'il ne l'avait pas communiqué à Sa Majesté, ou que Sa Majesté était entrée dans une combinaison politique opposée à ce projet, qu'Elle avait pris à Paris des engagemens, et qu'il n'était plus en son pouvoir de reculer.

CHAPITRE XXIX.

Fondation du système de balance.

Ce fait ne tarda pas à se vérifier, et en effet, à peine l'Empereur Alexandre fut arrivé à Vienne, qu'on commença à développer le systême de balance, qui n'était autre chose qu'un systéme de simplification, c'est-à-dire d'agrandissement pour les uns et d'anéantissement pour d'autres; systéme qui, conséquemment avait pour objet d'enrichir les personnes déjà riches. *Dantur opes nullis, nunc nisi, divitibus.*

L'Autriche ne devait pas être sensible.à la perte des Pays-Bas, qui avaient été de tout tems à charge à sa maison, qui lui avaient occasionné tant de difficultés et d'embarras, qui lui .avaient causé tant de guerres; mais c'était une belle possession qu'elle était obligée de sacrifier, et une indemnité, même équivalente à la perte, ne suffisait pas pour la consoler de la perte de sujets attachés et longtems éprouvés. Elle avait demandé pour sa couronne tout l'état de Venise, sa réintégration dans tous ses anciens états d'Italie, le rétablissement du frère de l'Empereur dans le Grand-Duché de Toscane; celui de son cousin dans le Duché de Modène, et un nouvel établissement en faveur de l'Archiduchesse Marie Louise, épouse de Napoléon, composé des Duchés de Parme, de Plaisance et de Guastalla, qui avaient appartenu à une branche espagnole de la maison de Bourbon.

De tels arrangemens ne pouvaient se réaliser en faveur de l'Autriche, sans procurer à la Russie, à la Prusse et à la Bavière d'immenses accroissemens; sans autoriser l'Angleterre à en exiger de relatifs en faveur de ses alliés. Ils ne pouvaient se réaliser sans faire disparaître une multitude de petits souverains dont les états devaient servir à établir les poids de la prétendue balance.

On avait combattu pour renverser Bonaparte,

pour détruire tout ce qu'il avait établi, pour rétablir
tout ce qu'il avait détruit, pour reprendre tout ce
qu'il avait envahi, pour remettre tout à sa place;
mais on a repris tout ce qu'on avait perdu pendant
la guerre; mais on a transformé en droit la reprise
de tous les pays qu'on avait reçus de lui par différens
traités et qu'il avait acquis par l'injustice et la violence. On s'est mis partout à la place de cet
homme qui, comme le rapporte le prophète Daniel
de Nabucodonosor, élevait l'un et abaissait l'autre,
parceque telle était sa volonté. *Quos volebat exal-
tabat; quos volebat humiliabat;* de cet homme qui
n'avait d'autre occupation que celle de désoler le
monde,

> *Et qui par ses rigueurs préparant ses bienfaits,*
> *Nous livrait des combats pour nous rendre la paix.*
>
> *RACINE.*

Bonaparte qui est en horreur aujourd'hui, parceque dans le tems de sa puissance il a été grand et
redouté, est relégué à l'île de Ste. Hélène; il est
vraisemblable qu'il ne reparaîtra plus en Europe;
mais plusieurs gouvernemens y conservent les productions de son génie avec autant de soin que les
Vestales conservaient autrefois à Rome le feu sacré.
On aurait dû détruire jusqu'au moindre vestige des
productions du génie de cet homme, pour empêcher
d'arriver à la postérité les moyens d'une tyrannie
qui a révolté toute l'Europe, qui a ébranlé tous les
trônes, qui a humilié, outragé et même renversé
un grand nombre de souverains; qui a anéanti

toutes les lois divines et humaines, qui a troublé toutes les familles, qui a empoisonné toutes les joies et fait répandre des torrens de larmes; mais partout son génie plane au dessus de nos têtes. On le retrouve chez les rois qu'il a créés, chez les grands-ducs, chez les princes, chez la noblesse qu'il a institués, dans tous ses établissemens politiques, civils, administratifs, fiscaux et militaires, même dans la gendarmerie, troupe destinée à faire peur au monde, et qui lui a si bien servi à entretenir partout la terreur, même dans la maintenue des suppressions d'états qu'il avait ordonnées pour accroître les forces de ses auxiliaires, même dans sa jalousie contre le commerce de l'Angleterre, de cette bienfaitrice de tous les états, qui a employé son génie, ses forces et ses richesses pour tout sauver et à qui toute reconnaissance est due. Tout est maintenu, et si les yeux les plus clairvoyans sont capables d'appercevoir quelques changemens opérés par sa destruction, ce n'est que dans le rétablissement de quelques familles augustes sur les trônes, que dans le triomphe de la légitimité en faveur des Bourbons. On a cherché à perpétuer la mémoire de cet homme, en formant, comme dit St. Prosper, par une puissance de créateur et de souverain, un vase nouveau de ce vase qui était brisé.

> ——— *Mutans, mentem atque reformans,*
> *Vasque novum ex fracto fingens virtute creandi.*

CHAPITRE XXX.

Construction du Système de Balance.

Les puissances rétablies dans leurs possessions, ont cherché les moyens de s'y maintenir et d'empêcher le retour d'événemens semblables à ceux qui avaient causé leurs infortunes.

Alors, il s'est agi de combiner une prétendue balance. On a créé des royaumes, donné des états, fait des échanges entre les puissans et les mieux protégés, et ensuite on s'est emparé des états de ceux qui n'avaient que des représentations à faire et point de moyens pour pouvoir les appuyer. On a vu la Prusse étendre ses bras jusqu'à la Meuse et la Moselle; la Russie avancer son pied jusqu'au-de-là de la Vistule; la Bavière s'établir au-de-là du Rhin; la Hesse et Bade franchir aussi ce fleuve; l'Angleterre obtenir la couronne royale pour l'Electeur d'Hanovre, et fonder un royaume riche, populeux, industrieux et formidable, en faveur d'un Prince qui ne peut être tranquille et fortuné que par sa reconnaissance d'un si grand bienfait; enfin des souverains se maintenir en possession des états de princes qui en avaient été dépouillés par Bonaparte, pour en agrandir les leurs.

On a donné des titres à ceux à qui on n'a point accordé de terres. On a espéré de consoler les victimes de ces arrangemens politiques, en faisant luire à leurs yeux les apparences d'un mieux. On a cherché à leur persuader que n'étant plus souverains, mais sujets, comme ceux qui, peu avant, les avaient eus pour maîtres, ils seraient mieux protégés, plus tranquilles et plus heureux, et que les grandes puissances ne pouvaient acquérir une force de protection véritablement efficace, que par ce mode de simplification.

Ces malheureux princes ont imité la résignation de Jesus-Christ qui, après son jugement, *tanquam agnus coram tondente se obmutuit.*

Cependant tous ces princes avaient combattu pour reconquérir leurs possessions; elles avaient été par eux reconquises, et lorsqu'ils furent appelés à Vienne, ils devaient espérer d'entrer dans le système de statique, de se voir placés dans un des bassins de la balance; mais il avait été décidé d'avance qu'ils y seraient placés comme sujets, et non comme souverains; ce qui eut lieu en effet; et ces princes apprirent, à leur grand étonnement, qu'ils avaient été appelés à Vienne pour prendre part aux divertissemens, et point du tout aux affaires.

C'est fonder la tranquillité et le bonheur sur une base fragile, que de former cette base du viol le plus outré de la propriété. Bonaparte pouvait maçonner une telle base; il était usurpateur; il faisait son métier; mais des souverains légitimes!

S'il est vrai, comme l'ont publié les puissances alliées, que la tranquillité et le bonheur de l'Europe ne puissent se trouver que dans la balance politique, et que pour établir cette balance avec

justesse, il faille en trouver les poids dans la suppression et confiscation des petits états; il n'y avait
point de raison d'en vouloir à Bonaparte, il avait
pris la bonne route, il avait adopté les bons principes, puisqu'il avait employé son tems, ses forces
et ses moyens à simplifier.

Mais on a connu sous Bonaparte des effets terribles du systéme de simplification. On a vu que
les habitans des états confisqués que les souverains
de ces états avaient appelé leurs sujets, avaient été
traînés aux armées du simplificateur pour combattre
en faveur de son ambition; que les terres de ces
états avaient été imposées pour les dépenses de
guerre, et que les fortunes avaient été à la disposition de ce partisan de l'unité.

Il est vrai que quelques souverains ont adopté un
systéme de gouvernement représentatif, qui doit
rassurer les habitans des états confisqués contre les
violences et les abus d'autorité dont a usé Bonaparte; mais ce systéme de gouvernement est plus
dangereux pour la tranquillité, pour le souverain
même, que tous les autres systémes, et c'est chercher à sortir d'un mal pour tomber dans un pire que
d'adopter un tel systéme. *In vitium ducit culpæ
fuga.* *Hor.*

Il fallait qu'il n'existât aucun moyen d'organiser
l'Europe de manière à y établir la tranquillité, pour
qu'on fût forcé de se servir de ce moyen pour fonder
la paix du monde; car on ne doit employer que
dans des cas extrêmes une violence semblable à celle

qui arrache à un souverain sa couronne et qui lui dit: Tu faisais la loi, et tu recevras la loi. Tu étais maître et tu commandais; tu seras sujet et tu obéiras. Tu avais un état, tu n'auras plus qu'une terre. Tes sujets et toi serez également soumis à l'autorité du prince en faveur duquel on t'a dépouillé.

Je ne crois pas qu'il y ait de situation plus cruelle, plus douloureuse, que celle que je viens de représenter. C'est celle des malheureuses victimes du système de simplification, et je ne conçois pas qu'on ait pu imaginer un semblable système, qui n'est propre qu'à occasionner des chagrins à d'illustres et anciennes maisons, sans profit pour l'humanité; qui ne peut pas même produire l'avantage que semblent en attendre les puissances qui se sont décidées à l'adopter.

> *Si l'orgueil se refuse à se mésallier;*
> *Qu'il est dur de descendre et de s'humilier!*

Que des ministres ayent imaginé un tel système, on ne doit point s'en étonner; des ministres sont chargés de la fonction de rêver des projets; il faut de toute nécessité qu'ils imaginent quelque chose; mais que des souverains grands et puissans se soient décidés à entrer dans une combinaison politique qui a pour objet de faire descendre de leurs trônes des princes qui étaient souverains comme eux, de les humilier, de les ravaler jusqu'à la qualité de sujets, et cela pour posséder un peu plus de terre,

pour commander à quelques individus de plus ;
voila ce qu'on ne concevra pas !

On aurait dû s'attendre à voir les puissances
repousser un tel systéme ; on aurait dû espérer de
les entendre dire à leurs ministres :

De la félicité voila donc les seuls gages ;
La vanité, l'erreur, des vapeurs, des nuages.
RACINE.

Quoi ! Vous nous conseillez d'adopter un systéme qui avait été établi et suivi par l'homme que
nous avons combattu et vaincu ! Avez-vous donc
le dessein de nous représenter aux yeux des peuples
de l'Europe comme coupables de l'avoir combattu,
comme responsables de tout le sang qui a été versé
pour le détruire, puisque vous nous proposez de
commettre les mêmes injustices qu'il a commises,
d'exercer les mêmes violences qu'il a exercées,
d'employer, pour accroître notre puissance, les
mêmes moyens qu'il a employés pour accroître la
sienne ; de faire couler des larmes pour le seul avantage d'en faire couler.

Quoi ! Vous nous conseillez de dépouiller des
princes qui ne sont coupables d'aucune injustice
envers nous ; qui nous ont assistés, dans nos péril-
leuses et glorieuses entreprises, de leurs fortunes
et de leurs forces ; qui ont secondé nos transports
des leurs ; qui ont ajouté leur dévoûment et le courage de leurs sujets à notre dévoûment et au courage
de nos peuples, pour composer cet ensemble de
forces qui nous ont fait triompher de l'ennemi

commun! Songez-vous à ce que nous serions devenus sans le zèle patriotique de tous ces princes, sans cette union qui fut si nécessaire et tant désirée pour pouvoir vaincre! C'est peut-être par eux que nous avons vaincu, car n'eussent-ils fourni que leur patriotisme, il eut été pour nous d'une grande ressource. Le patriotisme dans les princes est d'un salutaire exemple. Il exerce un pouvoir irrésistible sur l'opinion des peuples, et dans des affaires qui exigent de l'ensemble, une réunion de forces, il faut commencer par conquérir l'opinion. Vous n'ignorez pas que c'est l'opinion qui dirige tout dans ce monde; que c'est d'elle que naîssent les voeux en faveur ou contre un parti, et que les voeux procurent des auxiliaires ou des ennemis. En un mot avez-vous le projet de nous faire reconnaître comme bon, comme juste, comme bienfaisant et salutaire, un systême que nous avons déclaré injuste, tyrannique, attentatoire à la propriété, à la foi publique, à la tranquillité, à la sûreté des familles, qui avait rendu odieux son auteur, et contre lequel l'Europe entière s'est armée.

Quoi! parceque nous avons de grandes armées, nous ferions descendre de leurs trônes des souverains, parcequ'ils n'ont que de petites troupes! Mais si ces princes étaient aussi puissans que nous, et si nous étions aussi faibles qu'eux, ils pourraient donc exercer envers nous la violence que nous exerçons envers eux, puisque vous fondez le droit sur la force? Ne faisons pas dire de nous que les paroles des hommes puissans ne sont que des mots.

Souvenez-vous, Messieurs, que le seul moyen d'entretenir la paix dans le monde, c'est de maintenir chacun en possession de ce qui lui appartient. C'est la volonté de Dieu, de ce souverain des rois, des princes, de toutes les créatures humaines. Lisez les commandemens de ce créateur et maître suprême de l'univers; il nous dit, article 7 :

,, *Le bien d'autrui tu ne prendras,*

,, *Ni retiendras injustement.*"

Serons-nous contraires à la volonté de Dieu, de Dieu, qui nous a créés; qui nous a placés sur des trônes, qui nous a comblés de tous les avantages dont un mortel puisse désirer de jouir dans son passage en cette vie périssable? Dieu a commandé, Dieu doit être obéi. Nous sommes les premiers dans ce monde, et nous devons donner l'exemple de la soumission à sa volonté.

Telle a été notre intention, et nous l'avons manifestée trop hautement, trop franchement dans notre proclamation de Francfort, pour que nous puissions nous prêter à des arrangemens qui y dérogeraient.

Notre intention, vous le savez, a été de *donner à la paix pour fondement, l'indépendance de l'empire français et celle des autres états de l'Europe.* Vous savez que *nous avons reconnu,* par cette déclaration, *les services qui nous ont été rendus par tous les souverains et princes de l'Allemagne,* et que nous y avons déclaré solennellement: *que nos vues étaient droites dans leur but, magnanimes et généreuses dans leurs dispositions, tranquillisantes pour tous, honorables pour chaque parti.*

Voudriez-vous nous faire passer dans l'opinion de l'Europe comme capables d'avoir cherché à nous attacher les princes de l'Allemagne par des promesses de justice, par des espérances de bien, pour les sacrifier dès que nous aurions triomphé?

Vainement objecteriez-vous que la souveraineté de tous ces princes avait été abolie par celui que nous avons combattu et vaincu, et que vous ne faites que maintenir cette disposition. Nous vous répondrons que nous avons combattu et vaincu pour rétablir des droits usurpés, pour les restituer à des souverains légitimes, et non pour maintenir les abus de l'injustice, de la force et de la violence. Nous vous répondrons qu'un usurpateur ne reconnaît aucun droit, parcequ'il n'en posséde aucun; mais que des souverains légitimes ne peuvent attenter aux droits des faibles, sans ouvrir la porte à l'injustice et à la violence des forts. Ou en serions-nous, si c'était justice que de maintenir tout ce que cet homme a fait d'injuste? Nous aurions dû rester dans la situation où nous nous sommes trouvés après les paix de Presbourg, de Vienne, de Tilsit; et si la victoire a déchiré ces traités désastreux, si elle nous a remis en possession des droits qui nous avaient été ravis; ceux qui ont combattu avec nous, qui ont concouru à nos succès, qui ont partagé nos

triomphes; même ceux qui n'ayant pas pu les partager, s'en sont réjouis, ont le même droit de se
remettre en possession des biens et des titres qui
leur avaient appartenus avant le tems de leurs infortunes.   Ils ont été malheureux comme nous; ils
doivent être heureux comme nous.   Ils ont eu leur
part dans le mal; ils doivent aussi avoir leur part
dans le bien.   Il faut, Messieurs, que l'on puisse
dire de nous ce qu'on disait autrefois à Rome de
Fabricius: qu'il serait plus facile de détourner le
soleil de sa route, que de détourner ce romain du
sentier de la justice et de la probité.   *Qui difficilius
ab itinere justi et honesti, quam à cursu suo sol
averti possit.*   Eutrop.

Il semble que notre puissance se trouve assez
considérablement accrue par le partage des biens du
clergé germanique; n'ajoutons pas aux ressentimens
du clergé, ceux des princes séculiers. «La fortune
se montre si souvent inconstante; elle nous a rendu
une fois si petits, qu'on ne peut pas compter sur le
lendemain.   Craignons qu'elle n'entreprenne encore
de nous persécuter; craignons de nous trouver dans
le cas de n'être ni plaints ni secourus; ayons sans
cesse sous les yeux ces paroles du grand roi, du sage
Salomon: ,,En s'élevant trop, on court risque d'être
,,aveuglé par sa prospérité et de perdre de vue ses
,,véritables intérêts."   Il n'est point de grand état
qui ne puisse devenir petit; il n'en est point qui ne
puisse être détruit.   Le génie des hommes les porte
à tout détruire.   Consolons une fois l'humanité;

montrons-nous équitables et bienfaisans; bornons-
nous à enchaîner, s'il se peut, les passions, à les
empêcher de nuire, et tâchons d'imaginer un systême qui ne fasse du mal à personne, qui procure à
chacun du bien. , Les grands hommes sont cachés
dans la foule; c'est l'injustice qui les en fait sortir.
Un tel homme en est sorti. Vous savez de quoi
son génie a été capable. C'est vous en dire assez.

Il était dans le coeur des trois grands monarques
de tenir ce langage, et chacun d'eux l'aurait tenu,
si leurs conseillers n'eûssent pas tout fait pour leur
persuader que le. système de balance et de simplification qu'ils avaient imaginé, allait au but de leur
ardent désir, celui de rendre les peuples tranquilles
et heureux, et sans doute les trois grands monarques
eûssent combattu de toute la force que leur eut
donné leur amour pour l'humanité, un système si
vicieux, si on eut mis sous leurs yeux un autre
moyen de fonder la paix publique sans injustice,
sans violence; s'ils avaient scu qu'un tel moyen se
trouvait démontré, dans un Projet de paix qui avait
été communiqué à plusieurs ministres, offert à plusieurs autres, et qui était défenseur et conservateur
de la propriété. Mais ce Projet a été dédaigné par
ces ministres; mais il a été dérobé à la connoissance
des puissances alliées, et ces puissances ont été
mises, par les conseils de leurs ministres, dans le
cas de s'écrier:

Mon coeur toujours rebelle et contraire à lui-même,
Fait le mal qu'il déteste et fuit le bien qu'il aime.

Et moi, je pourrais dire à ces ministres ce que l'historien romain disait de certains grands personnages de la république : *Nulla ingenia tam prona ad invidiam sunt, quam eorum qui genus aut fortunam suam animis non aequant; quia virtutem et bonum alienum oderunt.* Tit. Liv. Il n'y a point d'esprits plus susceptibles de jalousie que ceux qui n'ont point une grandeur d'âme égale à leur naissance ou à leur rang, parcequ'alors tout mérite leur devient odieux comme un bien étranger.

On verra ci-après que l'Empereur de Russie a été frappé des inconvéniens attachés au système de balance, et qu'il a pris des mesures pour y rémédier.

CHAPITRE XXXI.

Le Système de Balance est un ferment de guerre, parceque la Balance a constamment la politique pour ennemie.

C'est une grande erreur que de croire que la tranquillité et le bonheur de l'Europe puissent être établis solidement sur le fondement d'une balance politique. C'est une erreur non moins grande que de croire qu'une balance puisse être formée du viol de la propriété, effet nécessaire du système de simplification. Un tel système renferme des semences de vengeance et de haine, et par cette raison la force est combattue par la force, et encore par la politique. Les victimes sont attachées à diverses puissances par une multitude de liens; ces puissances ouvrent l'oreille à leurs plaintes; elles prennent intérêt à leur cause; elles entrent dans leurs projets, et voila la guerre allumée. Alors on compte sur ses auxiliaires; mais la politique les a disjoints; mais leurs intérêts ont changé; ils sont devenus ennemis de ceux dont ils étaient les poids destinés à maintenir l'équilibre. Cet équilibre n'existe plus; l'un des bassins de la balance est à terre tandis que l'autre est en l'air, et loin de trouver du secours dans la balance, on se voit réduit à combattre seul, à s'épuiser et à disparaître.

CHAPITRE XXXII.

Le génie militaire peut détruire la Balance.

Mais ce n'est pas seulement par les ruses de la politique que la balance peut être dérangée; c'est encore par le génie d'un chef de gouvernement.

Lorsque Fréderic-le-Grand, roi de Prusse, eut à combattre en même tems l'Autriche, la France, la Russie et tous les princes de l'empire, il n'eut pour allié que l'électeur d'Hanovre, roi d'Angleterre, et

cependant il triompha. Quelle en a été la raison ?
c'est qu'il trouva dans son génie des ressources supérieures à celles de ses ennemis ; c'est qu'il trouva
dans la célérité de ses marches les moyens de déjouer leurs plans, de les tenir désunis et de les
combattre séparément ; c'est qu'il était plus habile
que ses ennemis pour prendre ses positions, pour
faire manoeuvrer ses troupes, et qu'il avait l'art de
suppléer à sa faiblesse, par la ruse, l'adresse, et
mille moyens que lui offraient sur les champs de
bataille, dans la plus grande chaleur de l'action,
quelquefois le trop de confiance, bien souvent l'incertitude de ses adversaires. Je demande de quelle
manière on aurait établi une balance pour maintenir
la tranquillité en Europe, lorsque trois grandes
puissances et tout l'empire germanique armés contre
Frédéric qui commença la guerre avec moins de
cent mille hommes', ne purent le vaincre et furent
forcés de lui demander la paix ? Je demande de
quelle manière on aurait établi une balance, lorsque
toutes les puissances de l'Europe, conjurées contre
la France, contre la France, sans généraux, sans
officiers, ne purent la renfermer dans ses frontières
furent forcées d'implorer la paix de la convention
et du Directoire ? Je demande enfin, de quelle
manière il serait possible d'établir une balance, s'il
se trouvait à la téte d'un grand peuple un homme
ambitieux et doué du génie de Bonaparte pour la
guerre ?

Il faut se bien persuader qu'il est impossible aux

hommes de diriger la marche du destin. Le destin est plus puissant que les hommes; il fait naître les événemens, il y préside, il les fait tourner à son gré; il mène à la main la fortune et le malheur. Les hommes n'ont qu'une pensée; elle se rapporte à leur intérêt. La foule se porte où est la fortune, le malheur habite le désert. De toutes ces raisons il faut conclure qu'un parti, heureux dans la guerre, détachera du parti malheureux tous ceux sur lesquels celui-ci avait compté, et que la balance, aulieu d'être en équilibre, sera entièrement détruite.

CHAPITRE XXXIII.

Idée du système politique de Bonaparte,

Ce même Bonaparte avait eu aussi le projet d'établir une balance en Europe; mais son projet était plus habile et plus conséquent, parcequ'il mettait une bride aux passions humaines. Commencez donc par vous emparer des passions pour les enchaîner, et ensuite pensez à une balance.

Bonaparte paraît avoir voulu établir une balance entre tous les souverains; mais il s'était attribué le droit de tenir en ses mains le fléau de cette balance, pour juger par lui-même si elle penchait trop d'un côté et pour la remettre en tout tems en équilibre. C'était-là vraisemblablement l'ambition qui l'agitait; c'était à cela que se bornait son systême de domination générale. Je ne pense pas que Bonaparte ait jamais eu le dessein de détruire les royaumes; Bonaparte n'était point un insensé; il savait bien qu'il lui aurait été impossible d'exercer son autorité sur la vaste Europe. Il ne voulait pas régner sur toutes les nations; mais il voulait régner sur les souverains; forcer les souverains à régner pour le bonheur des peuples et à ne plus se faire la guerre pour des intérêts étrangers à leurs sujets. Il voulait mettre un terme aux ambitions des cours, aux rivalités des princes, aux intrigues des ministres; contraindre les pasteurs d'hommes à les conduire avec la houlette, et leur ravir le droit cruel de les ruiner, de les immoler pour satisfaire une vaine gloire.

Bonaparte ayant considéré la balance politique comme un moyen d'assistance pour tous les souverains, avait pensé avec raison, qu'il fallait un pouvoir supérieur, un pouvoir dirigeant et capable d'en imposer à tous et à chacun en particulier. Il avait pensé que sans un tel pouvoir, les poids d'un des bassins de la balance seraient portés dans l'autre; que l'équilibre serait rompu, et que le feu de la guerre embraserait continuellement l'Europe. Dans son systême, les souverains n'étaient que des satellites du grand astre; ils étaient destinés à entretenir l'harmonie; chacun avait sa place marquée; sa limite fixée, et chaque souverain individuellement était chargé de l'illustre fonction d'empêcher qu'il fût porté atteinte aux droits et aux intérêts d'un autre. Ils étaient tous placés les uns contre les autres comme des corps d'armées faisant partie de la grande armée, de l'armée du chef, et alors il ne pouvait plus y avoir en Europe de guerres, et conséquemment de révolutions, car les révolutions naissent toujours de la misère des peuples et du désespoir qu'occasionnent leurs souffrances, résultats inévitables des guerres.

CHAPITRE XXXIV.

Raisons des obstacles qu'a rencontrés Bonaparte dans l'exécution de son système de Balance.

Un tel système était évidemment celui que Bonaparte s'était flatté de pouvoir établir. Il était favorable aux nations; mais il blessait l'orgueil des souverains, qui ne pouvaient se faire à l'idée d'être dépendans d'une autorité supérieure. Bonaparte aurait dû savoir qu'on peut se prêter à des actes qui ne blessent que les intérêts; mais qu'on se soulève toujours contre ceux qui blessent l'orgueil, surtout lorsqu'on est dans un rang élevé. Il aurait dû se garder de manifester son désir de supériorité, et s'il était ambitieux d'opérer le bien général, il devait se garder d'attirer à lui l'autorité suprême, et la composer de toutes les autorités souveraines. L'autorité, dans ses mains, était impérieuse, menaçante, agissante et coercitive. Partagée entre tous les souverains, elle n'était plus que protectrice et inerte, et il fallait qu'un souverain fût·devenu fou, pour lui donner occasion d'user de sa puissance.

Mon Projet d'établissement était cette combinaison politique par laquelle les souverains, en réunissant leur puissance, formaient une autorité supérieure à toute autorité, et présentaient une force redoutable pour la plus grande puissance. Tous les intérêts étaient ménagés, toutes les ambitions étaient contenues, l'orgueil était satisfait, chacun jouissait de ses avantages avec tranquillité, toutes les nations étaient en paix, tous les peuples étaient heureux.

En considérant attentivement la conduite politique de Bonaparte, il semble évident qu'il a eu le dessein que je viens d'exposer; mais il est évident aussi qu'il s'y est mal pris pour le réaliser. Il eut dû inviter les puissances à y concourir; mais il a voulu les contraindre à s'y soumettre, et par cette conduite il a perdu la chose publique; il a perdu ses propres affaires. La fortune l'avait gâté; il a abusé de ses faveurs. Une fois que l'orgueil des puissances s'est trouvé humilié, il s'est engagé un combat à mort ; elles se sont unies contre celui qui avait décidé de les soumettre ou de les détruire. Elles se sont entendues pour le combattre, le tromper et le trahir ; alors Bonaparte a passé successivement de l'étonnement à la crainte ; de la crainte à l'embarras ; de l'embarras à la frayeur ; il a perdu la tête, et en quelques mois il a vu s'écrouler tous les monumens qu'il avait élevés à sa gloire et à son immortalité.

Si dans le tems où Bonaparte était devenu un objet d'admiration pour toute l'Europe ; si même après la paix de Presbourg, et à plus forte raison après la paix de Vienne, il eut proposé aux puissances un projet de paix de l'espèce de celui que je soumets aujourd'hui au jugement du public, quelle est la puissance qui l'eût repoussé ; surtout lorsque chaque souverain était réintégré dans les états qu'il avait perdus par la guerre ? quelle est la nation qui n'eût pas été empressée d'en demander l'exécution ? L'autorité absolue disparaissait ; l'autorité fédérale prenait sa place, et Bonaparte était auteur d'un si grand bienfait, qui lui eût assuré une gloire plus illustre que celle qu'il s'était acquise par ses nombreux triomphes, et il ne serait pas relégué à l'île de Ste. Hélène. *Sic transit gloria mundi.*

CHAPITRP XXXV.

*Les ministres des puissances ont sacrifié les
jouissances du coeur à celles de
l'ambition.*

Dans le nouvel état de choses produit par les
succès des puissances alliées et par leur systéme de
balance, les domaines qui, par mon Projet, devaient
servir à l'établissement de la paix et à consoler l'orgueil des armées françaises, se trouvaient partagés
entre les puissances alliées, et il n'était plus possible
de fournir aux frais de cet établissement par les
revenus de ces domaines.

Il eut été glorieux pour les puissances de l'Europe
de fonder elles-mêmes le superbe monument de
bonheur et de tranquillité que semblait avoir voulu
fonder Bonaparte, et cela sans aucun motif d'orgueil
et d'ambition, avec un noble désintéressement, et
dans la seule vue de se montrer bienfaisantes; elles
auraient obtenu la reconnaissance et les bénédictions
des peuples; les souverains, en sortant de leurs
palais, auraient été partout accueillis par des acclamations, par des transports de joie de la part de
leurs sujets, qui auraient senti le bien qu'ils leur
auraient procuré; mais ils ont préféré de se partager
les domaines reconquis, pour accroître leurs territoires, et ils ont ajouté un Zero au nombre de
leurs sujets, et un Zero à la somme de leurs
infortunes.

Les ministres des puissances ont jugé convenable de simplifier, de confisquer des états pour ajuster les poids d'une balance; donc il doit exister à présent une balance en Europe; telles et telles puissances doivent se trouver dans un des bassins, et telles et telles autres dans l'autre; mais je considère cette balance, je regarde dans chaque bassin, et je n'y apperçois aucune puissance; les bassins sont vides et l'équilibre n'existe que dans l'imagination de ceux qui l'ont conçue. Il résulte de cet examen que les ministres des puissances n'ont point eu le dessein de combiner une balance; mais de combiner une coalition et de la rendre assez formidable pour pouvoir contenir les révolutionnaires français, pour en imposer à tous les mécontens; il résulte de cet examen, que pour obtenir de telles forces, il fallait partager les pays reconquis sur les français et y ajouter encore les états de plusieurs petits princes, et que pour arriver à ce résultat, on s'est servi du prétexte d'une balance; mais il n'existe point de balance, et il est même impossible d'en combiner une d'après la manière dont l'Europe est actuellement partagée, parceque la plupart des puissances y sont grandes; parceque les intérêts de l'une ne sont pas ceux d'une autre, et que dans une guerre entre deux grandes puissances, on ne peut pas savoir en faveur de quel parti telle ou telle puissance se décidera.

Cette disposition des ministres des puissances alliées était une véritable calamité pour l'Europe, une calamité pour les puissances-mêmes, puisqu'aulieu de procurer la paix, elle. semblait favoriser le retour de la guerre. En déplaçant tout, en. partageant tout, ils enmêlaient les intérêts, ils animaient les jalousies, ils excitaient les prétentions, ils semaient la discorde, la division, les ressentimens, les haines; ils créaient tous les élemens d'une guerre plus longue et plus terrible; ils avaient mis les puissances, en tous points, à la place de Bonaparte, et comme lui les puissances avaient été séduites par leurs succès. Mais ils avaient cru Bonaparte confiné pour toujours dans l'île d'Elbe, ce qui eut été certain, s'ils eûssent intéressé les armées françaises à l'empêcher de. revenir; mais ils avaient révolté ces armées contre les puissances; mais ils avaient alienné la plupart des souverains et des peuples qui avaient aidé ces puissances à se mettre en bonne position; alors le retour de Bonaparte était favorisé de toutes les manières.

Après le retour de ce conquérant en France, on vit ces puissances qui s'étaient partagé ses dépouilles, dans l'embarras du parti qu'elles auraient à prendre. Devenues inquiétes, par la difficulté de réunir leurs forces déjà dispersées, elles laissèrent celui qu'elles avaient chassé, régner tranquillement à la place du monarque qu'elles avaient rétabli; elles lui donnèrent le tems de jouer une farce politique au champ de mars, d'organiser de nouvelles forces, de pourvoir les forteresses et ses armées de tout le nécessaire, et elles n'osèrent point l'attaquer. Je pourrais dire à ces puissances: Si vous m'eussiez cru, vous n'auriez pas été dans l'embarras. *Si mihi recta suadenti obsecutum esset, nihil jam metueres.*

Après les malheurs de l'armée prussienne à Ligny, après la retraite du général Wellington de Waterlo, que serait devenue l'Europe sans l'événement extraordinaire que la Providence a fait naître, pour faire triompher les alliés? L'Europe était derechef au pouvoir de Bonaparte.

Ces événemens étaient une grande leçon pour les ministres des puissances alliées. Les puissances n'avaient plus rien à redouter de la part de Bonaparte qui s'était rendu aux Anglais et qu'on conduisait à l'île de Ste Hélène; mais elles avaient tout à redouter de la faction militaire française qui organisait une armée derrière la Loire, et un maréchal d'empire pouvait opérer ce que ne pouvait plus opérer Bonaparte lui-même, si le Roi, par la sagesse de ses mesures et de sa conduite, n'eut pu réussir à dissoudre cette armée. Il y a un adage arabe qui dit: ,,Le danger loge sur les bords de la sécurité, ,,et on n'est jamais en plus grand péril que quand ,,on croit n'avoir aucun sujet de craindre.‘‘

CHAPITRE XXXVI.

L'empereur de Russie reconnaît l'insuffisance du système adopté par les puissances alliées; il y supplée par une alliance défensive de ce système.

L'Empereur de Russie a senti que la base de paix adoptée par les puissances, n'était rien moins que tranquillisante, et que le système de simplification renfermait les germes d'une nouvelle guerre._ L'empereur n'a pas pu se dissimuler qu'une balance combinée de la manière qu'était conçue celle qu'on avait eu dessein d'établir, ne pouvait être maintenue en équilibre que par une force excentrique, et c'est par cette raison sans doute que ce monarque a proposé à l'Autriche et à la Prusse cette association politique dont il a fait rédiger l'instrument en forme d'homélie, et qu'il a qualifiée de sainte alliance. Ce grand monarque a senti que pour maintenir un système fondé sur la violence et l'abus de la force, les puissances principales devaient s'unir d'abord, et attirer ensuite à elles tous les souverains qui avaient profité de cette transfusion politique. Tous ou presque tous les souverains sont aujourd'hui liés par le noeud de la sainte alliance; mais l'Angleterre n'y a point accédé et n'a pas pu y accéder, parceque son acte de navigation et sa constitution s'y opposent.

Il est visible que cette sainte alliance va directement au même but que mon Projet; mais par une route différente et semée de beaucoup d'écueils.

L'Angleterre pouvait concourir à l'exécution de mon Projet, et il est impossible au Prince Régent d'accéder à la sainte alliance. Mon Projet était exécutable, sans devoir produire la moindre altération dans les formes de gouvernemens des états, et beaucoup de souverains ne pourraient remplir les obligations prescrites par la sainte alliance, sans violer les constitutions de leurs pays.

Ce monument de la politique des puissances copartageantes est trop important pour être passé sous silence, et je le rapporterai en entier, parcequ'il sert à démontrer que l'empereur de Russie avait apprécié les dangers de la balance et qu'il ne voyait de sûreté pour les nouvelles acquisitions faites par les puissances alliées, que dans l'union de leurs forces, capables de les maintenir, capables de braver les ressentimens, capables de résister aux autres puissances, placées à de grandes distances les unes des autres, lorsque, par leurs positions, elles se tenaient par la main.

Traité d'alliance des trois puissances Autrichienne, Prussienne et Russe.

„Leurs Majestés, l'empereur d'Autriche, le roi de Prusse et l'empereur de Russie, par suite des grands événemens qui ont signalé en Europe le cours des trois dernières années, et principalement des bienfaits qu'il a plu à la divine Providence de répandre sur les états dont les gouvernemens ont placé leur confiance et leur espoir en elle seule, ayant acquis la conviction intime qu'il est nécessaire d'asseoir la marche à adopter par les puissances dans leurs rapports mutuels, sur les vérités sublimes que nous enseigne l'éternelle religion du Dieu sauveur.

„Déclarent solennellement que le présent acte n'a pour objet que de manifester à la face de l'univers leur détermination inébranlable de ne prendre pour règle de leur conduite, soit dans l'administration de leurs états respectifs, soit dans leurs relations politiques avec tout autre gouvernement, que les préceptes de cette religion sainte, préceptes de justice, de charité et de paix, qui, loin d'être uniquement applicables à la vie privée, doivent au contraire influer directement sur les résolutions des princes et guider toutes leurs démarches, comme étant le seul moyen de consolider les institutions humaines et de remédier à leurs imperfections.

En conséquence leurs Majestés sont convenues des articles suivans:

Art. I. Conformément aux paroles des saintes écritures qui ordonnent à tous les hommes de se regarder comme frères, les trois monarques contractans demeurent unis par les liens d'une fraternité véritable et indissoluble et se considèrent comme compatriotes. Ils se prêteront en toute occasion et en tout lieu assistance, aide et secours, se regardant envers leurs sujets et armées comme pères de famille. Ils les dirigeront dans le même

esprit de fraternité dont ils sont animés, pour protéger la religion, la paix et la justice.

,, Art. II. En conséquence, le seul principe en
vigueur, soit entre les dits gouvernemens, soit
entre leurs sujets, sera celui de se rendre réciproquement service, de se témoigner par une bienveillance inaltérable, l'affection mutuelle dont ils
doivent être animés; de ne se considérer tous que
comme membres d'une même nation chrétienne,
les trois princes alliés ne s'envisageant eux-mêmes
que comme délégués par la Providence pour gouverner trois branches d'une même famille, savoir: :
l'Autriche, la Prusse et la Russie; confessant ainsi
que la nation chrétienne, dont eux et leurs peuples
font partie, n'a réellement d'autre souverain que
celui à qui seul appartient en propriété la puissance,
parcequ'en lui seul se trouvent les trésors de l'a-
mour, de la science et de la sagesse infinie, c'est-à-
dire Dieu notre divin sauveur Jesus-Christ, le verbe
du Très Haut, la parole de vie. Leurs Majestés
recommandent en conséquence avec la plus tendre
sollicitude à leurs peuples, comme unique moyen
de jouir de cette paix qui naît de la bonne conscience, et qui seule est durable, de se fortifier
chaque jour davantage dans les principes et l'exercice des devoirs que le divin sauveur a enseignés
aux hommes.

,, Art. III. Toutes les puissances qui voudront
solennellement avouer les principes sacrés qui ont
dicté le présent acte, et reconnaîtront combien il

est important au bonheur des nations trop longtems agitées, que ces vérités exercent désormais sur les destinées humaines toute l'influence qui leur appartient, seront reçues avec autant d'empressement que d'affection dans cette sainte alliance.

„ Fait triple et signé à Paris, l'an de grace 1815, le ¹⁴⁄₁₆ septembre.   Signé: *François*, *Fréderic-Guilleaume*, *Alexandre*.

CHAPITRE XXXVII.

Inconvéniens résultans de cette alliance.

J'ai dû rapporter cette piéce, parcequ'elle est un aveu formel de la part des trois puissances que l'union de toutes les puissances est nécessaire pour l'établissement et le maintien de la paix en Europe. Mais je ne puis m'empêcher de faire remarquer que, par un tel traité, les trois puissances étaient loin d'atteindre le but que je leur avais indiqué par mon Projet de paix.

Premièrement, elles excluent de l'union le Grand-Seigneur, qui ne professe pas la religion du Christ, et qui cependant tient une place considérable en Europe, tant sous le rapport de ses pos-

sessions, que sous le rapport de ses relations commerciales et politiques.

Secondement, elles excluent de la protection la
nation juive qui est devenue par ses immenses
richesses une puissance, occulte à la vérité, mais
capable de corrompre toutes les nations et de remuer
tout le globe. On ne fait pas assez d'attention au
peuple juif. Ce peuple éparpillé sur la surface de la
terre, ne paraît point dangereux, parceque de la
façon dont il est disséminé, il est difficile de pré-
ciser son nombre et sa puissance; mais il n'est point
de peuple au monde qui se multiplie d'une façon si
étonnante, et surtout si frappante, et on ne se
tromperait pas en évaluant le peuple juif, répandu
sur le globe, à trente millions d'individus des deux
sexes. Or, si ce peuple, puissant, par son nombre
et par ses richesses, venait à se réunir, et s'il venait
à se joindre aux autres peuples qui comme lui ne
professent point la religion du Christ, je demande
si la ligue chrétienne serait très en sûreté contre de
si redoutables adversaires?

Troisièmement, les trois puissances déclarent en
quelque façon la guerre à toutes les nations de
l'Afrique et de l'Asie, qu'il est si essentiel de mé-
nager pour l'avantage commercial de l'Europe, et à
la seule lecture de ce traité, les ports de la Perse,
de la Turquie, de l'Inde, de la Chine et du Japon,
peuvent être fermés aux chrétiens. Par cette raison
l'Angleterre doit se réjouir d'avoir des lois qui
s'opposent à ce que son gouvernement puisse

entrer dans cette ligue contre les ennemis du nom chrétien.

Quatrièmement, un souverain ne peut accéder à cette alliance, qu'autant qu'il exerce dans ses états l'autorité absolue, et une telle faculté est interdite à tout prince qui partage l'autorité avec des corps constitués, comme en Angleterre, comme aux Bays-Bas, comme actuellement en France; un tel prince pouvant se trouver dans l'impuissance de remplir ses obligations comme allié des trois puissances, par l'opposition de ces corps constitués. Et une chose digne d'être observée, c'est que tandis que les trois puissances alliées prennent des mesures pour empêcher les princes dépouillés et leurs anciens sujets de se soustraire aux dispositions qu'elles ont faites; une partie des souverains qui sont entrés dans leur alliance, organisent leurs états de manière à diviser leur autorité et à en attribuer la partie la plus essentielle à des corps constitués; ce qui met ces souverains dans l'impossibilité de disposer librement de leurs forces et de concourir avec les trois puissances alliées à l'exécution des résolutions qu'elles seraient dans le cas de prendre pour s'assurer la possession des états par elles envahis et partagés.

Cinquièmement, en supposant que quelques souverains accédassent ou pussent accéder à cette alliance, ils se trouveraient, comme les trois puissances co-partageantes, en opposition avec les nations dont les souverains n'auraient pas voulu, ou n'auraient pas pu y accéder, et par cette raison, cette alliance qui aurait dû être le premier anneau d'une confédération, ne serait plus qu'une simple ligue, ayant pour objet de défendre un intérêt particulier et personnel, et n'ayant aucun but d'intérêt général.

Sixièmement, enfin, je suppose le cas qu'un des membres de la sainte alliance vienne à se brouiller avec un autre membre, et que tous deux aient des raisons pour se faire la guerre; les autres membres de la sainte alliance se verraient dans l'obligation de prendre connaissance du sujet de la querelle et de prendre parti en faveur de celui des deux dont la cause leur paraîtrait fondée sur la justice. Mais je demande 1°. Dans quel lieu serait établi le tribunal destiné à juger de telles contestations? 2°. Quel tems il faudrait employer pour réunir de tels juges dans un même lieu? 3°. Quel tems il faudrait pour l'instruction, pour les débats, avant de pouvoir prononcer un jugement, en supposant encore que les deux belligérans consentîssent à s'y soumettre? 4°. Quel hérault oserait aller signifier un tel jugement, si les parties n'avaient pas consenti à s'y soumettre? 5°. Enfin, quel respect aurait pour un tel jugement une puissance qui se serait détachée de la sainte alliance et qui appercevrait des auxiliaires et des amis dans les puissances qui en sont exclues? Sans doute un des belligérans serait aux abois avant qu'on eût eu le tems de disposer toutes ces choses, et les affaires seraient dans une situation à offrir peu d'apparence de succès aux redresseurs des torts. Mais supposons que la sainte alliance, par l'unanimité des opinions de ses membres, se trouvât assez forte pour entreprendre de faire exécuter son jugement; combien d'obstacles ne rencontrerait-elle pas à cause du vice de son organisation? Elle aurait à s'armer pour faire triompher la justice contre les prétentions injustes d'un seul membre; mais elle aurait à craindre le danger très probable de la réunion à ce membre de tous les états qui n'auraient point accédé à la sainte alliance et qui n'entendraient point être régentés par elle. Elle aurait également à craindre les ressentimens et la vengeance des peuples et des gouvernemens qui en sont exclus; la trahison et la perfidie de ceux qui sont mécontens de leur situation, et pour surcroît d'embarras, la sainte alliance ne pourrait compter sur sa force réelle, qu'après que ses décrets auraient été agréés par les corps législatifs des états dont les souverains sont en partage d'autorité, puisque tous consentemens de la part de tels souverains ne pourraient être que conditionnels et seraient en tout tems subordonnés aux décisions de ces corps constitués.

Par mon Projet d'organisation, tous ces inconvéniens étaient prévus, et il n'y avait point à craindre qu'ils pûssent naître, toutes les précautions étaient prises pour assujettir tous les membres de la Fédération, pour les empêcher de s'en séparer.

CHAPITRE XXXVIII.

Différence remarquable entre le système de paix imaginé par les ministres des puissances et le Projet d'organisation proposé.

Ce n'est pas à devenir grands et puissans que les souverains doivent mettre leur ambition; ils ne doivent s'occuper que des moyens d'assurer leurs possessions, leur tranquillité et le bonheur de leurs sujets. Un homme chargé d'un ministère public, dit Valere Maxime, n'y doit chercher que la gloire et la douce satisfaction de s'en être fidèlement acquitté. *De publico scilicet ministerio nihil cuiquam praeter laudem bene administrati officii accedere debere judicantes.*

Lorsque les puissances se sont réunies en congrès, tous les états étaient en lambeaux; les plaies faites par la guerre étaient encore saignantes. Elles avaient sous les yeux le tableau dès plus grands malheurs. L'Europe entière se faisait une idée ravissante d'un bonheur prochain; la guerre qui avait causé tant de calamités, avait été terminée par la valeur et la victoire; la sagesse semblait devoir présider aux conseils des rois; on croyait voir à sa suite la justice et le désintéressement, entrer dans cette assemblée auguste, y siéger, y dicter toutes les résolutions; on s'attendait à en voir sortir des décrets qui auraient eu pour objet de réparer les malheurs passés et de servir de ciment pour un

édifice de bonheur. Mais l'ambition, l'intérét personnel et la vaine gloire, inspirés à ces souverains
par leurs ministres, ont pris leurs places; ils ont délibéré; ils ont résolu; ils ont décrété, et ils ont fait
répandre de nouvelles larmes, même des larmes plus
amères à ceux qui en avaient déjà tant versé pendant
la guerre, et qui avaient concouru à en tarir la
source. Ils ont maintenu les injustices et les violences exercées contre les petits princes par celui
que les puissances avaient vaincu.

Les puissances n'ont point agi en vue du bonheur
général par le systéme de paix qu'elles ont adopté et
fondé. Il est évident que ce systéme ne pouvait
tourner qu'à l'avantage de leur intérêt particulier,
ne pouvait leur procurer que des jouissances passagères, et qu'aulieu d'assurer au monde une paix
véritable et durable, il ne pouvait tendre qu'à faire
sacrifier encore à des chimères des milliers d'hécatombes.

Des ministres, plus occupés de la grandeur de
leurs souverains que de leur tranquillité, de leur
sûreté et de leur véritable gloire, n'ont cherché qu'à
augmenter leurs états, sous le prétexte d'une balance; ils ont imaginé de trouver des contre-poids
dans des envahissemens, dans la maintenue des
suppressions d'états faites par Bonaparte, et ils ont
organisé de nouvelles guerres, car on n'envahit pas
des terres, on ne dépouille pas des princes, sans exciter de vifs ressentimens, des haînes; sans aigrir
les coeurs des victimes de tels arrangemens; sans

ouvrir la porte à des difficultés sans nombre; c'est planter les brandons de la guerre sur la base de la paix.

Les puissances devaient bien penser que pour se procurer de telles jouissances, elles verseraient l'amertume dans tous les coeurs. Elles doivent l'avoir pensé en effet, et il faut croire qu'elles ont même prévu les conséquences d'une telle mesure, puisque, pour se mettre à l'abri des ressentimens et des vengeances, elles se sont alliées. Une telle alliance est bien propre à fermer la bouche à ceux qui ont de très justes raisons de se plaindre et à intimider les victimes les plus audacieuses; mais une telle alliance n'est pas capable d'étouffer des ressentimens; les ressentimens sont éternels; ils passent des pères aux enfans; c'est un feu caché sous la cendre et destiné à causer un grand embrâsement.

Tout varie dans la politique, tout change dans la situation des états, et il est impossible qu'une alliance formée par des puissances pour se maintenir en possession de biens envahis, puisse subsister aussi longtems que les ressentimens des victimes de leur ambition. Les affaires du monde sont indépendantes des alliances; il n'est point de puissance assez forte pour en faire changer la marche; elles roulent sur une pente trop rapide; il faut que tout céde, ou que tout soit écrasé. C'est ce à quoi on devrait penser quand il s'agit du bonheur ou de malheur du monde; mais quand on a la force et qu'on peut en user pour son avantage, on s'occupe peu des intérêts d'autrui. Cependant des enfans qui étaient encore à la mamelle dans le tems qu'on se berçait de ces agréables illusions, sont devenus des hommes dans l'espace de vingt années; vingt années de commerce et d'industrie, de récoltes abondantes, d'ordre et d'économie, ont rendu forts et puissans des états qui avaient dû se montrer humbles, inertes et souffrans; ils ont senti le besoin de se refaire; ils éprouvent le désir de se venger.

La fortune change les idées d'un gouvernement, même de tout un peuple. On se souvient alors du tort qu'on a éprouvé, des humiliations qu'on a dû endurer, des douleurs de beaucoup de blessures; tous les ressentimens s'exhalent, on s'anime, on court aux armes, on fait la guerre, on fond sur les terres de son ennemi comme un torrent, et ce torrent venant à se répandre au loin, se grossit en chemin d'un multitude de ruisseaux sortis de la même source et qui en font une mer, et toute l'Europe est inondée, et toute une génération s'entr'égorge, parcequ'il a paru glorieux à des ministres d'ajouter aux vingt-cinq ou trente millions de sujets que leurs maîtres possèdent, quelques milliers de sujets qui appartenaient à d'autres et sous les lois desquels ils se trouvaient heureux.

Mais quelle gloire peut procurer à de grands monarques le chétif avantage d'avoir accru leurs états de quelques lieues de terrein, d'avoir augmenté le nombre de leurs sujets de quelques individus. Ces individus mourront; les terres même seront détruites par la main du tems. Que ces monarques lisent et méditent ces vers du fils du grand Racine:

Peuples, rois, vous mourrez, et vous villes
aussi.
Là git Lacédémone; Athènes fut ici.
Quels cadavres épars dans la Grèce déserte!
Eh que vois-je partout! la terre n'est couverte
Que de palais détruits; de trônes renversés,
Que de lauriers flétris, que de sceptres brisés.
Où sont, fière Memphis; tes merveilles divines?
Le tems a dévoré jusques à tes racines.

———

De tels effets du tems et des passions humaines sont bien propres à faire impression sur des souverains qui doivent aimer la justice; mais si les conseils de leurs ministres entretenaient des erreurs si funestes au repos du monde, je dirais aux princes supprimés d'apprendre par coeur ces vers du même poëte:

Un juge nous attend; dont la main équitable
Tient de nos actions le compte redoutable.
Il ne laissera pas l'innocent en oubli:
Espérons et souffrons, tout sera rétabli.

Poëme de la Religion.

———

Si la guerre enlève à l'état des hommes dont la perte est irréparable; si elle épuise les finances, qu'on ne peut rétablir que par les impôts; si les impôts sont ruineux pour les familles; s'ils s'oppo-sent aux mariages des filles, à l'établissement des garçons, la guerre est la plus grande calamité qu'un peuple puisse éprouver; et si la guerre ravit des bras à la culture, au commerce, à l'industrie, ces grandes sources de la fortune publique, la guerre est le fléau le plus redoutable, et tous les bons esprits, tous les hommes raisonnables, doivent s'occuper des moyens de rendre impossible le retour d'un fléau si déplorable.

C'est ce que n'ont pas fait les ministres qui ont conseillé les monarques. Ils ont trouvé beau de contempler des provinces et des peuples qu'ils ont placés sous le sceptre de leurs maîtres. Peu occupés de la sûreté et de la tranquillité de leurs souverains, qui doivent se trouver nécessairement dans un bon système de finances, dans des moyens d'économie, que leur eûssent offerts une paix perpétuelle, une augmentation progressive de population, les dé-frichemens, la culture, le commerce et l'industrie; ils ont voulu obtenir en quelques instans ce qu'un bon régime eut procuré en quelques années, et ils ont dédaigné une richesse probable et un bonheur certain, pour conserver des embarras, des gênes, des impôts, la misère et les malheurs des peuples.

Par cette conduite ils ont mis les souverains aux-quels ils appartiennent, dans la nécessité de tenir sur pied de grandes armées, car il faut de grandes armées pour faire respecter l'autorité à de grandes distances; il en faut pour tenir dans le devoir, des peuples qui étaient habitués à des lois, à des chefs qu'ils chérissaient, et qui se voient soumis à d'autres lois qui ne conviennent peut-être ni à leur caractère, ni à leurs mœurs, et à des souverains qu'ils ne connaissent pas, qu'ils ne connaîtront peut-être jamais; enfin il en faut pour se défendre des manœuvres de la politique, lorsqu'on a organisé l'Europe de manière à y entretenir les agitations, les mécontentemens et la discorde, à favoriser de nouvelles guerres.

Mais les puissances se sont alliées pour empêcher de tels événemens. Hélas! ces puissances se sont trompées. De tels événemens doivent arriver malgré elles, si la Providence l'a ainsi décidé; et elles seront bien plus étonnées de se voir forcées de renoncer elles-mêmes à une alliance que leur ambition a formée, et que leur intérêt, peut-être même leur sûreté, les forcera de rompre.

C'est se faire étrangement illusion que de fonder ses espérances et sa tranquillité sur des alliances. Je ne crois pas qu'il puisse exister d'alliances plus sacrées que les alliances de parenté, et cependant combien de semblables alliances ont été dissoutes!

Dans la guerre qui précéda la paix de Riswick, Louis XIV était armé contre le Roi d'Espagne, son neveu; contre l'électeur de Bavière dont la sœur était femme du Dauphin, son fils; contre l'électeur Palatin, dont il brûla les états, après avoir marié Monsieur, son frère, avec la princesse Palatine.

Le roi Jacques II. d'Angleterre, fut chassé du

trône par son gendre Guilleaume III. et la princesse Marie sa fille, femme de ce Guilleaume.

On a vu plus tard le duc de Savoie, ligué contre la France où l'une de ses filles était Dauphine, et contre l'Espagne, où l'autre était reine. La plupart des guerres entre les princes chrétiens sont des espéces de guerres civiles.

Au milieu de la guerre de 1703, le duc de Savoie, petit-fils d'une sœur de Louis XIV, beau-père du duc de Bourgogne, beau-père de Philippe V, tous deux petits-fils de Louis XIV, quitte les Bourbons et marchande l'appui de l'empereur. Il abandonne à-la-fois ses deux gendres; mais l'empereur lui avait promis tout ce que les Bourbons lui avaient réfusé, le Montferat, le Mantouan, Alexandrie, Valence, les pays entre le Pô et le Tanaro, et plus d'argent que la France ne lui en donnait.

Mais ce qui est plus étonnant encore, on a vu le duc d'Orléans, régent du royaume de France pendant la minorité de Louis XV, rompre l'alliance avec l'Espagne, et s'allier avec l'empereur, l'Angleterre et les Etats-Généraux contre Philippe V, oncle de son royal pupile, et cela en haîne contre le ministere du cardinal Albéroni.

Qu'on ouvre l'histoire, on y verra beaucoup d'alliances; et on verra aussi que toutes sans exception ont été ou violées ou dissoutes, et cela a dû être, parceque le tems change la situation des états, parcequ'il met sur les trônes, et dans le ministère d'autres hommes qui ne voient pas, qui ne pensent pas comme ceux qui les ont précédés; parcequ'il produit des événemens qui ne se trouvent plus en rapport avec les intérêts ou avec les passions des souverains ou de leurs ministres.

D'après de tels exemples d'instabilité dans les affections comme dans les intérêts des princes, quel espoir peuvent fonder les puissances sur la durée do la sainte alliance?

Par le projet que je propose, la paix devant être perpétuelle entre toutes les puissances, il n'aurait plus été nécessaire que d'impôts très légers pour pourvoir aux besoins des gouvernemens. La même composition de revenus que celle que j'ai indiquée pour les domaines réservés, art. 21 de mon projet, aurait suffi pour les dépenses de la cour et des administrations, dans les tems ordinaires. De cette manière, une multitude de sujets qui auraient dû être employés pour la guerre, l'auraient été à la culture, aux opérations du commerce, aux sciences, aux arts, à la navigation, aux métiers &c., et les nations se seraient enrichies aulieu de s'appauvrir.

Dans la situation ou se trouve aujourd'hui l'Europe, tous les états sont accablés du poids d'une dette énorme, occasionnée par les guerres qu'ils ont eu à soutenir depuis trois cents ans, et il faudrait sans doute une prolongation des impôts existans pour rétablir leurs finances; mais avec quel plaisir les peuples supporteraient de tels impôts, lorsqu'ils verraient l'Europe organisée de manière à promettre une paix durable; lorsqu'ils sauraient que ces impôts

seraient destinés à un tel emploi, et lorsqu'ils verraient aussi dans ce sacrifice le gage d'un soulagement pour leurs enfans ; tout tournerait alors à
profit pour la chose publique, et le bonheur s'éta-
blirait dans les gouvernemens et dans les familles.

Par l'effet de mon Projet les armées des puissances pouvaient être réduites de moitié ; une
partie des revenus était employée à rembourser les
dettes ; les impôts diminuaient graduellement, et
tous les peuples devenaient tranquilles et heureux.

J'avais offert aux ministres des puissances les
moyens de faire renaître les tems de l'âge d'or ; ils
ont préféré de maintenir le siècle de fer, et il faut
croire que ce siècle subsistera tant qu'il y aura des
hommes sur la terre.

CHAPITRE XXXIX.

*Principes militans en faveur du Projet
proposé.*

S'il est une raison qui puisse justifier le système
de balance et de simplification imaginé par les ministres des puissances alliées ; c'est la confiance
qu'ils ont à juste titre dans les sentimens personnels
de leurs souverains. Persuadés avec raison qu'on ne
peut vivre sous des gouvernemens plus justes, plus
doux, plus paternels, ils ont dû penser qu'ils

feraient le bonheur des peuples qu'ils mettraient sous leur autorité tutélaire et bienfaisante.

Ces ministres, en agissant ainsi, ont rendu un hommage éclatant à la vérité, et personne ne leur contestera une opinion qui est celle de tout le monde.

Mais quand il s'agit d'établir un systéme politique qui doive procurer aux souverains et aux peuples une situation heureuse et invariable, il ne faut pas fixer son attention exclusivement sur le caractère d'un monarque, sur ses sentimens paternels et bienfaisans; il faut jeter ses regards dans l'avenir et songer que ces souverains seront remplacés par d'autres qui n'auront pas, comme ceux d'aujourd'hui, connu les souffrances de l'adversité, et dont le caractère sera différent; car c'est dans l'adversité que le coeur s'amollit, qu'on apprend à s'appitoyer sur les misères d'autrui, qu'on apprend à devenir sensible et bon. Henri VII, roi d'Angleterre, qui avait été témoin de la guerre des deux Roses, fut juste et bon. Henri VIII, son fils et son successeur, fut tyran et sanguinaire. Un fils ressemble rarement à son père, et en général ceux qui héritent du trône, n'héritent pas toujours des qualités et des vertus de leurs prédécesseurs.

Il me semble que quand il s'agit de fonder le bonheur de la généralité, il faut généraliser ses idées et s'abstenir d'affections pour les personnes, encore qu'elles soient douées des vertus les plus éminentes, les plus dignes de respect et d'admiration. Le bonheur de la généralité doit être établi sur une base solide, inébranlable, et pour établir une telle base, il faut la construire avec des lois, car dans tout état bien constitué, les lois doivent être maîtresses des hommes, et les hommes ne doivent point être les maîtres des lois.

Tant que l'Europe ne sera pas constituée de manière que les souverains se trouvent engagés dans des liens qu'ils ne puissent point rompre, il sera impossible d'empêcher les guerres, et la balance, bien loin d'y mettre obstacle, ne servira qu'à en prolonger la durée en en rendant les chances plus variées et les moyens plus multipliés et plus encourageans.

Mais les peuples qu'on aura cru rendre heureux en les mettant sous le sceptre d'un prince comme l'Empereur d'Autriche, par exemple, si digne de gouverner des hommes, seront forcés, comme ses autres sujets, de prendre part aux guerres qu'on lui suscitera, ou que la balance le mettra dans l'obligation de soutenir, et ils auront quitté des maîtres peu puissans et point guerriers, pour appartenir à un monarque que mille intérêts obligeront de s'armer.

De quelque manière qu'on envisage le système de balance, on ne pourra le trouver favorable à la tranquillité de l'Europe, et ce doit être une raison impérieuse d'y renoncer et de chercher d'autres moyens pour réaliser cette situation désirable.

Sous quelqu'aspect qu'on considère le système

de simplification, on le trouve encore plus contraire
à la tranquillité, puisqu'il engendre les mécontentemens, les ressentimens et les haînes; mais il a
encore ce désavantage, qu'il est un obstacle invincible à la combinaison des poids d'une balance,
attendu qu'une multitude d'états qu'un souverain
aurait pu ci-devant attirer à lui pour égaler la force
de son ennemi, sont entrés dans la composition
d'une monarchie; qu'ils sont à présent à la disposition du chef de cette monarchie, et que s'il convient à ce chef de faire la guerre à un souverain qui
aurait pu les attirer à lui pour égaler ses forces, cette
ressource n'existe plus.

Il est, me semble t-il, incontestable que si l'Autriche, par exemple, avait une guerre avec la Prusse,
elle aurait à combattre aujourd'hui non seulement
les sujets que le roi de Prusse possédait avant le
récès de la députation d'empire du mois de Février
1803; mais encore ceux que ce monarque a acquis
par ce récès; mais ceux encore qu'il a acquis en
vertu des décisions du congrés, tandis qu'avant
l'Autriche aurait pu attirer à elle les trois électeurs
ecclésiastiques, l'évêque de Munster, l'argent, les
forces et les secours de tout le clergé catholique,
de tous les petits princes séculiers supprimés.

On voit distinctement, par ces raisons, qu'avec
l'intention d'établir une balance, on a mis dans les
mains d'un seul ce qui devait servir à plusieurs, et
qu'on s'est, par cette conduite, privé des moyens

qui étaient nécessaires, pour la combinaison des contre-poids.

Par cette conduite politique, on a créé les élémens d'une ligue puissante et formidable, si les puissances veulent s'entendre, si elles ont pris la résolution de rester toujours étroitement unies; mais si elles viennent à se brouiller, ou si leurs successeurs n'adoptent pas les principes de leur alliance; si d'autres intérêts, si des intrigues politiques, si même des passions insensées font qu'ils se trouvent gênés dans ces liens, et s'ils jugent à propos de s'en dégager, voila la guerre allumée, et cette guerre devient d'autant plus terrible, qu'il n'est plus de moyens pour lui opposer des digues, pour arrêter ses fureurs.

Plus les états sont multipliés, plus il y a de gouvernemens libres de prendre parti en faveur du faible, pour faire triompher une cause juste, plus il y a de moyens pour combiner une balance; mais quand les forces de plusieurs sont dans la main d'un seul, la guerre devient une guerre de géants, et le sort des peuples ne peut plus dépendre que des triomphes du juste et de la défaite de l'injuste. Les hommes qui ont assisté au congrès de Westphalie avaient eu véritablement le dessein de fonder une balance pour l'Allemagne, aussi avaient-ils divisé ce pays en une multitude d'états, pour que ces états pússent se placer dans celui des bassins de la balance où leur poids aurait été nécessaire.

La fortune se plait si souvent à favoriser les forts, qu'on doit chercher les moyens ou de les pouvoir rendre faibles ou de pouvoir neutraliser leurs forces, et je crois avoir indiqué ces derniers moyens par mon Projet d'organisation.

CHAPITRE XL.

L'Empereur d'Autriche et le Roi de Prusse recon-naissent comme l'Empereur de Russie, la néces-sité d'un lien commun, et ils en font l'essai en Allemagne.

J'ai fait remarquer déjà que l'Empereur de Russie avait reconnu l'inefficacité d'une balance, pour opérer la tranquillité de l'Europe, et si ce grand monarque a été frappé de ses inconvéniens, s'il a jugé nécessaire de lier les puissances par un traité défensif de cette même balance; il a le premier reconnu le vice de ce système, il a prononcé son opinion en faveur de mon Projet.

L'Empereur d'Autriche et le Roi de Prusse ont eux-mêmes reconnu la nécessité d'un lien commun pour les princes conservés en Allemagne, et ils ont apperçu le moyen de former ce lien dans l'organisation d'une fédération. L'Empereur d'Autriche a paru même si incliné pour ce systéme, qu'il aurait aimé à voir s'établir une semblable fédération pour les états d'Italie. Mais si une fédération peut, dans l'opinion de ces deux monarques, être un lien pour l'Allemagne, pourquoi ne pourrait-elle pas en être un pour l'Europe? pourquoi les puissances de l'Europe ne pourraient-elles pas s'engager dans une fédération de la même manière que le font les princes de l'Allemagne? Il me semble avoir indiqué assez clairement le moyen de former un tel engagement, et il me semble aussi que mon Projet de fédération paraîtra préférable sous le rapport de la tranquillité générale, parcequ'il offre plus de garantie, plus de sûreté, en raison de la force excentrique qui en résulte.

CHAPITRE XLI.

La Fédération Germanique est-elle établie sur une base solide? raisons d'en douter.

En effet, à considérer la Fédération Germanique, telle qu'elle est constituée, elle n'offre aucune garantie pour la tranquillité générale, pas même pour la tranquillité de l'Allemagne; elle offre tout au plus un moyen de défense contre les entreprises de la France ou de la Russie, et par cette raison elle ne représente qu'une ligue ou une coalition. Cette ligue est même composée d'élémens si hétérogènes, et ses membres ont des intérêts si différens et si susceptibles de produire parmi eux des divisions, qu'on peut considérer un tel établissement comme très précaire, ou tout aumoins comme aléatoire.

En supposant que cette fédération soit capable de résister à la France ou à la Russie; sera t-elle en état de résister aux efforts de ces deux puissances? Mais si à ces deux puissances se réunissaient l'Angleterre et le roi des Pays-Bas, comment surmonterait-elle une telle force, lors même que l'Autriche et la Prusse trouveraient de l'intérêt à la soutenir et à vivre entre elles dans la plus parfaite harmonie?

Mais le danger pour cette fédération peut se trouver encore dans la différence d'intérêts de ces deux puissances, comme dans la différence des partis auxquels elles tiennent. On ne peut se dissimuler que la fédération est composée de princes catholiques et de princes protestans; que les premiers ont de l'affection pour l'Autriche, et les seconds pour la Prusse, et qu'à la première difficulté entre ces deux grandes puissances, la fédération serait à l'instant de deux opinions et partagée en deux partis. Il faut penser que l'empereur d'Autriche a voulu prévenir ou se mettre en garde contre un tel inconvénient, puisque, pour s'assurer du prince le plus puissant du parti catholique, il se l'est attaché par le lien d'une alliance de parenté.

Mais si la Fédération Germanique peut être divisée par la différence d'intérét, par la volonté des partis; si les partis une fois divisés, s'unissent à la France ou à la Russie, ou s'ils appèlent à leur secours l'une ou l'autre de ces puissances; voila la guerre allumée aux quatre coins de l'Europe, voila la Fédération détruite.

De semblables inconvéniens seraient impossibles à concevoir, seraient impossibles à exécuter, d'après les précautions prises par mon Projet, puisque toutes les puissances de l'Europe seraient attachées les unes aux autres par un lien commun; puisqu'elles seraient assujetties à une loi commune, consentie par elles-mêmes; puisqu'elles seraient jugées par un tribunal commun, composé de leurs représentans; puisqu'elles seraient contraintes par une force commune et indépendante d'elles, quoique formée de leurs propres forces.

Mais il est encore un autre inconvénient; c'est qu'une fédération dans laquelle de grandes puissances n'entrent qu'à cause de quelques portions de territoires qu'il leur a convenu d'assujettir aux lois de cette Fédération, pour pouvoir y figurer, ¦pour pouvoir régenter en quelque manière les faibles états qui la composent, n'offre point à l'idée cette parité de droits et de sentimens, qui sont de l'essence d'une fédération; cette combinaison de forces, destinées à comprimer celle particulière de chaque membre;

cette combinaison de forces destinées à ne faire qu'une seule force, une puissance fédérale appartenante à la généralité des membres et à chacun en particulier en sa qualité de fédéré; mais à aucun d'eux, pris isolément et usant de sa volonté ou de sa puissance particulière. Et par cette raison seule qu'un membre d'une fédération possède et dispose à son gré d'une puissance indépendante de cette fédération, et de beaucoup supérieure à ses forces combinées, tant par son nombre que par sa composition, par la qualité de ses troupes, par l'habileté de ses généraux, par l'avantage de sa position; il peut être en tout tems dangereux, puisqu'il est dans une situation à pouvoir diviser, à pouvoir rompre le lien fédéral, à pouvoir susciter de nouvelles guerres.

— D'après toutes ces raisons, je crois que toute personne impartiale pensera qu'une fédération ne peut produire un effet efficace et surtout salutaire, qu'autant que ses membres sont unis par un même lien; qu'autant que la volonté de chaque membre est subordonnée à la volonté générale; qu'autant que chaque membre est assujetti à la même loi; qu'autant qu'une force générale et excentrique est capable de faire plier et ranger dans le devoir toute force particulière qui tenterait de s'y soustraire.

CHAPITRE XLII.

*Situation produite en faveur de l'Angleterre,
par l'effet du système de balance et de simplification.*

Les dernières années du règne de Bonaparte
avaient fourni au Gouvernement Britannique beaucoup d'occasions de se convaincre que les intérêts
politiques et commerciaux de l'Angleterre sur le
continent d'Europe, pouvaient éprouver de grands
embarras, si les puissances entreprenaient de lui
interdire tout accès dans leurs états. Bonaparte avait
trouvé le moyen de les contraindre à fermer au
commerce anglais tous leurs ports. Il y avait réussi
par un concours d'événemens extraordinaires, in-
concevables. Il avait amené ces événemens par ses
triomphes; mais ses triomphes même avaient été
le résultat d'une politique qui avait été dirigée par
les passions particulières des princes et qui devait
finir par mettre à la disposition du triomphateur les
pays, les peuples et les ressources de tous les souverains, amis ou ennemis.

De tels événemens ne se reproduiront plus; des
souffrances trop longues, trop douloureuses, et
aussi trop humiliantes pour des souverains, ont fait
connaître le danger qu'il y a à seconder les projets
d'un conquérant habile, et qu'en appuyant une cause
injuste, on est assuré de se voir ravir à soi-même
les droits les plus légitimes.

De tels événemens ne se reproduiront plus de la part d'un conquérant heureux; la leçon a été trop forte pour que les souverains en perdent jamais le souvenir, et l'Angleterre ne peut pas redouter pour son commerce les mesures d'un dominateur impérieux; mais le ministère Britannique, si prévoyant, si capable de bien juger en matière d'intérêts politiques, n'a t-il pas dû concevoir des inquiétudes très vives, lorsqu'il a connu que les principales puissances alliées étaient décidées à fonder la paix de l'Europe d'après un systéme de balance? Ce ministère n'a t-il pas dû penser qu'un tel systéme était peu propre à réaliser la paix et qu'il devait mener à une coalition qui aurait pour objet de dominer l'Europe.

. Le ministère Britannique, bien pénétré de cette idée, a dû chercher les moyens de se mettre en position pour pouvoir défendre en tout tems les intérêts politiques et commerciaux de l'Angleterre, et pour se frayer une route qui pût le faire arriver à ce but, il négocia, fit régler et signer les articles du traité de Paris du 30 Mai 1814. (1)

Ce traité, qui est un chef-d'oeuvre de politique, faisait présager déjà quelle serait la conduite du ministère Britannique au congrès de Vienne, qu'il avait lui-même provoqué. On avait pris trop peu de soin de dissimuler les ambitions, pour que l'ambassadeur

______

(1) Voyez l'esprit de ce traité dans mon Histoire de la Politique des Puissances de l'Europe. Tom. IV.

d'Angleterre n'eût pas dû s'appercevoir que l'intention des trois grandes puissances alliées était de s'agrandir et de se mettre, par le moyen d'une coalition, dans la même situation où s'était trouvé Bonaparte. Mais alors il dut penser qu'une telle paix serait une véritable contrainte; qu'une telle paix ne pourrait être maintenue que par la crainte et qu'elle ne pourrait subsister qu'autant de tems qu'on n'aurait pas trouvé les moyens de s'opposer à de, telles pretentions. Alors le Gouvernement Britannique ne pouvait pas être tranquille sur le sort avenir de sa nation; il voyait les pays où se trouvent les sources les plus abondantes de sa fortune, à la disposition de ces souverains alliés, et son commerce exposé à éprouver par les lois de souverains légitimes, les mêmes obstacles qu'il avait éprouvés par les mesures tyranniques de l'usurpateur détruit.

Je ne prétends pas, je ne pense pas même, que l'intention des souverains alliés soit réellement d'opposer des obstacles au commerce de l'Angleterre; mais je ne puis m'empêcher de voir dans leurs arrangemens politiques une combinaison très convenable pour pouvoir opposer des entraves au commerce de cette nation, s'ils avaient des raisons de le faire, et de telles raisons naîssent facilement, lorsqu'on se croit assez fort pour se permettre toutes espéces de prétentions, des emportemens, même des caprices.

Au fait, à juger de la combinaison politique des puissances fondatrices de la paix, ne doit-on pas penser qu'elles ont eu l'intention d'établir une paix simplement continentale, pour pouvoir en imposer à la puissance anglaise; qu'elles ont combiné leurs liaisons de manière à poûvoir opposer de nombreuses difficultés au commerce de l'Angleterre et à tenir cette nation renfermée dans son île; qu'elles ont eu l'intention de lui dire: Vous ferez le commerce chez vous et pour vous, comme nous le ferons chez nous et pour nous, si cela convient à notre politique et à nos intérêts?

Mais le peuple Anglais, tout-à-la-fois guerrier, industrieux, courageux et énergique, pourrait-il souffrir qu'on le réduisît à la condition d'un peuple purement continental? pourrait-il ne donner à son activité dévorante, qu'une industrie concentrée dans l'intérieur des limites de son empire? pourrait-il s'accommoder d'un tel état de choses, lorsque sa sûreté et sa conservation dépendent absolument de l'extension de tous ses ressorts au dehors?

L'économie politique de l'Angleterre doit tout embrasser. Resserrer ses ressorts; borner son génie à l'amélioration des terres, des manufactures et du commerce, fondés sur la consommation nationale; vouloir renfermer le peuple anglais dans un anneau ou dans un cerceau, lorsque ses bras s'étendent d'un pôle à l'autre, lorsque ses pieds touchent à tous les degrés de l'équateur; ce serait vouloir faire d'un colosse un pygmée; ce serait vouloir transformer un peuple ancien, protecteur et sauveur, en un peuple nouveau,

isolé, sans liaisons, sans puissance; se serait
marcher vers sa destruction.

Pour l'Anglais ce n'est plus aujourd'hui une
illusion que les entreprises les plus difficiles; les
succès réalisent toujours l'utilité de ses conceptions.

L'étendue territoriale d'un empire, la richesse de
son sol et de ses productions ne suffisent pas seules
pour le placer aux premiers rangs des puissances
politiques.

Comparez l'Espagne, souveraine d'un grand
royaume et des plus riches parties de l'Amérique, à
l'état brillant de l'Angleterre, même avant qu'elle
possédât la presque totalité de l'Inde, et vous verrez
ce que peuvent les arts, le commerce, la navigation, pour accroître et soutenir les forces d'un
peuple industrieux, quoique placé d'ailleurs sur un
territoire médiocrement favorisé de la nature.

C'est au génie qu'appartient la puissance dans les
états civilisés de l'Europe moderne; c'est aux arts de
l'industrie, aux entreprises maritimes qu'est atta-
chée cette habitude des grandes choses qui perpétue
la force et la gloire d'un peuple nombreux et éclairé.
C'est donc vers ce point que doit se tourner l'attention de toute puissance maritime, et que doit se
fixer celle de la nation anglaise. C'est à étendre,
à multiplier ses relations sur les diverses parties
du globe, que l'Angleterre doit mettre la plus
grande importance, car, sans cela, à quoi
lui servirait sa marine? elle ne servirait qu'à
l'appauvrir, puisque sans le commerce qui l'anime

et l'agrandit, la marine n'est qu'un établissement dispendieux.

C'est vers la marine, sans laquelle il n'est point de puissance soutenue, que le gouvernement Britannique doit porter les regards et l'activité courageuse des Anglais. La concentration du commerce en Angleterre affaiblirait l'honneur national, nuirait à la population, ruinerait les manufactures, qui donnent un mouvement perpétuel, d'action et de réaction, d'où naissent tous les rapports de cette chaîne immense qui lie la propriété nationale à la prospérité du commerce. La concentration du commerce en Angleterre, laisserait sans occupation des millions d'individus employés journellement à la navigation, aux chantiers, aux ateliers de la marine, aux travaux des ports et du commerce, aux manufactures de toutes espéces. Ces individus, sans travail, et par conséquent sans moyens d'existence, seraient à la charge du gouvernement ou à la disposition d'audacieux démagogues qui s'en serviraient pour exciter des séditions. Ce sont des événemens qu'il est de l'intérêt comme de la sagesse du gouvernement Anglais de prévenir.

Il est incontestable que le systéme de simplification adopté par les trois grandes puissances, tend à pouvoir fermer plus aisément le continent d'Europe à l'Angleterre, dans toutes les occasions où son gouvernement n'agirait pas d'une manière concordante avec leurs vues, leurs projets et leurs intéréts. Mais on doit remarquer que l'administration

Britannique, habile à apprécier toutes les mesures, même les intentions de ces puissances, qui pourraient mettre obstacle à la prospérité du commerce de sa nation sur le continent, a pris les précautions les plus justes et les plus prudentes pour faire évanouir jusqu'aux rêves de la malveillance. Elle a de son côté simplifié, elle a organisé sa puissance maritime de manière à opposer des gênes, des inquiétudes, même des dangers, au commerce et à la navigation des puissances continentales sur toutes les mers et à toutes les embouchures des fleuves; de manière à maintenir son indépendance, même sa prépondérance, et à ne devoir pas acquérir l'avantage de son commerce, ou par des sacrifices, ou par des concessions onéreuses, ou par des soumissions humiliantes.

Les Anglais n'ont pas besoin absolument des productions du sol et des manufactures du continent d'Europe; ils les possèdent à peu de chose près, et ce qu'ils ne possèdent point, n'est pas nécessaire à la généralité de la nation; ils peuvent donc s'en passer facilement. Mais les peuples du continent d'Europe ne peuvent se passer des productions des colonies; soit que ces productions leur viennent de l'Angleterre; soit qu'ils les tirent de leurs propres établissemens, et le besoin de ces productions pour tous les peuples d'Europe, doit favoriser les manufactures anglaises, si le gouvernement Britannique impose aux puissances l'obligation de laisser introduire et circuler dans leurs états les produits des manufactures anglaises, et ne leur accorde qu'à cette condition la liberté de parcourir les mers et de communiquer avec leurs colonies.

Que les puissances réfléchissent mûrement avant de s'engager dans des difficultés avec l'Angleterre; qu'elles se pénétrent bien des effets qu'a produits déjà l'acte de navigation Britannique, et de ceux qu'il peut produire encore.

Si l'administration actuelle de la Grande Bretagne n'eut pas pris la résolution énergique de lancer sur Bonaparte, sur les puissances même, cette foudre politique, d'agir dans l'esprit de cet acte; Bonaparte serait peut-être aujourd'hui maître absolu de tout le continent d'Europe. Mais en exécutant cet acte dans tout son esprit, avec toute la rigueur qu'il commande, l'administration Britannique à renversé Bonaparte; elle a sauvé l'Europe; elle a rétabli les souverains dans leurs états; elle a raffermi tous les trônes ébranlés; elle a procuré la paix et la tranquillité à toutes les nations.

Qu'a t-on imaginé pour lui tenir compte de tant de sacrifices qu'elle a faits, de tant de services qu'elle a rendus, de tant de bienfaits qu'elle a procurés; on a établi un système politique qui doit lui faire craindre de rencontrer de tous les côtés des difficultés et des entraves, si sa politique ou les intérêts de son pays ne s'accordent pas avec les vues des puissances alliées.

Les puissances ont eu la force pour faire retourner à leur condition première, des familles devenues illustres dans l'ordre de la civilisation; elles ont fait rétrograder des souverains jusqu'à la qualité de sujets; mais croiraient-elles être en état de faire retourner l'Europe au tems du moyen âge, où les arts étaient ensevelis dans les ténèbres de l'ignorance, où le commerce maritime était dans l'enfance, où le commerce colonial était inconnu; où les idées spéculatives auraient été considérées comme des preuves de démence, où leurs succès auraient fait crier à la sorcélerie? croiraient-elles, ces puissances, que leur simple volonté serait capable de surmonter des habitudes que le tems a consacrées? Autant vaudrait il forcer d'aller à pied tant de gens qui vont aujourd'hui en carrosse. Des habitudes de deux siècles ne se réforment pas si facilement. Je crois qu'il serait impossible dans le siècle où nous vivons de faire rétrograder les moeurs, et qu'il ne le serait pas moins de contraindre les riches et les voluptueux des grandes villes à s'accommoder des étoffes grossières et de la nourriture de ces tems-là. Les élégans n'abandonneront pas les draps fins d'Angleterre pour la burre, et les petites maitresses la mousseline des Indes pour la sayette. A la manière dont nous sommes à présent façonnés, on peut faire d'un Diogène un Lucullus; mais on ne fera jamais d'un Lucullus un Diogène.

Voila d'abord un premier embarras que les puissances auraient à surmonter; mais le plus grand de tous serait de triompher des malheurs incalculables que pourrait leur occasionner une nation opulente, guerrière, patriote et énergique, bien placée pour faire tout le bien et tout le mal possibles, hors de toute atteinte, et capable d'exécuter en peu de tems et aux plus grandes distances, tout ce que lui inspirera son intérêt et la gloire nationale. Les puissances ont éprouvé de la part de l'Angleterre tout le bien possible ; sans doute elles se garderont de la mettre dans la nécessité de leur faire éprouver tout le mal possible.

S'il arrivait que les puissances trouvâssent de leur intérêt de s'opposer au commerce de l'Angleterre dans leurs états, elles devraient renoncer à la mer, renoncer à leurs colonies, et par l'effet d'une politique si fausse, elles mettraient dans les mains de l'Angleterre les moyens avantageux qu'elles trouvent dans leurs colonies pour se débarrasser du superflu des productions du sol et des manufactures de leurs pays. Les Anglais s'empareraient de ces colonies sans beaucoup de difficultés, puisqu'il serait impossible de leur porter secours ; ils vendraient aux colons les objets de leur culture, de leurs manufactures et de leurs achats, qui seraient nécessaires à leurs besoins ; ils se substitueraient dans tous les avantages de souveraineté et de commerce qui auraient appartenu à ces puissances, et ils se dédommageraient à leurs dépens du préjudice qu'elles leur feraient éprouver sur le continent d'Europe.

Ce sont-là de grands inconvéniens sans doute ; mais ce ne sont pas les plus graves. Je n'ai encore rien dit du malheur qui accablerait les puissances maritimes du continent, si l'Angleterre était forcée par elles d'abandonner le continent et d'aller chercher sa fortune ailleurs.

Les puissances maritimes du continent sont incontestablement les plus considérables, celles qui possèdent une population plus nombreuse, et celles qui conséquemment ont besoin de plus de moyens de travail et de richesse pour occuper leurs sujets et pour leur procurer une certaine aisance.

Je demande à quoi ces puissances occuperaient les millions d'individus qu'elles emploient pour leur marine, soit militaire, soit commerciale; à leur navigation, aux travaux de leurs ports, et ce que deviendraient ces multitudes d'autres individus qui sont journellement occupés au chargement et au déchargement des navires, aux enmagasinemens des marchandises, au roulage et aux transports tant par eau que par terre dans l'intérieur de leurs états? Serait-ce pour faire prospérer quelques douzaines de manufactures, pour enrichir quelques maisons de fabricans, qu'elles sacrifieraient l'existence de plusieurs millions d'individus? Mais il n'y a pas de gouvernement en Europe qui ne doive se réjouir lorsqu'il apprend qu'un navire anglais est en vue d'un de ses ports. Il doit dire: quel bonheur! voila du bénéfice pour nos marchands, de l'occupation pour nos gens de travail, des profits pour nos rouliers, pour nos bateliers. Dieu veuille qu'il ne prenne pas une autre route et qu'il n'aille pas porter ailleurs tous les avantages que nous en pourrons recueillir. Mais c'est encore un bien plus grand sujet de joie pour un gouvernement, lorsque les navires anglais abordent dans ses ports, parceque les navires anglais sont toujours accompagnés ou suivis des navires de toutes les nations du monde; ce qui n'aurait pas lieu si l'on se brouillait avec l'Angleterre, si on lui fournissait des raisons pour fermer les passages vers les ports d'une puissance dont elle serait mécontente.

Tout ceci ne ressemble pas à un tort, et cependant dans tous les tems les gouvernemens se sont figurés que le commerce de l'Angleterre était préjudiciable aux intérêts des souverains et de leurs sujets, et ils n'ont pas craint de lui interdire l'entrée dans leurs états! De tels gouvernemens ont prouvé qu'ils n'avaient pas la moindre notion de l'économie politique, et pour faire la fortune de quelques négocians avides, ils ont exposé souvent l'état à s'appauvrir, et la classe la plus nombreuse et la plus indigente à se trouver sans ouvrage et sans ressource.

Ces gouvernemens avaient-ils entrepris de faire vivre aux dépens du trésor de l'état ces individus que fait vivre le commerce maritime? Alors ils avaient eu raison; ils étaient dans la bonne route, et en ne s'en écartant pas, ils étaient bien sûrs de fonder la misère dans tous les pays qui étaient confiés à leur administration. Or on sait ce que produit la misère lorsque le bas peuple en éprouve seulement les atteintes; que ne doit on pas craindre lorsqu'il en est accablé? Mais indépendamment de cette multitude d'inconvéniens que je viens d'exposer; n'en est-ce pas un très grave que celui de ravir au commerce la concurrence, qui est son ressort le plus puissant.

Si vous interdisez au commerce anglais l'entrée dans vos états, il n'y a plus de concurrence; il n'y a plus même d'émulation; les fabricans que vous protégez font la loi; ils mettent à leurs marchandises le prix qui convient à leur avidité, et ils le tiennent très haut, parcequ'ils n'ont point la crainte que des marchandises de même nature et fabriquées à moins de frais par les métiers ingénieux et mécaniques des Anglais, ne les obligent à le baisser, Alors ils s'érigent en tyrans du besoin. - Et qui souffre de cette tyrannie mercantile et cupide? le souverain et ses sujets.

Si les puissances se permettaient de tourmenter le commerce de l'Angleterre dans ce moment, lorsque les relations commerciales ne sont point encore parfaitement rétablies; lorsque les plus grandes puissances maritimes du continent sont occupées à combattre, pour remettre sous leur autorité des peuples qui font les plus grands efforts pour s'en affranchir, le moment serait assez mal choisi; puisque ce serait inviter l'Angleterre à favoriser l'insurrection de ces peuples, à leur procurer l'indépendance, que de la forcer de chercher de nouveaux moyens pour faire prospérer son commerce.

Pour que les puissances du continent pûssent entreprendre d'opposer des entraves au commerce de l'Angleterre, il faudrait qu'elles fûssent bien sûres de n'avoir plus besoin à l'avenir de son amitié et de ses secours, de n'avoir plus rien à redouter de ses ressentimens et de sa vengeance; mais pour réaliser une telle idée, elles auraient dû constituer l'Europe d'une toute autre manière; elles auraient dû s'attacher tous les princes, tous les peuples, par les liens de la reconnaissance et de l'affection, en ne s'écartant pas des règles sévères de la justice; mais elles ont organisé l'Europe de manière à y entretenir le mécontentement et la discorde, et par cette conduite elles ont mis dans les mains de l'Angleterre les moyens d'exercer ses vengeances, si elles venaient à s'opposer à son commerce, et ce cas arrivant, l'Angleterre ferait éprouver au continent les dangereux effets de l'acte de navigation.

Ce n'était pas là le moyen de fonder une paix véritable et durable; c'était mettre dans les mains de l'Angleterre un levier pour soulever tout le continent.

Si les puissances, séduites par de faux principes d'économie politique, et confiantes dans leurs forces réunies, faisaient la faute de tourmenter le commerce de l'Angleterre; si elles n'évitaient pas soigneusement de nuire à sa fortune et à ses succès; c'est qu'elles ne connaîtraient pas l'esprit de l'acte de navigation Britannique; c'est qu'elles ne se douteraient pas des effets de son exécution, et les effets en sont terribles, c'est le feu grégeois. Quelles se persuadent bien ces puissances que l'Angleterre tient dans ses mains le destin de tous les états du continent d'Europe; qu'elle ouvre et ferme à son gré les portes du temple de Janus, comme elle ouvre et ferme à son gré tous les ports, et qu'elle posséde une puissance magique que rien ne peut surmonter, le patriotisme national. On aura la preuve de cette vérité dans l'histoire du Patriotisme en Angleterre, que je publierai incessamment.

Les ministres des puissances ont travaillé pour l'ambition de leurs maîtres; l'administration Britannique a travaillé pour la sûreté des intérêts de sa nation. Que les ministres des puissances soient bien convaincus que le gouvernement d'Angleterre ne les perd point de vue; qu'il connaît leurs projets avant qu'ils soient éclos, et qu'il est déjà en position pour les empêcher d'agir, lorsqu'ils en sont encore à choisir la route qu'ils prendront pour réussir à lui nuire.

Tandis que ces ministres combinaient une balance, non pour assurer la paix du continent, mais pour pouvoir faire la loi dans toutes les parties du continent; l'administration Britannique feignait de ne rien comprendre à leurs arrangemens; elle affectait de n'y point prendre part, et son ministre ne se montrait qu'autant qu'il était nécessaire pour exiger ce qu'il lui fallait, afin de mettre son influence continentale en rapport avec sa puissance maritime.

On ne peut pas trop admirer l'habileté avec laquelle elle a organisé son systéme maritime et colonial, au milieu du choc des intérêts, des passions, des prétentions et des ambitions; le moyen ingénieux dont elle s'est servi pour se rattacher au continent quand on prenait toutes les mesures pour l'en tenir écartée, en y fondant trois puissances maritimes et continentales; deux au nord, et l'autre au midi, savoir le royaume des Pays-Bas, celui de Hanovre et celui de Sardaigne. (1)

Sans doute il a dû répugner à l'administration Britannique de demander la suppression de l'état de Gênes et la réunion de cette république au royaume de Sardaigne; mais cette réunion était indispensable pour procurer au roi de Sardaigne une force capable de donner de l'importance à l'influence de l'Angleterre en Italie, et aussi pour assurer à l'Angleterre des ports commodes dans cette intéressante partie du continent.

Au moyen de cette combinaison politique, l'Angleterre a soustrait sa puissance maritime à toute contrainte de la part des puissances du continent; elle s'est placée dans une parfaite indépendance des intérêts de toutes ces puissances; elle a à sa disposition trois puissances qui lui procurent trois vastes places d'armes, trois riches alliées, trois formidables avant-gardes, et elle peut quand elle le voudra, remuer de nouveau tout le continent. Mais ce qui met le comble à l'habileté de cette combinaison politique, c'est que les trois puissances qu'elle a établies gardiennes de ses intérêts sur le continent, ne

____

(1) Voyez mon Histoire de la Politique des Puissances de l'Europe, Tom. 4. page 238 et suivantes.

peuvent être indépendantes des puissances continentales, qu'en s'assujettissant à la puissance de l'Angleterre; c'est qu'elles ne peuvent profiter des avantages que doit leur procurer leur puissance maritime,
que par l'amitié et la puissance de l'Angleterre.

L'acte de navigation n'avait procuré à l'Angleterre, avant le congrès de Vienne, qu'une puissance
relative et spéculative; mais l'administration actuelle
a donné à cet acte une puissance réelle et très supérieure à celle qu'il avait fait voir dans les tems anté-
rieurs; car cette administration a placé l'Angleterre
dans une situation à pouvoir tout braver, à n'avoir
rien à redouter ni pour sa puissance maritime, ni
pour ses intérêts commerciaux; à faire partout et en
tout tems la loi, et à pouvoir dire à toute puissance,
même à toutes les puissances à-la-fois : Je le veux.

Que les ministres des puissances y prennent garde.
Sans doute ils ont procuré à leurs maîtres, par leurs
arrangemens politiques, les moyens de réunir leurs
armées sur le continent, pour réduire à la soumission ceux que ces arrangemens désespèrent; mais
qu'ils se persuadent bien ces ministres que leurs
souverains seraient dans l'impossibilité de réunir
aussi leurs flottes pour attaquer l'Angleterre, pour la
forcer de souscrire aux lois qu'il leur plairait de lui
imposer; l'administration Britannique a pris toutes
les précautions convenables pour les empêcher de
se rencontrer en mer; elle les a garrottées de telle
sorte qu'un simple bateau de pêcheur ne peut sortir

de leurs ports amoins que l'Angleterre ne leur ait dit d'avance: J'y consens.

Si j'entreprenais d'entrer dans le détail de la situation politique de toutes les puissances du continent, j'indiquerais celles qui sont véritablement indépendantes et celles qui ne le sont point, et de cette discussion'il résulterait un principe général et incontestable qui jetterait un grand éclat sur la puissance de l'Angleterre; c'est que toute puissance continentale qui ne possède pas des côtes maritimes et qui ne peut pas tendre les bras à l'Angleterre, est et sera toujours une puissance dépendante et subordonnée, malgré sa force et son étendue. C'est pour cette raison que la Russie, lorsqu'elle a senti le besoin de jouer un rôle important dans la politique de l'Europe, a cherché à s'établir sur les rives de la Baltique et sur celles de la mer noire; que la Prusse a étendu ses états jusqu'aux embouchures de la Vistule et de l'Oder, et que la Sardaigne a mis tant d'intérêt à se procurer des ports sur la rivière de Génes.

Ça été pour produire un effet contraire et ravir à l'Autriche son indépendance, que la France l'a contrainte à lui céder les Pays-Bas d'abord, ensuite Venise, Trieste, Fiume, et généralement tout son littoral.

Quelle gloire pour l'Angleterre, lorsqu'en qualité de souveraine des mers, elle peut se vanter, avec un noble orgueil, d'être la protectrice de tout le continent; lorsqu'elle peut dire aux puissances maritimes même: Vous ne serez indépendantes, malgré vos côtes, malgré les mers, que par la faveur de mon amitié, que par les secours de ma puissance, et sans cette faveur, sans ces secours, vous devenez dépendantes et subordonnées comme un prince de Reufs, comme un comte d'empire.

D'après ces principes, qui sont comme autant de vérités mathématiques, n'est-ce pas à l'Angleterre qu'appartient le droit de provoquer l'établissement du Projet que je propose, et n'est-ce pas de sa part faire un sacrifice généreux et magnanime, puisque, par cette conduite, elle rend toutes les puissances, même les plus petites, indépendantes, sans qu'elles aient besoin de son amitié ni de ses secours. Mais que l'Angleterre est récompensée de ce sacrifice par le rôle brillant qu'elle joue, en faisant parvenir l'Europe au plus haut dégré de civilisation où elle puisse atteindre.

Une vérité que les ministres des puissances ne voudront pas croire, quoiqu'elle soit incontestable, c'est qu'ils ont mis leurs souverains dans la dépendance de l'Angleterre, par les moyens qu'ils ont employés pour satisfaire leur ambition. Ces souverains sont aujourd'hui dans la dépendance des intérêts de l'Angleterre, et ils ne peuvent regagner leur indépendance, qu'en mettant à exécution le Projet que je propose.

N'est-ce pas une chose bien étrange que des ministres, en cherchant à rendre plus puissans leurs

souverains, n'aient réussi qu'à les rendre dépendans
de l'Angleterre? n'est-ce pas une chose bien étrange,
qu'ils aient investi l'Angleterre de l'autorité suprême,
de la volonté absolue, en travaillant à la faire
dépendre de leurs intérêts et de leur politique?
N'est-il pas singulier qu'en combinant une balance
pour dominer tout le continent, ils aient été contraints de recourir à une fédération pour la maintenir, et que, par une contre-combinaison, l'Angleterre ait réussi à s'emparer de tous les poids de
cette balance, pour la faire pencher du côté qu'il lui
plaira ou qui conviendra à ses intérêts; elle se soit
fabriqué un instrument pour briser les liens d'une
telle fédération? n'est-il pas étonnant que pour
établir une balance continentale, ils aient été forcés
d'abandonner à l'Angleterre tout ce qui aurait pu
servir à établir une balance maritime, sans laquelle
il ne peut jamais exister de balance continentale?
N'est-il pas enfin étonnant que pour fonder la paix
du continent, ils aient entourré la puissance de leurs
maîtres de tous les bitumes, de toutes les résines,
de tous les souffres, de toutes les matières inflam-
mables, et qu'ils aient mis dans les mains de l'Angleterre une torche pour l'incendier et la détruire?

Ce sont des hommes choisis pour faire le bonheur
des souverains et des peuples qui ont imaginé de
telles choses! Ces ministres se sont extrêmement
trompés; car sans s'en douter, ils ont réalisé en
faveur de l'Angleterre le système de domination
ou de monarchie universelle, dans le sens que

Bonaparte l'avait conçu, c'est-à-dire qu'ils en ont fait non la régente des peuples, mais la régente de tous les souverains. Les souverains se trouvent aujourd'hui tellement assujettis à la puissance de l'Angleterre, d'un côté par la manière dont l'administration Britannique a organisé sa puissance maritime, et de l'autre par les mécontentemens qu'ils ont excités dans toutes les parties du continent, que l'Angleterre se trouve aujourd'hui en position pour pouvoir dire: ,,J'ai combattu pour rétablir ce que ,,la France avait détruit. ,J'ai combattu pour re-,,mettre chacun en possession de sa propriété, de ,,ses droits légitimes, et j'entends, et j'exige que ,,tout soit remis dans l'ordre où tout avait été en ,,1789, le 12 Juillet.''

Q'auraient les souverains à opposer à ce langage postliminique? la guerre. Mais comment feraient-ils la guerre, lorsqu'il leur manque le premier, le plus essentiel des moyens pour la faire? l'argent. Et comment feraient-ils une bonne guerre, lorsque leurs arrangemens ont placé partout des camps de princes et de peuples qu'ils ont mécontentés et qui ne s'armeraient qu'en faveur de ceux qui viendraient pour les seconder? Comment feraient-ils une bonne guerre, lorsque des corps représentatifs empêcheraient des souverains qui ont accédé à leur sainte alliance, de leur donner des secours; lorsque ces corps représentatifs jugeraient convenable d'entrer dans les intérêts contraires et de combattre avec l'Angleterre, pour l'aider à remettre tout à sa place?

Comment enfin feraient-ils une bonne guerre, lorsqu'ils ont donné à l'Angleterre pour allié le Grand-Seigneur, en l'excluant de leur sainte alliance? Que deviendrait alors la prétendue balance?

Mais je n'ai fait voir les moyens de l'Angleterre que dans ses forces effectives, que dans ses avantages de position, que dans les forces du Grand-Seigneur et des trois rois ses alliés; que dans celles que peut produire le mécontentement des princes dépouillés, des peuples envahis, et je n'ai rien dit des moyens qu'elle trouverait chez la nation juive, qui posséde de grandes richesses et qui posséde conséquemment l'instrument le plus destructif de la force et de la puissance, l'instrument qui corrompt.

Dans un siècle où l'égoisme domine, où l'or est le dieu qu'on adore, le seul dieu auquel on sacrifie, rien n'est plus redoutable que l'or; tous les hommes sont ses alliés, ses auxiliaires, même ses sujets. C'est s'appréter de grands embarras, que de se placer dans une situation à avoir à se défendre à-la-fois des efforts de la vengeance et des perfidies de l'égoisme.

Les ministres ne savent donc pas ce que c'est que l'intérêt humain; ils ignorent donc que cet intérêt fait naître des idées contraires à toutes déterminations, lorsque la réflexion fait appercevoir des avantages dans un changement de position, et lorsque ces avantages engagent à rompre des alliances, à entrer dans des liaisons opposées. Ils doivent savoir dumoins que rien n'est plus fragile que les engagemens entre puissances; qu'ils sont toujours subordonnés à la condition d'un mieux, et cette idée seule aurait dû les décider à se conduire d'après les régles de la justice distributive.

Que diraient ces ministres, si quelqu'un entreprenait de démontrer à la Prusse, par exemple, que sa situation actuelle est contraire à ses intéréts, et que sa puissance réelle, sa gloire personnelle, son indépendance véritable et les avantages de son royaume, ne peuvent se trouver que dans des alliances opposées à celles qu'elle a contractées? Ils seraient sans doute bien étonnés. C'est pourtant une chose qu'on peut démontrer sans autre secours que celui du simple bon sens. Je ne conçois pas, après cela, que ces ministres aient établi un systéme de paix sur une base si peu solide!

La puissance de l'Angleterre est devenue si imposante et si formidable, qu'elle ne peut plus être contrariée. Non seulement l'Angleterre a le droit de provoquer l'établissement que je propose ; mais elle aurait même le droit de l'exiger, si son gouvernement était bien persuadé que ce serait le moyen d'empêcher la guerre et de fonder une paix durable, car la guerre a couté à cette puissance trop d'hommes et trop d'argent, pour que son gouvernement ne prenne pas toutes les précautions pour en empêcher le retour.

Le gouvernement d'Angleterre a entrepris de faire renoncer toutes les puissances maritimes au commerce des noirs, et il y a réussi. Il s'est rendu, par-là, digne des bénédictions de cette race d'hommes.

Il se rendrait digne de l'admiration et des bénédictions de tous les peuples de la terre, s'il entreprenait
de les faire jouir d'une paix véritable et durable. Il
y réussirait également, et mon projet en démontre
la possibilité.

La puissance maritime de l'Angleterre a été si
habilement combinée par l'administration actuelle;
ses moyens d'influence ont été si bien établis, si
bien mis en rapport avec sa puissance maritime, que
l'Angleterre domine également sur toutes les mers et
sur tous les continents. C'est un fait qu'il est impossible de contester.

Quels services cette administration a rendus à son
pays, et quelle reconnaissance le peuple Anglais ne
doit-il pas au ministère qui a été chargé d'organiser
de tels moyens de force et de puissance.

Cependant des membres de l'opposition se sont
acharnés à censurer la conduite de cette administration; ils se sont efforcés de représenter ses membres
comme des ennemis de la nation; ils n'ont pas
craint d'applaudir aux cris, aux vociférations, au
délire d'une populace que des démagogues avaient
égarée, soulevée contre l'autorité légitime. Lord
Castlereagh, lord Sydmouth, M. Canning, se sont
vu traduits devant le tribunal du public, comme
tyrans, parcequ'ils ont empêché la licence populaire
de prendre la place de la liberté civile! Ces ministres qui avaient travaillé avec tant d'ardeur et de
succès pour la gloire et l'avantage de leur nation,
ont dû repousser les reproches des deux chambres du

Parlement, les calomnies des orateurs populaires, les déclamations outrageantes de la démagogie.

Ces trois ministres ont triomphé de toutes ces cabales, parceque la justice triomphe toujours de la malveillance et de la perversité, quelqu'efforts que fassent les méchans pour corrompre les esprits, pour envelopper de ténèbres la raison de tout un peuple. Le jour était trop clair; il faisait appercevoir une trop belle conduite et des succès trop brillans, pour que la malveillance eût pu réussir à les dérober à la vue, et la méchanceté tortueuse et tracassière devait échouer devant la noble franchise d'hommes qui paraissaient devant la nation la plus sage et la plus éclairée, avec la confiance intime d'avoir servi leur pays avec honneur, probité et dévoûment. N'est-ce pas le cas de rappeler ici cette belle apostrophe de l'orateur romain, plaidant pour le proconsul Milon: *Miseros interdum cives optime de republica meritos! in quibus homines non modo res praeclarissimas obliviscuntur, sed etiam nefarias suspicantur.* Oh! que les citoyens les plus zélés pour l'honneur de la république sont souvent à plaindre, puisque nonseulement on oublie leurs plus belles actions; mais on va jusqu'à leur imputer les plus grands crimes.

CHAPITRE XLIII.

Le système de conduite adopté par les puissances alliées pour empêcher la France de troubler l'Europe, était contraire à l'établissement d'une paix durable, et menaçait l'Europe de plus grands troubles.

Les ministres des puissances, en voulant ajouter à l'éclat de leurs souverains, ont exposé l'Europe aux plus terribles malheurs, et cette Europe, déjà si malheureuse, était destinée à devenir le théâtre d'une guerre générale, peut-être de désastres, si, pour leur bonheur, pour le bonheur de tous les peuples, les puissances n'eûssent pas replacé sur le trône de France le Prince qui gouverne aujourd'hui ce royaume.

Louis XVIII était peut-être le prince le plus digne d'occuper ce trône, dans les circonstances où la France s'est trouvée après le renversement de Bonaparte. Ce Prince devait être doué d'une sagesse plus qu'humaine et d'un caractère fait exprès, pour avoir pu se rendre maître des passions dans son royaume, lorsqu'elles étaient toutes déchaînées, et forcer de se montrer justes les ambitions et les vengeances. L'ingratitude d'une faction n'a pas lassé sa bienfaisance. Cette vertu était dans son coeur et elle lui a fait considérer les ingrats comme des hommes égarés.

Le roi n'avait pas pu rendre à l'armée ses conquétes; elle les avait elle-même perdues; elle les avait perdues sous le chef qu'elle adorait; mais en consentant à renoncer à des pays que la victoire avait remis dans les mains des puissances et à se renfermer dans les frontières que la France avait eues avant la révolution; il avait obtenu des puissances la possession des chefs-d'oeuvres des arts que les armées françaises avaient conquis en Italie, en Allemagne et aux Pays-Bas. Il avait conservé à la gloire des Français ces superbes trophées de leurs victoires, et il avait fait de Paris un lieu d'étude pour les artistes, de curiosité pour les étrangers, de fortune et de délices pour les habitans de sa capitale. C'était un bienfait ineffable; mais ce bienfait ne fut pas capable d'attacher à ce vertueux monarque des hommes qui étaient égarés; il fallait qu'ils perdîssent ces illustres monumens de leurs triomphes, il fallait qu'on détruîsît l'homme après lequel ils ne cessaient de soupirer; il fallait qu'on les rendît tout-à-fait malheureux, pourqu'ils connûssent enfin à quel prince ils avaient affaire; pourqu'ils se convain-quîssent que ce prince possédait les vertus qui font les grands rois, la bonté paternelle et la justice inflexible.

Vingt années d'exil, de souffrances et d'adversités n'avaient point altéré la bonté du roi; ce monarque avait médité dans la solitude des diverses contrées où le sort l'avait jeté, la façon de s'attacher un peuple qui avait honoré ses ancêtres, qui les avait aimés d'un amour naturel et qui n'avait eu pour son ennemi qu'un élan d'enthoûsiasme, que cette sorte de délire que font naître les triomphes et la fortune. Ses idées étaient fixées sur ce point, et rien n'était capable de l'alarmer. Il connaîssait trop les hommes pour donner une entière confiance aux protestations de zèle, aux promesses de devoûment des généraux, des officiers de Bonaparte, et qui paraîssaient journellement devant lui couverts de ses livrées. Il savait qu'il serait trompé, trahi par ces hommes; mais qu'il aurait le peuple pour lui.

Le retour de Bonaparte en France ne dut faire aucune impression sur le monarque qui, depuis tant d'années, s'était façonné à l'infortune; mais son coeur dut être affligé en réfléchissant sur les conséquences d'un tel événement, parcequ'un second triomphe mettait les alliées dans le cas de prendre des mesures pour enchaîner une armée qui ne reconnaissait ni roi ni lois, qui avait oublié sa patrie, et qui ne combattait qu'en faveur d'un parjure.

Le roi avait trop de lumières et de jugement pour pouvoir se tromper sur les suites d'un nouveau triomphe; il s'attendait bien à voir les puissances exiger de lui de nouveaux sacrifices; mais il avait conservé toute sa raison, et il avait à opposer cette arme puissante aux armes fragiles des passions. Il laissa agir la vengeance; il ne lui opposa nul obstacle dans la crainte de l'irriter. Les puissances reprirent les chefs-d'oeuvres des arts qu'elles avaient généreusement accordés; on les laissa faire. Elles imposèrent une contribution de 700 millions; on consentit à la payer. Elles exigèrent des indemnités pour leurs sujets qui avaient souffert pendant la guerre; on y accéda. Enfin le roi se soumit à entretenir sur la frontière du nord cent cinquante mille hommes de leurs troupes, parcequ'elles avaient jugé cette mesure nécessaire pour la sûreté du monarque, pour la tranquillité de l'Europe. Tout cela était un grand régal pour la vengeance, de la friandise pour les passions désorganisatrices; mais c'était punir tout le peuple des excès du délire d'une faction, et en punissant ainsi la France, les puissances, ou leurs conseillers, n'avaient pas considéré les dangers auxquels elles seraient elles-mêmes exposées, car elles n'avaient eu jusqu'alors à combattre qu'une faction militaire, et elles s'étaient donné pour ennemi tout le peuple français.

Le roi eut besoin de toute la raison dont il était doué, pour manoeuvrer le vaisseau de l'état au milieu de tant de tempêtes. Ses premiers regards se portèrent sur cette armée dont les chefs l'avaient trompé et qui causait de si vives inquiétudes aux puissances alliées. Il la licencia, en composa une nouvelle, lui donna d'autres chefs, d'autres lois, une organisation différente, et une armée royale, disciplinée et soumise, prit la place de cette armée de boutefeux. Alors le trône était en sûreté; il n'y avait plus rien à craindre pour le sort de la maison de Bourbon, et si les armées des puissances étaient destinées à donner au roi des marques de leur affection pour sa personne et de l'intérêt qu'elles avaient à le maintenir, leurs secours n'étaient plus utiles.

La prolongation de la mesure coercitive des puissances alliées, d'après un tel état de choses, ne pouvait plus avoir d'autre but que celui de contraindre la France à payer les sommes qui lui avaient été imposées ; mais cette mesure était impolitique, parcequ'elle ajoutait à la somme des contributions une dépense surérogatoire, qui mettait la France dans une situation trop accablante pour qu'il lui fut possible de donner même le moindre signe de bonne volonté. C'était lui couper la veine artérielle, c'était avoir décidé son anéantissement.

Le roi dut être vivement alarmé d'une semblable mesure, parcequ'elle semblait menacer les puissances, et aussi toute l'Europe, des plus déplorables désastres. Il dut voir dans cette mesure des puissances la volonté absolue d'avoir ce qu'on ne pouvait pas leur donner, et une telle violence tendait visiblement à forcer le peuple français à s'armer simultanément, à imiter la conduite des peuples du nord et de l'orient de l'Europe, et à donner, au XIXème Siècle, le spectacle terrible de ces migrations du Vème siècle de notre ère.

Le simple besoin, a dû se dire le monarque, a fait partir des bords de la mer Caspienne, des rives de la Baltique, des pays où le Danube finit sa course, des hommes qui ont triomphé des romains, qui ont dépouillé, réduit à l'esclavage tous les peuples que ces trop célèbres conquérans avaient assujettis à

leur joug, et la science militaire, même le courage
de ces fameux guerriers, n'a pas pu soustraire ces
peuples, les soustraire eux-mêmes à la fureur de ces
multitudes de barbares poussés par le besoin de se
procurer du pain et des abris. De quoi serait donc
capable un grand peuple, encore enivré des triomphes qu'il a obtenus pendant tant d'années, qui
serait forcé de se servir des mêmes moyens pour se
procurer les mêmes choses, et qui éprouverait à-la-
fois et le besoin de vivre et le désir de se venger.

Les puissances, sans doute, n'ont pas considéré
que la France a une armée de 250-mille hommes de
bonnes troupes; qu'elle possède les généraux et les
officiers les plus habiles et les plus expérimentés;
que cette armée peut servir à former les cadres de 8
millions de gardes nationales, et que tant d'hommes
armés, exercés, disciplinés, lestes, courageux et
intrépides, sont capables de renverser tous les
trônes, de conquérir tous les peuples de l'Europe.

Si un grand peuple ne souffre pas qu'on attente
à sa gloire, à plus forte raison il ne souffre pas
qu'on l'enchaîne, qu'on lui arrache sa fortune,
qu'on attente à son existence, et tout système politique établi sur la force et sur la violence, expose
l'Europe aux plus horribles catastrophes, aux plus
cruelles calamités.

Le roi avait des obligations à remplir; mais il
était dans l'impossibilité de le faire; on avait
outré les demandes, et la France n'était pas
en état d'y satisfaire.

Dans cette position difficile, il ne lui restait qu'une ressource pour mettre les intérêts des puissances en rapport avec les moyens de son peuple. C'était de faire exposer aux puissances la véritable situation de son royaume; d'indiquer le possible, de démontrer l'impossible, et de proposer de nouveaux arrangemens. C'est ce que fit le roi. Il fit inviter les puissances à nommer des ministres pour entendre les raisons qui s'opposaient à ce qu'il pût s'acquitter des promesses qu'il leur avait faites, et pour entendre aussi les explications qu'il avait à donner pour se mettre en état de les remplir. Cette assemblée fut créée; elle fut présidée par un héros, et tout présageait déjà que ses délibérations seraient calmes et que ses décisions seraient équitables.

Une voix intérieure, celle de la conscience, avait engagé les souverains à prendre ce parti. Elle leur avait dit: Souverains, la vengeance a égaré vos ministres; mais la raison doit prendre sa place. Servez-vous de votre raison; laissez-vous diriger par elle, et vous agirez avec justice, car la justice est toujours compagne de la raison. Vous devez être justes, car votre intérêt veut que vous le soyez. Vous l'êtes; vous ne devez pas chercher à le devenir. Vous seriez à plaindre, à considérer comme très malheureux, si vous ne possédiez pas cette vertu dont dépend la sûreté

des trônes, la tranquillité des peuples, le bonheur
de toutes les familles.

D'un autre côté le roi leur tenait ce langage :
Il ne sera pas dit que j'aie manqué de gratitude
envers les souverains qui m'ont rétabli. Je sens
tout le prix d'un si grand bienfait ; j'en suis re-
connaissant, et j'en donnerai la preuve en cherchant les moyens de les affermir sur leurs trônes
et de leur épargner les affreux désastres dont j'ai
présenté le tableau, et qui auraient lieu infailliblement s'ils persistaient à maintenir le systême
de paix qu'ils ont établi. Ces moyens, j'espère
pouvoir les atteindre, si les puissances alliées con-
sentent à réduire les contributions qu'elles ont
exigées à une somme qui soit en proportion avec
la fortune, les ressources et le crédit de la France.
On sauve un malade en le saignant, mais on le
tue si on l'égorge, et un grand peuple ne souffre
pas qu'on l'égorge.

Ce ne sont pas des armées étrangères qui con-
traindront le peuple Français à m'aimer ; il faut
que ce sentiment naisse de lui-même, et aucun
peuple ne le refuse à son roi, quand son gouvernement est doux, paternel et juste. Tout prince
est tranquille et affermi sur son trône, quand
il est aimé de son peuple, et il doit croire en
être aimé, quand ses représentans se prêtent
volontiers aux sacrifices qu'il leur demande.

Evitons, s'il se peut, de nous exposer à de nouvelles calamités; cherchons un systéme de paix qui puisse rendre heureux tout le monde. Ce ne sont pas quelques millions que vous arracherez à un peuple qui vous enrichiront, qui rendront vos sujets plus tranquilles et plus fortunés. La fortune d'un état réside en lui-mênie; elle est dans son sol et dans l'industrie des sujets. C'est un bien qu'un souverain est chargé de faire valoir, et il est de sa sagesse comme de son intérét de ne pas s'occuper d'autre chose.

Un langage si franc, si naturel, si bienveillant, était bien propre à émouvoir les coeurs des souverains et à les détacher d'une mesure qui aurait terni l'éclat du bienfait dont le roi leur était redevable, aussi le résultat des délibérations de cette assemblée a t-il été satisfaisant pour chaque parti. Et qui a produit tout cela? la justice.

Tout ce que j'ai observé dans ce chapitre, sert éminemment à justifier la conduite politique du gouvernement Britannique et les précautions qu'il a prises pour se garantir des effets du dangereux systéme politique adopté par les puissances alliées. Ce gouvernement a senti que la mesure coercitive employée contre la France, et à laquelle l'Angleterre elle-même a dû se prêter pour la sûreté du roi, pour la tranquillité de ce royaume, pour la tranquillité de l'Europe entière, pourrait devenir funeste, si elle devait servir à ruiner le peuple français, à le réduire aux dernières extrémités, et il a dû renforcer la barrière qui sépare son pays du continent, pour lui épargner les excès de tout un peuple pauvre, au désespoir, et se portant partout en furieux pour se procurer le nécessaire.

On voit par ces raisons, que le gouvernement Britannique s'est moins occupé du désir de donner plus d'éclat à sa puissance, que de celui d'assurer la prospérité de son commerce et la tranquillité de son pays, et on voit pareillement que ce gouvernement est incontestablement le seul qui ait fait preuve d'habileté dans tous ces arrangemens politiques, et qu'il est le seul qui ait su procurer à sa nation de la puissance sans ambition, de la gloire sans orgueil, des avantages sans injustice, une parfaite sûreté sans rigueur.

C'est un grand art en politique que de savoir faire servir les passions des hommes à l'arrangement de ses intérêts, de sa puissance et de sa tranquillité. C'est ce qu'a fait le gouvernement Britannique. La nation anglaise ne sera jamais exposée à aucun danger tant que ses intérêts seront dans les mains des hommes qui en sont à présent chargés, parceque ce sont des hommes clairvoyans et qui méditent.

CHAPITRE XLIV et dernier.

Conclusion.

Les puissances auraient pu se procurer une situation tranquille et fortunée en adoptant mon projet
qui leur offrait les moyens de fonder une paix générale et invariable; mais leurs ministres ont pensé
que leur systême valait beaucoup mieux, et ils
ont dérobé ce projet à leur connaissance. Cependant je crois avoir démontré qu'en suivant les
conseils de leurs ministres, les puissances se sont
placées dans une situation incertaine, précaire,
peut-être dangereuse, puisque cette situation doit
dépendre des intrigues, de la politique, des passions des hommes, des caprices des cours, des
chances de la guerre. Les puissances pouvaient
avoir pour amis tous les princes, tous les peuples,
et elles se sont alienné bien des coeurs, et elles
se sont fait bien des ennemis. Elles-mêmes l'ont
senti, puisqu'elles se sont alliées pour maintenir ce
systême, pour en imposer à ceux qui en seraient
mécontens. L'avenir apprendra lequel des deux
systémes méritait d'être préféré.

Mon projet n'est plus exécutable de la manière
que je l'avais conçu, puisque les domaines que
j'avais mis en réserve pour consoler l'orgueil des

armées françaises, pour les engager à tendre les mains à des chaînes si douces, si honorables, si bienfaisantes, et qui devaient servir de dotation à l'établissement, sont partagés; puisque les républiques de Venise et de Gênes n'existent plus, puisqu'une multitude de princes, qui étaient souverains, sont à présent réduits à la qualité de sujets; puisque la république des Provinces-Unies est aujourd'hui un royaume, puisqu'enfin on en a détruit toutes les bases; mais il est encore exécutable dans la situation nouvelle où se trouve actuellement l'Europe, et ne dut-il servir qu'à empêcher la guerre, qu'à favoriser le commerce et l'industrie, qu'à faciliter le rétablissement des finances de presque tous les souverains, qu'à rendre nulle cette science appelée politique, il y aurait de l'avantage à l'adopter. J'espère dumoins qu'on conviendra que ce projet offre le moyen le plus certain d'anéantir les divisions, surtout en France; d'affermir la maison de Bourbon sur le trône, et de délivrer ce royaume d'une surveillance militaire aussi humiliante qu'onéreuse. J'espère aussi qu'on conviendra que ce projet renferme les élémens de concorde, d'union, de prospérité et de bonheur les plus souhaitables, et que son exécution procurerait à tous les souverains la plus parfaite sûreté, les plus douces jouissances, et à toutes les nations la paix la plus durable, le bonheur le plus constant. J'espère enfin qu'on conviendra que ce projet n'est point une Utopie, un plan de gouvernement imaginaire; mais qu'il est établi sur une base solide; que les bienfaits qui en résulteraient sont démontrés, et qu'il serait facile à exécuter, si les souverains voulaient prendre la peine de le méditer et daignaient convenir de ce qu'ils y auraient reconnu de bon, de juste et de salutaire.

Les puissances alliées doivent se réunir pour prononcer sur le sort de la France. Puissent-elles porter leur attention sur ce projet qui leur indique les moyens de fixer à jamais les destinées de l'Europe.

FIN DE LA TROISIÈME ET DERNIÈRE PARTIE.

TABLE DES MATIÈRES.

DEUXIÈME PARTIE.

Plan de l'Etablissement, ou Constitution Européenne.

(341)

TROISIÈME PARTIE.

Fautes à corriger.

Pag. 15. ligne 10. — mécontant, lisez mécontent.

Pag. 51. lig. 3. — someillent, lisez sommeillent.

Pag. 57. lig. 16. — longa satietate, lisez longo satiate.

Pag. 79. lig. 16. — des plus fort, lisez forts.

Pag. 131. lig. 5. — Tans d'avatages, lisez Tant d'avantages.

Pag. 143. lig. 27. — on devrait, lisez on devait.

Pag. 178. lig. 17. — en sa qualité, lisez en qualité.

NB. Partout où se trouve le mot *païs*, il faut lire *pays*.